D0899532

¿G U Í A
C O M P L E T A   D E

ALIMENTOS

GUÍA
COMPLETA DE
ALIMENTOS

KÖNEMANN

Título original: *Le Guide des Aliments*

Le Guide des Aliments
Creada y producida por QA International
una división de Les Editions Québec Amérique inc.
329, de la Commune West, 3rd Floor
Montreal (Québec)
Canada H2Y 2E1
Tel.: (514) 499.3000
Fax.: (514) 499.3010

Edición: Jacques Fortin
Redacción: François Fortin y Serge D'Amico
Texto: Martine Podesto, Nathalie Fredette, Marie Breton Dt. P. e Isabelle Emond Dt. P.
Ilustraciones: Jean-Yves Ahern, Marc Lalumière, Rielle Lévesque, Michel Rouleau, Pascal Bilodeau, Mamadou Togola, François Escalmel y Jocelyn Gardner
Diseño gráfico: Anne Tremblay
Compaginación: Lucie Mc Brearty
Recopilación de material: Daniel Beaulieu
Corrección: Liliane Michaud
Producción: Tony O'Riley

© 1999 del Texto español:
Könemann Verlagsgesellschaft mbH
Bonner Str. 126, D-50968 Köln, Alemania

Traducción del francés: Vícky Santolaria Malo y Víctor Manuel Rodríguez Marcos
      para LocTeam, S.L., Barcelona
Redacción y maquetación: LocTeam, S.L., Barcelona
Producción: Ursula Schümer
Impresión y encuadernación: Star Standard Industries Ltd.

Printed in Singapore

ISBN: 3–8290–2450–9
10 9 8 7 6 5 4 3 2 1

contenido

introducción

Hoy en día, los estantes de las tiendas de comestibles y los puestos de los mercados ofrecen una gran variedad de productos, muchos de los cuales no conocemos.

¿Cómo debemos utilizarlos?

Asimismo, en muchas ocasiones, a la hora de elaborar un plato, los nombres de algunos ingredientes nos resultan muy extraños, e incluso exóticos.

¿Dónde se encuentran esos ingredientes?

En realidad, en algunas ocasiones incluso los alimentos comunes se preparan de forma incorrecta. ¿Quién no ha echado a perder un plato por no conocer ciertos tipos de harina, de arroz, etc.?

¿Cómo podemos hacer un buen uso de los ingredientes?

La *Guía completa de alimentos* está pensada para dar respuesta a las preguntas que se plantee el cocinero, ya sea principiante o veterano.

El objetivo de esta obra es, ante todo, describir los alimentos que se utilizan para preparar tanto platos tradicionales como exóticos. Incluye ilustraciones y descripciones detalladas de más de 1.000 alimentos, donde se trata el origen, las posibilidades de uso, las variedades, algunos consejos para la compra y el valor nutritivo.

Guía completa de alimentos, un universo culinario a su alcance.

verduras

Las verduras, junto con los cereales, han constituido durante mucho tiempo la base de la alimentación del ser humano. Las mejoras más significativas de algunas variedades no tuvieron lugar hasta finales del siglo XIX y principios del siglo XX, cuando se descubrieron los principios de la genética. De este modo, se produjeron nuevas especies de verduras según unas características organolépticas muy determinadas y en función del rendimiento de las cosechas.

Hoy en día, en la mayoría de los países occidentales se consumen pocas verduras; a menudo sólo sirven para acompañar los segundos platos. Sin embargo, en Asia o en Oriente Próximo, las verduras siempre han ocupado un lugar importante en la alimentación. En el mundo occidental su consumo está en alza desde mediados de los años 70, lo que refleja una preocupación creciente por una dieta sana. En efecto, gracias a los consejos de los profesionales de la salud y a las investigaciones científicas, que revelan un estrecho vínculo entre el alto consumo de frutas y verduras y la prevención de algunas enfermedades, existe un mayor conocimiento de las propiedades de las verduras. Por otro lado, la existencia de una mayor oferta en el mercado también ha contribuido a incrementar su consumo.

COMPRA
El aspecto de las verduras es un indicio de su frescura. Para conservarla, los productores las recubren de cera, sobre todo cuando se trata de berenjenas, pepinos, calabazas, nabos, batatas, chirivías, pimientos y tomates. El objetivo de esta técnica es retrasar la pérdida de humedad y la respiración. Adquiera verduras tiernas, de buen color, sin partes mohosas ni muy maduras. Evite comprarlas si llevan mucho tiempo expuestas, si ya están limpias, si presentan muestras de golpes o de congelación, si las hojas están secas o si tienen la piel arrugada.

PREPARACIÓN
La preparación, utilización y conservación de las verduras influyen en su sabor, valor nutritivo, textura y aspecto. Al prepararlas evite exponerlas de forma prolongada al aire, al calor y al agua. Lávelas bien, pero no las ponga en remojo ni antes ni después de cortarlas para limitar la pérdida de vitaminas hidrosolubles como las vitaminas del grupo B y la vitamina C.

UTILIZACIÓN
Casi todas las verduras se pueden consumir crudas. Sin embargo, las verduras frescas almacenadas durante mucho tiempo o en malas condiciones no son mejores que las congeladas, en conserva o cocidas, aunque la aportación nutritiva de las verduras cocidas también depende del método de cocción utilizado. Es importante consumir verduras crudas, ya que sus elementos nutritivos no se ven alterados por la cocción. Las verduras tienen un número de usos culinarios casi ilimitado; sirven para preparar desde aperitivos hasta postres, e incluso para elaborar vino.

COCCIÓN
Las verduras se deben cocer el menor tiempo posible. Si se cuecen demasiado, se vuelven insípidas, se reblandecen en exceso y pierden cierta cantidad de vitaminas y minerales. Una cocción a fuego vivo y de corta duración (como en la olla a presión) supondrá una pérdida limitada de vitaminas B y C.

introducción

La cocción en agua es un método sencillo. Las verduras se cuecen en agua hirviendo, sin embargo, esto produce una disminución significativa del sabor y el valor nutritivo, sobre todo si se cuecen demasiado y después se desecha el agua. Aunque este método es el más usual, también es el que peor se aplica.

Salvo las verduras verdes, el resto se debe cocer en una olla tapada. De este modo, por un lado, se reduce el tiempo de cocción y disminuye la evaporación de sustancias volátiles y, por otro lado, se conservan el sabor, el color y el valor nutritivo. En el caso de las verduras verdes es aconsejable no tapar la olla para evitar la concentración de ácidos, lo que produce la destrucción de la clorofila y la decoloración.

Se recomienda no poner la verdura en el agua hasta que ésta no esté en plena ebullición; de este modo, las enzimas que destruyen las vitaminas se neutralizarán enseguida..

Las verduras se deben cocer lo menos posible. Las que quedan crujientes tienen más sabor y mayor valor nutritivo.

La cocción al vapor consiste en cocer las verduras con el calor que desprende la ebullición de una pequeña cantidad de agua. Con este modo de cocción se pierden menos elementos nutritivos y sabor que con la cocción en agua. Sirve para casi todas las verduras, sobre todo para las delicadas, como la coliflor, el brécol y el espárrago. El tiempo de cocción es ligeramente superior al de la cocción en agua.

Si cuece las verduras en el microondas obtendrá excelentes resultados, ya que el color y el sabor se conservan mejor que con cualquier otro método de cocción. Entre otros usos, el microondas es ideal para cocer los alimentos en agua o al vapor o para escalfarlos, pero también sirve para blanquear las verduras antes de congelarlas, con tal de que sean del mismo tamaño y no haya mucha cantidad.

CONSERVACIÓN
Hay varias formas de conservar las verduras: refrigerar, conservar en una cámara frigorífica, congelar, poner en conserva, deshidratar, marinar, etc. Cuanto más sanas y tiernas, más tiempo se conservan. Algunas, como la calabaza de invierno, el ajo, la cebolla, la patata y el taro, se mantienen sanas a temperatura ambiente. Sin embargo, la mayoría se deben introducir enseguida en el frigorífico. El compartimento de las verduras es el mejor lugar para guardar las más maduras, ya que es menos frío y más húmedo que las otras bandejas, donde las verduras están expuestas al aire seco y se deshidratan. Por este motivo es mejor envolver las verduras que se guarden en las bandejas del frigorífico.

La congelación es un método de conservación muy utilizado con las verduras, ya que la mayoría soporta bien el proceso. De este modo, todo el año se pueden consumir verduras de temporada y su aspecto es muy semejante al de las verduras frescas. La congelación permite mantener el color, la textura, el sabor y gran parte del valor nutritivo.

Para obtener mejores resultados, congele verduras de primera calidad, frescas y que hayan alcanzado el punto de madurez exacto poco después de recolectarlas o comprarlas y, si no es así, manténgalas en el frigorífico hasta que maduren. La congelación no detiene el proceso de deterioro de las verduras, sino que lo retrasa. Este método de conservación frena el desarrollo de microorganismos, pero no los destruye; asimismo, también retrasa la actividad de las enzimas que provoca sabores desagradables, pérdidas de color y de elementos nutritivos. Para neutralizarlos basta con blanquear las verduras antes de congelarlas. El blanqueo consiste en poner las verduras crudas en agua hirviendo durante un tiempo determinado (según el tipo y el tamaño de la verdura), enfriarlas y escurrirlas. Para obtener buenos resultados respete el tiempo, ya que, si no las blanquea lo suficiente, se echarán a perder enseguida y, si las blanquea demasiado, estarán casi cocidas y además habrán sufrido todas las desventajas de la cocción en agua. Así pues, controle el tiempo exacto y enfríe las verduras inmediatamente. Una verdura bien blanqueada y congelada tendrá un valor nutritivo semejante al de una cocida en estado fresco. No es necesario blanquear las que presentan un alto índice de acidez. Aunque estén congeladas, las verduras se pueden deshidratar si se exponen al aire seco del congelador, por lo que se deben guardar en bolsas herméticas. Para poderlas conservar durante más tiempo y en óptimas condiciones, mantenga una temperatura constante de -18°C o inferior. A esta temperatura las verduras, por norma general, se conservan durante un año.

La mayoría de las verduras no se deben descongelar antes de cocerlas, pero algunas requieren una descongelación total o parcial. En realidad es preferible evitar una descongelación completa para limitar las pérdidas de sabor y de valor nutritivo. Para descongelarlas, deje el envase cerrado a temperatura ambiente o en el frigorífico. En el segundo caso, el proceso será más lento.

VALOR NUTRITIVO
La proporción de elementos nutritivos varía según el tipo de verdura. No obstante, todas comparten las siguientes características:

• Proporcionan una amplia variedad de vitaminas y minerales, sobre todo vitamina A en forma de caroteno, vitamina B_6, vitamina C, ácido fólico, potasio, hierro, magnesio y calcio.

• Tienen un alto contenido de agua (entre un 80% y un 95% de su composición).

• Proporcionan fibra soluble e insoluble .

• Son pobres en materias grasas, salvo los aguacates y las aceitunas.

• Por lo general son pobres en proteínas y calorías y, al ser de origen vegetal, no contienen colesterol.

verduras de tallo

espárragos blancos

Espárrago
Asparagus officinalis

El espárrago se corta en primavera, cuando es joven, tierno y carnoso. Aunque se cultiva a gran escala y en muchos países, el espárrago sólo abunda entre marzo y junio. Los blancos se cultivan en lugares que no están expuestos a la luz del sol para que no verdeen. Escoja espárragos de tallos consistentes y crujientes y de puntas compactas. Antes de cocer el espárrago, corte el tallo y la base, pero no es necesario pelarlo. Evite cocerlos demasiado, ya que se reblandecen y pierden sabor, color y elementos nutritivos. El espárrago es una fuente excelente de ácido fólico.

espárragos verdes

Apio
Apium graveolens var. *dulce*

Hortaliza de la que se aprovechan los tallos, las hojas, las raíces y las semillas. El apio se suele servir crudo como entrante, pero también se incluye en ensaladas y bocadillos. Cocido, da sabor a las sopas, las salsas, los ragús y el arroz. Braseado, gratinado, cubierto de salsa besamel, o simplemente con mantequilla, está delicioso. Añada sus hojas a ensaladas, sopas, salsas o caldo de pescado para darles sabor.

apio verde   apio blanco

Acelga
Beta vulgaris var. *cicla*

Escoja acelgas de tallos y hojas tiernas y de color vivo. Lávelas bien, ya que suelen llevar arena y tierra; si las pencas son fibrosas, corte la base y retire las fibras, que se quitan como hilos. Para evitar que la penca se ennegrezca durante la cocción, cuézala en agua acídula. Las pencas se pueden preparar como los espárragos o el apio, cubiertas con una salsa (Mornay, holandesa) o una vinagreta, y las hojas se aderezan como las espinacas. Las acelgas de penca crudas son muy ricas en vitamina C, vitamina A, magnesio y potasio.

acelga de penca

acelga de hoja de tallo rojo

verduras de tallo

Colinabo
Brassica oleracea
var. *gongylodes*

Verdura muy apreciada en Europa central y del Este, pero prácticamente desconocida en América. Si lo cuece en agua o al vapor, es mejor que lo pele después de la cocción, que dura entre 20 y 30 minutos. Para asarlo, brasearlo, cocerlo al horno o saltearlo es preferible pelarlo antes. Está delicioso cocido y rociado con zumo de limón y mantequilla fundida. Es una fuente excelente de vitamina C y de potasio.

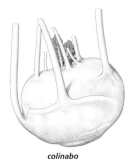

colinabo

Palmito
Euterpe edulis y oleracea

Nombre que recibe la parte interior del tallo de varias palmeras de las regiones tropicales. Aunque se pueden comer crudos, se venden precocinados en conserva en las tiendas de comestibles especializadas o en los grandes supermercados. Cortados en rodajas se pueden servir con una vinagreta. Tiene un sabor parecido al de la alcachofa y combina bien con ensaladas, mariscos, salsas besamel con jamón y gratinados.

Brotes de helecho
Matteuccia struthiopteris y
Osmunda cinnamomea

Primero se deben eliminar las escamas y después lavarlos, secarlos y prepararlos. La cocción al vapor, entre 5 y 10 minutos según la consistencia deseada, da muy buenos resultados. Por lo general, los brotes de helecho se comen cocidos, tanto fríos como calientes. Están deliciosos con mantequilla, salsa vinagreta o cubiertos de salsa holandesa. Con ellos también se puede preparar una sopa muy buena.

Ruibarbo
Rheum rhaponticum

El ruibarbo se consume como fruta, pero es una verdura. La única parte comestible de la planta es el tallo. Se congela con facilidad, simplemente cortado en trozos, y se come crudo, bañado en azúcar o sal. Con él también se puede elaborar compota y mermelada y se añade a bollos, sorbetes y tartas. Está delicioso con fresas y con manzanas y combina bien con la canela, el limón y el jengibre. El ruibarbo crudo es rico en potasio y contiene vitamina C y calcio.

verduras de tallo

Brotes de bambú
Phyllostachys sp.

Los brotes de bambú se consumen en Asia desde hace miles de años, así como las hojas, el corazón y el líquido dulce que se extrae de los tallos cortados. En Occidente, los brotes de bambú se venden secos o en conserva; algunas veces se encuentran brotes frescos en los mercados asiáticos. Cuando están crudos, se cortan, se hierven en agua con un poco de sal durante 30 minutos y después se preparan según las instrucciones de la receta. Si son en conserva no hace falta cocerlos. En Japón, los brotes de bambú son un ingrediente esencial para preparar el *sukiyaki*.

brote de bambú pelado

Cardo
Cynara cardunculus

Pariente cercano de la alcachofa, el cardo no es muy popular en Norteamérica. Tiene un sabor parecido al del apio o el salsifí. Retire los hilos de los tallos exteriores. El cardo se suele blanquear casi siempre antes de cocerlo; de esta forma está más tierno y se reduce su sabor amargo. Se suele cocinar con nata, gratinado o dorado. También se puede comer frío con salsa vinagreta o mayonesa. Es muy rico en potasio.

Hinojo
Foeniculum vulgare

Originario de la región mediterránea y relacionado con la cocina italiana, el hinojo se utiliza como verdura, como condimento o como planta medicinal desde tiempos remotos. Tiene un sabor suave, ligeramente azucarado, que recuerda al del anís o el regaliz. El hinojo se come crudo o cocido; se puede brasear, saltear solo o con otras verduras. La lubina con hinojo es una especialidad de Provenza. El hinojo crudo es una fuente excelente de potasio.

hinojo

Barrilla
Salicorna sp.

La barrilla, una planta silvestre parecida a un alga, crece en las salinas y en las costas, y se recolecta desde la primavera hasta mediados de verano. Se cuece al vapor o se deja hervir unos minutos, sin añadir sal al agua de cocción, pues la barrilla ya es bastante salada de por sí. Se come cruda, en ensalada, o cocida, como los espárragos y las judías verdes, y se sirve con un poco de mantequilla.

verduras de raíz

Remolacha
Beta vulgaris

La remolacha posee un color característico debido a un pigmento extremadamente soluble en el agua. Escoja remolachas duras y lisas y lávelas con cuidado de no estropearlas. No las pele antes de cocerlas. Según el tamaño, el tiempo de cocción en agua o al vapor oscila entre 30 y 60 minutos. Vierta sobre ellas un pequeño chorro de agua fría y, si están bien cocidas, podrá desprender la piel con facilidad. Se comen crudas, cocidas, en conserva o en vinagre y son una fuente excelente de potasio y de vitamina A.

remolacha naranja

remolacha roja

Zanahoria
Daucus carota var. *sativa*

La zanahoria es la raíz de una hortaliza originaria de Oriente Próximo y Asia central, cuyo antecesor era de color morado, casi negro. En el siglo XIX adquirió su color anaranjado, gracias a la intervención de unos agrónomos franceses. Las zanahorias se deben lavar o raspar con cuidado, o pelarlas sólo si son viejas. Con ellas se puede elaborar una variedad ilimitada de platos, desde entrantes hasta postres. El puré de patatas y zanahorias resulta delicioso. Las zanahorias se conservan unas dos semanas en el frigorífico. Crudas son muy ricas en vitamina A y en potasio.

zanahoria

Apio-nabo
Apium graveolens var. *rapaceum*

Variedad de apio, de carne crujiente y sabor un poco picante, muy apreciada en Europa. Escoja un apio-nabo de menos de 500 g para que no sea muy fibroso. Para evitar que la carne se ennegrezca al entrar en contacto con el aire, rocíela con un ingrediente ácido nada más cortarla o cuézala enseguida. Por lo general, el apio-nabo se adereza con salsa remolada, es decir, con mayonesa amostazada.

Nabo
Brassica rapa

El nabo pertenece a la gran familia de las crucíferas, plantas entre las que también se encuentra la col. Adquiera un nabo duro, ni muy grande (ya que suelen ser amargos y fibrosos), ni muy pequeño. Esta verdura tarda en cocerse un poco más que la zanahoria, entre 10 y 15 minutos para la cocción en agua. Es una buena fuente de vitamina C y de potasio.

nabo

13

verduras de raíz

Chirivía
Pastinaca sativa

La chirivía, una verdura poco conocida, se debe pelar sólo si está encerada. Su carne se ennegrece al entrar en contacto con el aire, por lo que se debe cocer de inmediato o ponerla en remojo con un chorro de limón o vinagre. Se prepara como la zanahoria, el salsifí o el nabo, al que puede sustituir en la mayoría de las recetas. Está deliciosa en puré o frita, y es una fuente excelente de potasio y de ácido fólico.

Tania
Xanthosoma sagittifolium

La tania, un alimento básico llamado malanga en las Antillas, se parece a la batata y al taro. Al igual que la patata, tiene un alto contenido de almidón. Pele la tania, sumérjala en agua fría, hiérvala durante unos 20 minutos y sírvala como guarnición o en forma de puré. En las Antillas se ralla para preparar una especie de buñuelos fritos elaborados con una pasta y pescado, o con verduras aliñadas.

Raíz de bardana
Arctium lappa

Las partes comestibles de la bardana son los peciolos jóvenes, las hojas y las raíces, cuyo sabor se parece al del salsifí. Escoja raíces consistentes de no más de 40 cm de largo y límpielas bien. La carne se ennegrece al entrar en contacto con el aire, por lo que se debe poner en remojo unos minutos en agua acídula o cocerla de inmediato. Por norma general, la raíz de bardana se ralla, ya que, tras la cocción, la carne queda algo fibrosa. Las raíces son muy ricas en potasio.

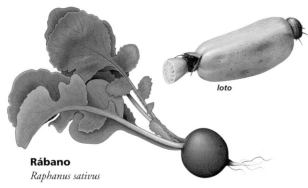

loto

Loto
Raíz de una planta perenne que se cultiva en Asia desde hace 3.000 años. Crujiente y fibrosa, su carne blanca, tierna y un poco dulce, se consume cruda en ensaladas, saltea-da, deshidratada, cocida al vapor, frita o confitada. Los cortes transversales en forma de dientes adornan los platos de carnes y aves. Constituye una fuente excelente de vitamina C y se puede adquirir fresco o en conservas en los mercados asiáticos.

Rábano
Raphanus sativus

Por lo general, los rábanos rojos son menos picantes que los negros y sus hojas son comestibles. En los países occidentales se suele comer crudo, en aperitivos, en ensaladas o en bocadillos, mientras que en Oriente es más común marinarlo o cocerlo. Las semillas de rábano germinadas se añaden a sopas, bocadillos y tortillas.

verduras de raíz

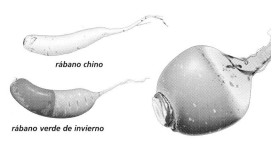

rábano chino

rábano verde de invierno

rábano rojo de invierno

Rábano chino
Raphanus sativus var. *longipinnatus*

El rábano chino, japonés o daikon es una variedad de rábano muy estimada en Asia, donde se prepara de muchas formas. También se consumen las hojas y las semillas germinadas. Rallado y rociado con una vinagreta, sirve para acompañar verduras, aves, marisco y pescado. En Japón, el rábano chino rallado se suele servir con *sashimi* y *tempura.*

Rutabaga
Brassica napus
var. *napobrassica*

La rutabaga, del sueco *rotabaggar,* surgió en Escandinavia durante la Edad Media. Su sabor es más pronunciado que el del nabo. Pélela, córtela y retire el corazón si presenta un color pardusco. Para cocerla en agua serán necesarios 15 minutos y un poco más para cocerla al vapor. El puré de rutabaga sin aditivos es muy bueno, al igual que si se mezcla con patatas y zanahorias. La rutabaga es una fuente excelente de potasio.

Rábano negro
Raphanus sativus var. *niger*

El rábano negro, muy apreciado en Europa del Este, no se suele comer crudo, ya que es demasiado picante. Se puede cocer o poner a macerar. Se suele saltear y requiere entre 10 y 25 minutos de cocción. El rábano negro cocido tiene un sabor parecido al de la rutabaga.

Salsifí
Tragopogon porrifolius y *Scorzonera hispanica*

Verdura de raíz poco conocida cuyo sabor suave y azucarado se compara con el de las ostras, los espárragos o las alcachofas. Se parece a la chirivía, pues tiene un color marrón crema. Sus hojas son comestibles y los deliciosos peciolos jóvenes recuerdan a la endibia. Está muy bueno gratinado así como en sopas y ragús; también se come frío con salsa vinagreta. El salsifí se puede glasear como la zanahoria. El salsifí negro, o escorzonera, tiene menos fibra y más sabor.

salsifí negro   *salsifí blanco*

calabazas y cucurbitáceas

Las calabazas constituyen el fruto de una hortaliza que pertenece a la familia del melón y el pepino. Las de verano se recolectan cuando son muy jóvenes, por lo que son delicadas y se conservan durante poco tiempo. Tanto la piel como las pepitas son comestibles. Las calabazas de invierno tienen una corteza anaranjada más seca, mucho más dulce, que se reblandece durante la cocción y sus pepitas son deliciosas y muy nutritivas. Las de verano se comen crudas o cocidas; saben muy bien cocidas con ajo, cebollas y tomates. Se pueden rellenar, cocer al horno, gratinar, brasear, freír o asar. Las de invierno se añaden a sopas, ragús, al cuscús y al curry. Cocidas y trituradas se pueden combinar con patata o servirlas como sopa. Las calabazas de invierno cocidas tienen más calorías que las de verano.

Ayote
Cucurbita pepo

Calabaza grande muy conocida en Norteamérica que presenta un pedúnculo duro y fibroso, con cinco lados angulosos y ninguna protuberancia. Su carne es más espesa y tiene más sabor que otras variedades. No se suele ingerir como verdura, sino que sirve para preparar sopas, postres o mermelada. Su carne, de un color amarillo anaranjado oscuro, es seca y dulce. Las pepitas son muy apreciadas.

Calabaza común
Cucurbita pepo

La calabaza común es verde con rayas blancas. Se parece a un calabacín de gran tamaño (de unos 30 cm aproximadamente). Debe ser dura y pesar bastante para el tamaño que tenga. Se puede rellenar, cocer al horno o gratinar. En algunas ocasiones se utiliza para elaborar mermelada o *chutney*.

Calabaza Buttercup
C. maxima var. *turbaniformis*

Calabaza de carne jugosa y dulce de color naranja. La piel es gruesa, lisa, de color verde o naranja y, en algunas variedades, bastante dura. Esta calabaza ronda los 1,4 kg de peso y se conserva más o menos durante un mes.

Calabacín
Cucurbita pepo

Esta calabaza común se recolecta antes de madurar por completo. El calabacín se parece a un pepino grande: su piel fina y lisa es amarilla o verde y a veces presenta rayas amarillas o jaspeadas. Los más sabrosos son los que miden entre 15 y 20 cm. El calabacín es uno de los ingredientes básicos del pisto o de la *ratatouille* francesa; sus flores, rellenas o rebozadas, tienen un sabor suave.

ayote

calabaza Buttercup

calabazas y cucurbitáceas

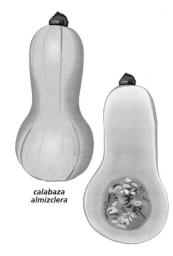

calabaza
almizclera

Calabaza almizclera
Cucurbita moschata

Calabaza en forma de pera enorme. Es mejor cuando mide entre 20 y 30 cm de largo y su base tiene unos 12 cm de diámetro. Su carne anaranjada tiene un alto índice de caroteno y la piel lisa de color crema se retira con facilidad. Si presenta un color verdoso, aún no está madura.

Calabaza turbante de moro
C. maxima var. *turbaniformis*

Su piel arrugada, fina y dura es de color verde con rayas de diversos colores o manchas. Su pulpa, amarilla anaranjada o amarilla dorada, es muy dulce, con un ligero sabor a avellana. La calabaza madura mide entre 15 y 20 cm de diámetro y pesa aproximadamente 1,5 kg.

Calabaza bonetera
C. melopepo f. *clypeiformis*

Calabaza de forma redondeada con una piel de color verde claro menos tierna que la del calabacín. Cuando está muy madura, la piel se pone blanca y es más dura, por lo que se debe retirar. La pulpa blanquecina es tierna, ligeramente dulce y tiene un sabor parecido al de la alcachofa. Las mejores son las que miden entre 8 y 10 cm de diámetro. Las minicalabazas boneteras se pueden conservar en vinagre.

Chayote
Sechium edule

Calabaza cultivada principalmente en los países tropicales y subtropicales. El chayote tiene forma de pera de color verdoso y contiene una sola semilla, comestible una vez cocida. Se puede comer crudo en ensaladas o solo con una vinagreta. Resulta delicioso cocido y con salsa, gratinado o en compota. También se usa en la cocina criolla y sirve para adobar y preparar *chutney*. El chayote puede sustituir a las calabazas de verano en muchas recetas.

Calabaza Acorn
Cucurbita pepo

Esta calabaza tiene unos surcos profundos. Su piel es lisa y dura, de color verde oscuro, con manchas naranjas cuando se recolecta ya madura. La pulpa, amarilla anaranjada, es fina, poco fibrosa y tiene un sabor a avellana y pimienta. Las mejores son las que miden unos 12 cm de alto y tienen entre 15 y 20 cm de diámetro. Se conservan entre 30 y 50 días.

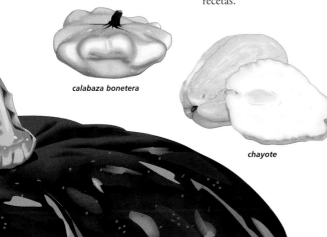

calabaza bonetera

chayote

Calabaza de cuello
C. melopepo f. *torticolis*

El interior y el exterior de esta calabaza suelen ser amarillos, pero la piel también puede ser verde; tiene pequeñas protuberancias y la base hinchada. La calabaza de cuello o de Italia presenta un cuello estrecho y curvo que la hace parecerse a un ganso. Es más sabrosa cuando mide entre 20 y 25 cm de largo.

Calabaza confitera
Cucurbita maxima

La calabaza confitera, que se suele confundir con el ayote, es más usual en Europa. Se distingue por su pedúnculo tierno, esponjoso, cilíndrico y alargado. Tiene la piel lisa y dura, por lo general naranja, aunque a veces amarilla o verde. Su carne es espesa y de sabor fuerte. Al igual que el ayote, sirve para preparar sopas, postres y mermeladas.

Calabaza cerosa
Benincasa hispida

La calabaza cerosa, proveniente de China, es relativamente nueva en los mercados occidentales. Algunas de las variedades más grandes se venden por trozos. Se suelen usar para preparar sopas o para saltear. Se utiliza como la calabaza común o el ayote y es una buena guarnición para los platos picantes.

Calabaza espagueti
Cucurbita pepo

Esta calabaza se distingue del resto porque, tras la cocción, su carne forma hilos semejantes a los espaguetis al separarla con un tenedor. Esta calabaza se puede cocer al horno entre 30 y 45 minutos, si está cortada por la mitad. Cocida y fría, se toma en ensaladas o con una vinagreta. Por lo general se come cruda y rallada.

calabaza confitera

Pepino amargo
Momordica charantia

El pepino amargo está emparentado con la calabaza. Esta hortaliza resulta demasiado amarga para comerla cruda. En la cocina china se cuece al vapor o se añade a un plato que contiene carne de cerdo, cebolla, jengibre y salsa de judías negras. Las sopas chinas con frecuencia contienen pepino amargo.

pepino amargo

calabaza espagueti

calabazas y cucurbitáceas

Pepino
Cucumis sativus

Existen diversas variedades de pepinos: los procedentes de Europa son los más largos, mientras que los de América son más pequeños y gruesos. El término "pepinillos" hace referencia a algunas variedades de pepinos que se recolectan antes de madurar, apenas desarrollados. Adquiera pepinos verdes y duros, sin manchas amarillas y de tamaño medio. Cuanto más grandes, más posibilidades existen de que sean amargos, tengan poco sabor y contengan numerosas pepitas duras. En general, el pepino se come crudo, pero también se puede cocer y preparar como el calabacín. Sirve para elaborar sopas, como el gazpacho. El puré de pepino puede sustituir hasta tres cuartas partes del aceite utilizado para el aliño, lo que reduce de forma considerable el número de calorías. El pepino, muy refrescante, es una fuente excelente de potasio, ácido fólico y vitamina C. Puede ser algo difícil de digerir, aunque las variedades europeas son menos indigestas.

pepino americano

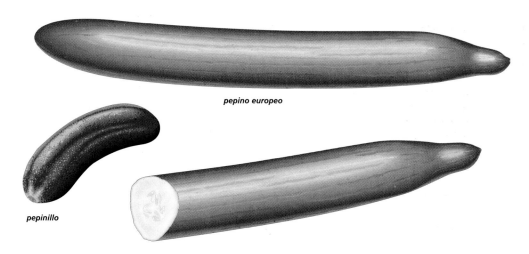

pepino europeo

pepinillo

Pepino Kirby

El pepino Kirby es una variedad inglesa más pequeña que los pepinos de mesa, de color oscuro y con una piel llena de pequeñas protuberancias. Se recolecta cuando aún es muy pequeño para la preparación de pepinillos en vinagre.

pepino Kirby

verduras de fruto

pimiento verde   *pimiento amarillo*   *pimiento rojo*

Aceituna
Olea europaea

La aceituna es uno de los frutos más antiguos que se cultivan en los países mediterráneos. No se pueden comer directamente del árbol, sino que deben someterse a varios procesos. Famosas como aperitivo, las aceitunas se incluyen en numerosos platos, como el *tapenade* y en comidas preparadas al estilo de Niza o de Provenza. Las aceitunas verdes contienen más grasa y calorías que las negras.

Pimiento
Capsicum annuum

Existen decenas de clases de pimientos. Los verdes se recolectan antes de madurar por completo, pues al madurar su color se transforma en rojo. Típica en la cocina portuguesa y mexicana, esta hortaliza, originaria de Latinoamérica, se pela tras asarla durante 10 minutos. Los pimientos rojos contienen el doble de vitaminas A y C que los pimientos verdes.

aceitunas verdes   *aceitunas negras*

Gombo
Hibiscus esculentus y *Abelmoschus esculentus*

Fruto, probablemente de origen africano, que contiene una sustancia viscosa utilizada para espesar sopas y ragús. Adquiera gombos de color vivo y de no más de 10 cm de largo para que sean tiernos. El gombo se come crudo o cocido y forma parte de numerosos platos criollos. Combina bien con tomate, cebolla, pimiento, curry, cilantro, orégano, limón y vinagre. Esta delicada verdura se conserva de 2 a 3 días en el frigorífico en una bolsa de papel.

Aguacate
Persea americana

El color de la piel depende de la variedad y no indica el grado de madurez del fruto. Si el aguacate está muy blando, está muy maduro; se debe consumir cuando cede a una ligera presión del dedo. Se suele comer crudo, ya que no soporta bien la cocción. La pulpa se ennegrece al entrar en contacto con el aire; para evitarlo rocíelo con zumo de limón o vinagre. Este fruto no puede madurar en el frigorífico, así que deje que lo haga a temperatura ambiente. El aguacate es muy rico en potasio y ácido fólico.

miniaguacate

aguacate Hass   *aguacate Bacon*

verduras de fruto

Tomatillo
Physalis ixocarpa

Probablemente originario de México, el tomatillo se recolecta verde, pero después puede adquirir un color púrpura o amarillo. Está cubierto de una fina membrana de color pardo no comestible que se retira para lavar el fruto. Más consistente que el tomate, es el ingrediente perfecto de las salsas, como el mole verde, que acompaña muchos platos mexicanos como los tacos y los burritos.

Tomate
Lycopersicon esculentum

Considerado durante mucho tiempo como venenoso, el tomate es actualmente uno de los ingredientes más universales. Se puede comer con ajo, chalote, albahaca, tomillo y orégano. Es un ingrediente básico del pisto, la *ratatouille,* el gazpacho, la pizza y la caponata. Para pelarlo se debe escaldar durante 30 segundos y después retirar la piel. La cocción a fuego vivo hace que la salsa de tomate sea indigesta; añada un poco de azúcar para reducir el nivel de acidez.

tomate cereza

tomate pera

tomate amarillo

tomate común

tomate ciruela

Berenjena
Solanum melongena

Originaria de la India, la berenjena se consume en Asia desde hace más de 2.500 años. La variedad más conocida en Norteamérica y en Europa es la berenjena de color violeta oscuro y de forma alargada, semejante a una pera grande. La tailandesa puede ser más pequeña que un huevo. Pele las berenjenas grandes antes de cocerlas para quitarles el sabor amargo. La berenjena es un ingrediente esencial de la *ratatouille,* del *baba ghanoush* y de la *moussaka* griega. Es una buena fuente de potasio.

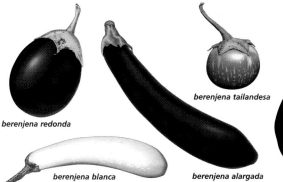

berenjena tailandesa

berenjena redonda

berenjena blanca

berenjena alargada

berenjena común

verduras de flores

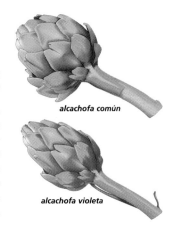

Alcachofa
Cynara scolymus

Las partes comestibles son el corazón y la base de las hojas, pero el heno o pelusa del centro no se puede comer. Escoja una alcachofa compacta y pesada con las hojas verdes brillantes y muy juntas. Si tiene las hojas descoloridas o manchas negras en la parte superior, ha perdido su frescura. La cocción en agua dura entre 35 y 45 minutos. Las que están enteras se ennegrecen si no están totalmente sumergidas en agua con sal. La alcachofa es muy rica en potasio y magnesio.

alcachofa común

alcachofa violeta

Brécol
Brassica oleracea var. *italica*

Originario del sur de Italia, el brécol se sigue asociando a la cocina italiana. Adquiera brécoles duros, con color vivo y ramilletes compactos. Evite comprar brécoles florecidos, amarillentos o secos, ya que no serán frescos ni tiernos. El brécol se puede comer crudo, macerado o como aperitivo. Cocido está delicioso con salsa vinagreta o besamel. Tarda entre 10 y 15 minutos en cocerse en agua o al vapor. El brécol es una fuente excelente de vitamina C y potasio. Al igual que los otros miembros de la familia de las coles, se considera anticancerígeno.

Coliflor
Brassica oleracea var. *botrytis*

Suelen ser blancas, aunque algunas variedades presentan tonos violetas. Escoja una con el cogollo consistente y compacto y con las hojas exteriores frescas. Evite comprar coliflores descoloridas, con manchas oscuras o que comienzan a florecer. Esta verdura se cuece enseguida, por lo que debe vigilar el tiempo de cocción. La coliflor se puede comer cruda, marinada, o como aperitivo. Cocida, puede ir acompañada de brécol. La coliflor cruda contiene vitamina C, ácido fólico y potasio. Al igual que los otros miembros de la familia de las coles, se considera que tiene propiedades anticancerígenas.

Rapini
Brassica rapa var. *ruvo* o *italica*

El rapini se parece al brécol. Los inmigrantes italianos lo introdujeron en Estados Unidos a principios del siglo XX. A diferencia del brécol, el rapini no tiene cabezas verdes, aunque algunos tallos presentan unos botones de los que nacen pequeñas flores amarillas. Cueza los tallos durante 1 minuto en una pequeña cantidad de agua hirviendo, añada las hojas y los botones y cueza entre 2 y 4 minutos. Si se cuece al vapor, el rapini queda amargo. Está muy sabroso acompañado de una salsa vinagreta.

coliflor violeta

coliflor blanca

rapini

flores comestibles

Estas flores se utilizan desde tiempos inmemoriales como guarnición y para proporcionar más sabor a los platos. Las más conocidas son las capuchinas y los pensamientos, pero también existen las flores del manzano, el limonero, la lavanda, los crisantemos, los geranios, las lilas, las caléndulas, el jazmín y el diente de león, todas disponibles en tiendas especializadas. Se pueden conservar en el frigorífico hasta una semana. Las flores de floristería no se deben comer nunca, ya que contienen pesticidas.

Violeta
Viola odorata

Planta ornamental cuyas hojas y flores recién abiertas tienen un sabor suave y delicado. Frescas, secas, o confitadas, sus hojas y flores sirven para decorar ensaladas, dulces y bebidas. De la violeta también se extrae una esencia que sirve para aromatizar pasteles, golosinas y licores. En infusión tiene propiedades ligeramente sedativas.

Flor del calabacín
Las flores del calabacín de verano se asemejan a un bulbo pequeño. Su color varía entre el amarillo y el naranja. Se suelen servir salteadas, rebozadas o rellenas. Las flores del calabacín realzan el sabor de sopas y ensaladas. Estas flores no se pueden guardar más de un día en el frigorífico.

Capuchina
Tropæolum majus

Planta ornamental originaria de Sudamérica de hojas, flores y botones comestibles. La capuchina, al principio, recibió el nombre de "berro de las Indias". Sus hojas y flores son delicadas y se deben consumir lo más frescas posibles. Añaden un toque picante y decorativo a las ensaladas. Incorpore la vinagreta antes de poner las flores para que no se impregnen de aceite. Los botones y los frutos pueden sustituir a las alcaparras.

violeta

verduras de hoja

Berro
Nasturtium officinale y Lepidium sativum

Escójalo y lávelo bien para eliminar la tierra. Retire las raíces y no lo deje en remojo. Esta verdura se come cruda o cocida. El berro de fuente, tierno y jugoso, está muy bueno crudo, pues sus hojas finas tienen un ligero sabor a mostaza que acompaña muy bien las ensaladas. El berro mastuerzo es más picante y sirve para aromatizar ensaladas, salsas y bocadillos. El berro se cuece y se prepara como la espinaca y es muy bueno para preparar sopas. Es muy rico en vitamina C, vitamina A y potasio.

berro mastuerzo

berro de fuente

Espinaca
Spinacia oleracea

Esta verdura se emplea en los platos "a la florentina". Escoja espinacas frescas, con hojas tiernas y suaves de color verde oscuro. Evite comprarlas con hojas sin brillo, amarillentas o poco consistentes. Si los tallos son gruesos, retírelos o secciónelos. En general, el agua que queda en las hojas tras lavarlas basta para cocer las espinacas. Cuézalas entre 1 y 3 minutos en una olla tapada y a fuego vivo. Cruda es una fuente excelente de ácido fólico, vitamina A, potasio y magnesio.

Verdolaga
Portulaca oleracea

Los tallos ramificados de la verdolaga tienen una consistencia elástica y están repletos de agua, al igual que las hojas gruesas y tiernas. Los tallos tiernos se pueden preparar como la espinaca o el cardo, pero coma con moderación, sobre todo si no está acostumbrado a su sabor ácido y marcado. La verdolaga aromatiza y decora sopas, salsas, mayonesas, tortillas y ragús. Está muy buena con zanahoria rallada o puré de patatas. Esta verdura es muy rica en potasio y magnesio.

Acedera
Rumex sp.

La acedera, con un sabor áspero y ácido parecido al del limón, añade una nota refrescante a las ensaladas. Cocida, se prepara como la espinaca y está muy buena en sopas y salsas. La sopa de acedera es un clásico en varios países europeos. La acedera constituye la guarnición tradicional del pescado y la ternera. Esta verdura es una fuente excelente de vitamina C, magnesio, vitamina A y potasio.

verdolaga

acedera común

verduras de hoja

Ortiga
Urtica dioïca y urens

Planta herbácea con pelos urticantes y sabor más o menos picante, según las especies. Las hojas pierden su propiedad de producir erupciones cutáneas una vez cocidas o desecadas. La sopa de ortigas, con patatas, puerro o berro, está deliciosa. Las ortigas se suelen cocer al vapor. Las hojas tiernas y las variedades menos urticantes se pueden comer crudas, bien troceadas.

Hojas de vid
Las hojas de vid se utilizan, sobre todo, para envolver los alimentos antes de cocerlos *(dolmas)* y para decorar los platos de frutas frescas y ensaladas. Aunque, por lo general, sólo se pueden adquirir en conserva, también se pueden encontrar frescas. En ese caso, debe blanquearlas en agua o al vapor y limpiarlas bien antes de consumirlas.

Diente de león
Taraxacum officinale

El diente de león es una planta común que se suele considerar una mala hierba. Las hojas del diente de león silvestre son más pequeñas y amargas que las del cultivado. El sabor amargo del diente de león se puede contrarrestar con aceite o vinagre fuertes. Esta verdura de hoja se suele preparar como la espinaca. Las hojas crudas son una fuente excelente de vitamina A.

diente de león

Mostaza de hojas
Brassica juncea

Hortaliza de hojas verdes muy apreciada en los países cálidos. Sus hojas frescas, muy sabrosas, se preparan como la espinaca. Se cree que la mostaza de hojas es un híbrido de una especie de la familia de las coles y de la mostaza negra.

Roqueta
Eruca sativa

Verdura de hoja muy apreciada en el sur de Francia y en Italia. La roqueta tiene un marcado sabor parecido al del berro. Se puede comer cruda o cocida, pero se debe usar con moderación debido a su fuerte sabor. Sirve para preparar ensaladas y bocadillos, o se puede triturar e incluirla en sopas y salsas.

roqueta

25

lechugas

Existen más de 100 variedades de esta hortaliza. Escoja una lechuga de hojas brillantes, tersas y crujientes y deseche las que presenten mal aspecto. No retire la lechuga del frigorífico ni la aliñe hasta el último momento. Consérvela en el frigorífico envuelta en un trapo húmedo, lejos de los alimentos que producen etileno (manzanas, peras, plátanos, melones y tomates). La lechuga se come cruda, pero también se puede cocer, cortar y añadir a las sopas al final de la cocción. Es rica en agua y tiene pocas calorías. Cuanto más verde, más vitaminas y minerales contiene. La lechuga se considera una verdura que abre el apetito y que tiene propiedades analgésicas, emolientes y calmantes.

Lechuga repolluda
Lactuca sativa var. *capitata*

Una variedad muy conocida es la iceberg. Las hojas exteriores son verdes y crujientes, mientras que las interiores son amarillentas o blancas. Contiene menos elementos nutritivos que las otras variedades. La lechuga iceberg no se debe lavar hasta el último momento.

Lechuga rizada
Lactuca sativa var. *crispa*

Esta lechuga no es repolluda y tiene las hojas rizadas y onduladas. Existen diversas variedades; todas ellas poseen hojas largas, anchas, tiernas, sabrosas, verdes y, a veces, rojas. Algunas especies tienen un ligero sabor a avellana. Lave la lechuga rizada antes de ponerla en el frigorífico, donde se conserva de 2 a 3 días.

Lechuga romana
Lactuca sativa var. *longifolia*

Lechuga de hojas alargadas, tersas y muy verdes, cuyo tronco principal es rígido, crujiente y fibroso. La lechuga romana se debe lavar antes de introducirse en el frigorífico, donde se conserva de 3 a 5 días. La ensalada César se prepara con esta lechuga.

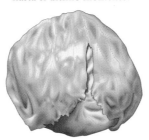

lechuga iceberg

Lechuga acogollada
Lactuca sativa var. *capitata*

Dos de las variedades más conocidas son la lechuga Bibb y la Boston. Ambas se distinguen por sus hojas tiernas y grandes, ligeramente redondas, pero no compactas, que se separan con facilidad. La lechuga Boston tiene las hojas más largas y de un verde más pálido que la lechuga Bibb. Algunas variedades de ésta última tienen hojas rojizas. No las lave hasta el último momento. Se conservan entre 2 y 3 días en el frigorífico.

lechuga Boston

Radicchio
Cichorium intybus
var. *foliosum*

El *radicchio* es una variedad de achicoria roja procedente de la provincia de Véneto, en el norte de Italia. Añade una nota crujiente y de color a las ensaladas y tiene un sabor ligeramente amargo, por lo que es mejor acompañarlo de otras lechugas para apreciarlo mejor. Escoja uno de base consistente y hojas compactas, de color vivo y sin tonos pardos en las puntas.

Lechuga de tallo
Lactuca sativa var. *angustana*

La lechuga de tallo es un híbrido del apio y la lechuga y tiene un sabor semejante a ambos. Esta lechuga es muy conocida en Asia. Sus tallos se comen crudos o cocidos y sus hojas se suelen consumir cocidas.

Mesclun
Esta mezcla de brotes jóvenes de lechugas diversas es originaria del sur de Francia. Por lo general se vende ya preparada y contiene hojas tiernas de escarola, escarola rizada, *radicchio* de Treviso, hierba de los canónigos, diente de león, perifollo, lechuga de hoja de roble y verdolaga. Esta mezcla fresca y un poco amarga se emplea como base de los entrantes de queso de cabra caliente.

Escarola
Chicorium endivia
var. *latifolia*

Las hojas de la escarola son anchas y menos rizadas y amargas que las de la escarola rizada, son un poco onduladas y dentadas en los bordes. Las interiores son más pálidas y menos amargas que las exteriores. Elimine los extremos ennegrecidos. La escarola se suele comer cruda, pero también se puede cocer. Es una fuente excelente de ácido fólico y potasio.

Achicoria silvestre
Chicorum intybus

La achicoria silvestre es muy amarga. Sus tallos cortos están formados de hojas verdes con los bordes dentados parecidos al diente de león. Cuando es joven y tierna se utiliza en ensaladas. Su raíz puede constituir una verdura muy sabrosa denominada endibia. La achicoria silvestre es muy rica en ácido fólico, vitamina A y potasio.

achicoria silvestre

lechuga de tallo

lechugas

Hierba de los canónigos
Valerianella locusta y *Valerianella olitoria*

La hierba de los canónigos se cultiva y se consume como la lechuga. Es muy tierna y tiene un sabor suave. Retire las raíces, lávela con cuidado y no la aliñe hasta el último momento para que se conserve tierna y sabrosa. La hierba de los canónigos está deliciosa sola, en ensalada o combinada con otras lechugas tiernas, como la Boston. No emplee un aliño demasiado fuerte, ya que si no perderá su suave sabor.

hierba de los canónigos

Endibia
Cichorium intybus

La endibia posee hojas crujientes de color crema y tiene las puntas amarillentas. Su sabor es ligeramente amargo. No adquiera aquéllas que tengan las hojas verdes, ya que serán amargas, ni aquéllas que tengan las puntas de las hojas oscuras. Esta hortaliza se puede comer cruda o cocida; se suele servir en ensalada, aliñada con una vinagreta o mayonesa. También se puede cocer al horno entre 30 y 45 minutos. Una receta clásica es cocer la endibia al vapor, envolverla con una loncha de jamón dulce y después gratinarla.

Escarola rizada
C. endivia var. *crispa*

Esta escarola se suele consumir en ensaladas. Sus hojas, verdes, muy dentadas, estrechas y puntiagudas, forman una roseta. Tienen nervios blanquecinos o rojizos y son un poco amargas. Las hojas interiores y el cogollo son amarillos o blancos. Es una gran fuente de ácido fólico y potasio.

escarola rizada

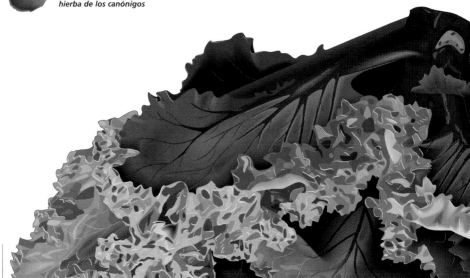

coles

Las coles son unas hortalizas que pertenecen a la misma familia que el brécol, la col de Bruselas, la coliflor y el colinabo. Adquiera coles pesadas y compactas, con las hojas brillantes y que presenten un color vivo, sin manchas ni golpes. Cuézala brevemente en un poco de agua. La col fermentada, que da lugar al chucrut, es menos indigesta. Se puede cocer al vapor, brasear, saltear o hervir. Puede ir acompañada de beicon y salchichas. La col se considera una verdura anticancerígena.

col verde   *col blanca*

col lombarda   *col rizada de otoño*

Col marina
Crambe maritima

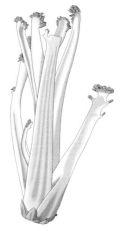

Esta col, más conocida en Gran Bretaña y Francia, tiene las hojas de un color verde pálido y peciolos largos y carnosos, que suelen estar recubiertos, como la endibia, para retrasar su desarrollo. La col marina está deliciosa hervida y con una salsa picante o salteada con ajo. Sus tallos blanqueados se cocinan como los espárragos. Se puede comer cruda, acompañada de una vinagreta.

Col de Bruselas
Brassica oleracea var. *gemmifera*

La col de Bruselas sólo se puede comer cocida. Puede servirse como guarnición, sola, con mantequilla o cubierta de salsa besamel y, a veces, gratinada. Cuézalas poco tiempo para que no se pongan pastosas. Las coles de Bruselas son una fuente excelente de vitamina C, ácido fólico y potasio. Al igual que todos los miembros de la familia de las crucíferas, tienen propiedades anticancerígenas.

Col negra
Brassica oleracea var. *viridis*

Hortaliza de hojas lisas, gruesas, con muchos nervios y bordes lisos o rizados, según la variedad. Los nervios centrales son duros y de sabor poco agradable. La col negra fresca añade una nota picante a las ensaladas. Si desea aligerar su sabor, blanquéela. Puede ir acompañada de cebada, arroz negro, *kasha,* patatas y legumbres. La col negra, cruda o cocida, es muy rica en vitamina A.

Col de lechuga
Brassica oleracea var. *acephala*

La col de lechuga, o lechuga de Savoya, es una planta muy decorativa. Se puede cocer al vapor o saltear. Cruda, añade una nota crujiente y de color a las ensaladas. La col de lechuga es rica en vitamina A, vitamina C, potasio, fósforo, calcio y hierro.

Col rizada
Brassica oleracea var. *acephala*

Las grandes hojas fibrosas de esta col no son compactas, pero sí muy rizadas y de marcado sabor. Se puede cocer en agua o al vapor, brasear en una olla, rellenar o saltear. Está deliciosa cubierta de salsa y gratinada, o en puré, con o sin patatas. La col rizada es una fuente excelente de vitamina C y vitamina A.

col de lechuga

col negra

coles chinas

Aunque estas verduras se consumen desde hace miles de años en China, en Occidente no se descubrieron hasta el siglo XVIII. El *pe-tsai,* el *pak-choi* y el brécol chino son las variedades más conocidas. Escoja coles de tallos duros, consistentes y frescos, sin manchas oscuras. Las coles chinas son bastante delicadas y se deben conservar en una bolsa de plástico perforada dentro del frigorífico, en el compartimento de las verduras.

Pak-choi

Brassica rapa var. *chinensis*

Esta col se parece a la acelga. Sus tallos blanquecinos, jugosos, crujientes y de sabor suave, terminan en hojas con muchos nervios de color verde oscuro. Lávelo en el último momento. En primer lugar cueza los tallos cortados en trozos y no añada las hojas hasta el final. Agregue el *pak-choi* a sopas y arroces, o sírvalo como guarnición tras saltearlo. Esta verdura es una fuente excelente de potasio y vitamina A.

Pe-tsai

Brassica rapa var. *pekinensis*

El *pe-tsai* o col china tiene una forma similar a la lechuga romana. Su contenido en agua es mayor que el de otras variedades, lo que lo hace más crujiente y refrescante. Se consume crudo, cocido o marinado. No lo lave hasta el último momento. Escoja el número de hojas deseadas y corte las bases. Lávelas, escúrralas y consúmalas cocidas o crudas. Cocida, esta col aromatiza sopas, guisos, pasta y platos salteados.

Gai lon

Brassica rapa var. *alboglabra*

El *gai lon* o brécol chino, es la verdura de sabor más exquisito de toda la familia de las coles. Se puede comer crudo o cocido y se prepara y utiliza como el brécol, aunque requiere un tiempo de cocción inferior. El brécol chino es rico en vitamina A, vitamina C, calcio y hierro.

bulbos

Ajo
Allium sativum

ajo blanco

El ajo es uno de los cultivos más antiguos, ya que se cosecha desde hace más de 5.000 años. Las variedades más comunes son el ajo blanco, el ajo rosado (en el que únicamente la túnica es de ese color) y el ajo gigante, de sabor más suave. Escoja cabezas de ajo gordas y consistentes, sin grillos ni manchas y con la piel intacta. Retire el germen verde que a veces se encuentra en el centro del diente, ya que es indigesto y provoca mal aliento. El ajo aromatiza una gran variedad de salsas como el alioli, la *rouille,* la *tapenade,* el pesto y la mantequilla de ajo. Algunas carnes, como la pierna de cordero, pueden ir acompañadas de trozos de ajo.

ajo rosado

ajo gigante

Ajo gigante

El ajo gigante, también llamado "ajo gigante de España" o "ajo rojo de Provenza" es una variedad similar al puerro. Este tipo de ajo, que se cultiva en California y en el sur de Francia, alcanza en ocasiones el tamaño de un pomelo. Es más suave que el ajo común y se puede encontrar en tiendas de comestibles especializadas. Se cocina como cualquier otra verdura.

Cebolla
Allium cepa

La cebolla es muy apreciada en todo el mundo, como verdura y como condimento. La cebolla grande española es una de las más suaves y dulces y la cebolla roja es la más dulce. Las cebollas tiernas (o tempranas) se venden frescas y en manojos. Son el ingrediente principal de la *quiche* de cebolla, la pizza y la sopa de cebolla. Acompañada de clavo, añade sabor a los cocidos y al caldo. A la cebolla se le atribuyen numerosas propiedades medicinales.

Cebollitas
Allium cepa

Las cebollitas son cebollas pequeñas blancas que se recolectan antes de madurar, cuando apenas se han desarrollado los bulbos. Se suelen utilizar para preparar adobos y están deliciosas en salsas y ragús. Para retirar la piel con facilidad, escáldelas durante 2 minutos y después déjelas enfriar. Las cebollitas se pueden adquirir durante todo el año en tiendas de comestibles bien surtidas.

cebolla tierna

cebolla roja

cebolla blanca

cebolla grande

chalote largo

chalote de Jersey

chalote gris

Chalote
Allium ascalonicum

El chalote es muy popular en la cocina francesa, donde destaca la calidad de esta planta. Su sabor es más aromático y sutil que el de la cebolla y menos picante que el del ajo. Adquiera chalotes duros con la piel bien seca. Evite los que estén grillados o demasiado blandos. Si los rehoga en mantequilla o manteca no se deben dorar ni asar, ya que serán más amargos. Es mejor cocerlos a fuego lento. Se pueden comer crudos o cocidos y se suelen usar para dar un toque refinado a los alimentos. Una vez cocidos son más digestibles que la cebolla.

Puerro
Allium porrum

El puerro tiene un sabor más suave y dulce que la cebolla. La parte blanca y tierna del puerro es la más apreciada y la única que se suele consumir. Da un toque suave a los platos sin ocultar otros sabores. Limpie bien el puerro para eliminar la tierra de las hojas. El puerro troceado requiere entre 20 y 25 minutos para cocerse. La *vichyssoise,* una sopa deliciosa que se sirve fría, se elabora con puerros y patatas.

Cebolleta
Allium fistulosum

Esta planta no forma bulbo, pero presenta un ligero abombamiento en la base que la distingue de la cebolla tierna, que sí tiene un bulbo bien formado. La parte verde de la cebolleta se suele considerar como hierba aromática y se usa para aliñar una gran variedad de platos, fríos y calientes. Añádala al final de la cocción para conservar el sabor. La parte blanca de la cebolleta se prepara como la cebolla.

Castañas de agua
Eleocharis dulcis y *Trapa* sp.

Las castañas de agua ocupan un lugar importante en la cocina asiática. La carne blanca, crujiente, jugosa, dulce y aromática, está cubierta de una piel fina de color pardusco. Lave bien las castañas de agua frescas; puede pelarlas antes o después de cocerlas. La cocción en agua requiere sólo 5 minutos, y al vapor entre 7 y 8 minutos. Crudas son una fuente excelente de potasio.

cebolleta

tubérculos

Patata
Solanum tuberosum

patata Désirée roja

Tubérculo de una planta originaria de Sudamérica utilizado para preparar un sinfín de platos. La patata siempre se consume cocida, ya que está compuesta de cerca de un 20% de almidón no comestible, que se transforma en azúcar durante la cocción. La patata es mucho más que una verdura de guarnición para casi todo tipo de carnes, aves y pescados, ya que es el ingrediente básico del *aligot,* el *goulash,* el asado suizo, el estofado irlandés y la tortilla española. El sabor neutro de la patata se puede aumentar con queso, cebolla, hierbas aromáticas o especias. Se añade a sopas, ragús y tortillas. Es un ingrediente básico de las croquetas y los ñoquis. La fécula de patata se usa para elaborar dulces, embutidos y *puddings,* y sirve como espesante y para dar consistencia a los alimentos. Además es el ingrediente básico del vodka.

patata All Blue

La patata se puede cocinar de diversas formas: hervida, cocida al vapor o al horno, frita, dorada o en forma de puré. Las patatas que contienen menos humedad, como la Idaho, Bintje o Désirée, son las mejores para freír. Adquiera patatas duras e intactas, que no tengan grillos ni partes verdes. La exposición de la patata a la luz o al sol origina la formación de manchas verdes, que le darán un gusto amargo. Limpie bien la patata si va a cocerla con la piel, y retire los botones y las partes verdes. No es necesario pelar las patatas nuevas.

patata Marfona blanca

La carne de la patata se ennegrece al entrar en contacto con el aire, por lo que debe cocerla nada más cortarla o mantenerla en agua fría hasta el momento de cocinarla. Al ponerla en remojo brevemente, también evitará que se deshaga si cambia el agua para la cocción.

patatas nuevas

patata Russet

Patata Russet
Solanum tuberosum

También conocida con el nombre de Idaho, esta variedad de patata es muy apreciada en América. Es alargada y de color castaño. Su carne harinosa es deliciosa. Se puede adquirir durante todo el año y es una de las mejores patatas para freír.

Estáquide
Stachys sp.

El sabor tan suave y ligeramente dulce de la estáquide se asemeja al del salsifí y al de la alcachofa. Es preferible no pelar esta verdura. Una manera de limpiar las estáquides consiste en ponerlas en una bolsa con sal gorda, agitarlas y después lavarlas para eliminar la suciedad restante. Se pueden hervir, cocer al vapor o freír. Se suelen blanquear durante 2 minutos antes de cocerlas. Están deliciosas salteadas con mantequilla o cubiertas de nata.

Batata
Ipomoea batatas

A pesar del nombre, no se parece a la patata. La batata, o boniato, es un alimento básico en los países asiáticos y latinoamericanos. Suele estar recubierta de cera, por lo que algunos la pelan. Se prepara como la patata y requiere casi el mismo tiempo de cocción que ésta. El boniato es más dulce que la patata y se utiliza de forma más variada. Tiene un alto contenido de vitamina A.

Ñame
Dioscorea sp.

El ñame es uno de los alimentos que más se consumen en todo el mundo. Es un alimento básico en Sudamérica y en las Antillas. Tiene una forma alargada, como la batata, con la que se suele confundir. El ñame, al igual que las patatas, se come cocido. Pélelo, córtelo en dados y cuézalo entre 10 y 20 minutos en agua hirviendo con un poco de sal. También está delicioso frito. Es una fuente excelente de potasio.

Tapioca
La tapioca es una fécula extraída de la raíz de la mandioca. Es insípida, pero muy útil para espesar sopas, ragús y *puddings,* ya que absorbe el sabor de los platos a los que se añade. Se pueden obtener postres deliciosos, si se cuece en un poco de leche. La cocción de la tapioca es sencilla, pero es necesario removerla para evitar la formación de grumos.

Taro
Colocasia esculenta

Los tubérculos de taro están recubiertos de una piel castaña, gruesa, rugosa y velluda. La carne del taro es de color crema, harinosa y dulce. Pele el taro bajo el agua del grifo o use guantes, ya que contiene un líquido viscoso. El taro requiere 20 minutos de cocción en agua hirviendo. Se emplea de la misma manera que la patata y es mejor comerlo caliente, ya que su textura cambia una vez frío. El taro es rico en potasio.

ñame

Mandioca
Manihot esculenta y *dulcis*

La mandioca es un tubérculo que se cultiva en las regiones tropicales y subtropicales. La carne es blanquecina, amarillenta o rojiza, y la piel que la cubre es de color castaño. La mandioca amarga, variedad de la que se obtiene la tapioca, debe someterse a diversos tratamientos para ser comestible. Pele la mandioca, rállela o córtela, póngala en remojo y después cuézala en agua en una olla tapada. La mandioca dulce se prepara como la batata o la patata, pero contiene más calorías que esta última.

mandioca dulce

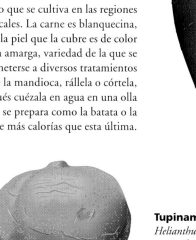

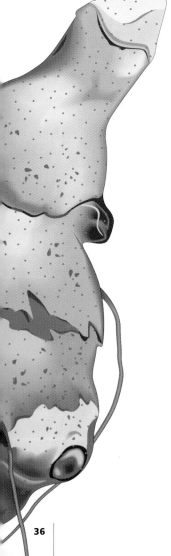

Judía ñame
Pachyrhizus erosus y
Pachyrhizus tuberosus

La vaina fina y pardusca de la judía ñame no es comestible. La carne del interior es blanquecina, jugosa, crujiente y dulce y su suave sabor es parecido al de las castañas de agua. Las judías ñame crudas se suelen cortar en dados, rociar con zumo de lima y espolvorear con condimento de guindilla, cilantro fresco y sal (una tapa típicamente mexicana). Se cuece como la patata, se conserva crujiente incluso después de la cocción y añade una nota original a muchos platos.

Tupinambo
Helianthus tuberosus

El tupinambo, o pataca, es un tubérculo con protuberancias parecido al jengibre. La piel blanca y amarillenta es crujiente, jugosa y dulce. Es preferible pelarlo justo después de cocerlo. El tupinambo se puede comer en puré, gratinado o con nata. Crudo se añade a ensaladas o se toma como aperitivo (rociado con zumo de limón o vinagre para impedir que se ennegreza). Cocido es un sustituto de las castañas de agua y las patatas. Combina bien con el puerro y la carne de ave.

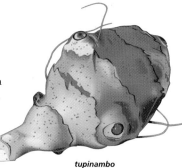

tupinambo

judías, guisantes y maíz

Guisante
Pisum sativum

El guisante es la semilla fresca de una leguminosa. Existen diversas variedades, entre las que se encuentra el tirabeque, que se distingue por su vaina comestible. Los guisantes, cuando son jóvenes y frescos, se pueden comer crudos, pero son más dulces tras la cocción. Los guisantes verdes se pueden cocer con mantequilla y acompañarlos de zanahorias o puntas de espárragos. Se pueden añadir a las ensaladas mixtas y se incluyen en la menestra y en las guarniciones a la jardinera. Los tirabeques están deliciosos en los salteados. Son una fuente excelente de vitamina C.

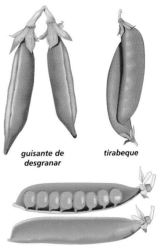

guisante de desgranar   tirabeque

guisantes frescos

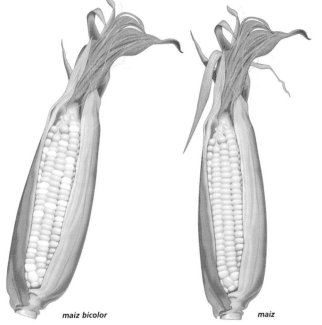

maíz bicolor   maíz

Maíz
Zea mays

El maíz dulce es un cereal originario de América. Es tierno y lechoso, y pierde su sabor poco después de la recolección. La mazorca se puede cocer entera y aderezar con mantequilla y sal. Los granos crudos se utilizan para preparar ensaladas y salsas. Cocidos, sirven como guarnición. El maíz se utiliza en la elaboración de la cerveza, el whisky y la ginebra. El maíz es el único cereal que contiene vitamina A.

Minimaíz
Estas mazorcas recolectadas en una fase temprana se pueden adquirir frescas, congeladas y, sobre todo, en conserva. Se añaden a ensaladas y verduras salteadas. Son muy populares en la cocina china y tailandesa. No obstante, su sabor es diferente al del maíz fresco.

judías, guisantes y maíz

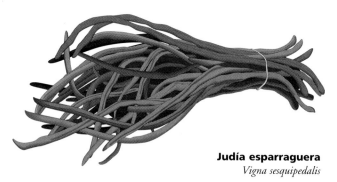

Alubia pocha
Phaseolus sp.

Es de color verde pálido, delgada, plana y menos harinosa que la mayoría de las legumbres. Los franceses, que la usan como guarnición de la pierna de cordero, la aprecian mucho. Se pueden adquirir secas o en conserva.

Judía esparraguera
Vigna sesquipedalis

La judía esparraguera es una legumbre con unas vainas y unas semillas muy largas. Su sabor es un cruce entre el de la judía y el del espárrago. Esta judía se suele consumir fresca, como la judía verde; no obstante, es menos jugosa y menos dulce. Se puede cocer al estilo oriental. Sus semillas secas se preparan como las de otras leguminosas.

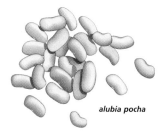

alubia pocha

Judías tiernas

La mayoría de las vainas se pueden consumir frescas, antes de madurar, como las judías de mantequilla verdes o amarillas. Una vez maduras, se les quita la vaina y las semillas se utilizan frescas o secas, pero siempre cocidas. Adquiera judías tiernas consistentes y crujientes. Las judías tiernas cocidas se pueden comer frías o calientes. Se suelen usar como guarnición y están deliciosas con salsa vinagreta.

Haba
Vicia faba

Las habas son legumbres de vainas gruesas y semillas planas de extremos redondeados. Son harinosas y tienen un sabor fuerte. A veces, el haba se consume cruda, sin la gruesa piel exterior, que tiene un alto contenido de tanino. En España son típicas las habas a la cazuela y en Italia se usan para preparar un plato con cebollas y beicon. En Oriente Próximo se comen en forma de puré, buñuelos o ensalada. Son una fuente excelente de ácido fólico y tienen un alto contenido de fibra.

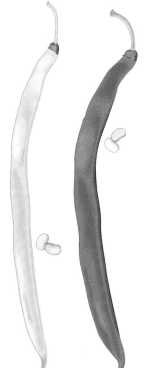

judia tierna amarilla   judia tierna verde

haba

legumbres

El término "legumbres" designa a los frutos que se encuentran en el interior de una vaina y leguminosas a la gran familia de las plantas donde crecen estos frutos, en la que se incluyen principalmente las lentejas *(Lens)*, judías *(Phaseolus)*, habas *(Vicia)*, sojas *(Glycine)* y cacahuetes *(Arachis)*. Las legumbres secas ocupan un lugar importante en la alimentación de varios pueblos, sobre todo en el norte de África, en Latinoamérica y en Asia.

COMPRA
Al adquirir legumbres secas, escoja frutos intactos, de color brillante y tamaño uniforme. Evite aquellas semillas tiernas, arrugadas o picadas por los insectos, ya que se trata de legumbres viejas y conservadas en malas condiciones, por lo que su rehidratación será difícil.

PREPARACIÓN
Las legumbres secas son fáciles de cocer. Todo consiste en sumergirlas en agua y después añadir ingredientes para aderezarlas. Al ponerlas en remojo, recuperan el agua que han perdido, se reduce el tiempo de cocción, disminuye la flatulencia y se conservan las vitaminas y los minerales. Generalmente se mantienen en remojo entre 6 y 8 horas, aunque puede reducir el tiempo o no ponerlas en remojo si utiliza una olla a presión.

Seleccione las legumbres secas antes de lavarlas varias veces con agua fría y ponerlas en remojo. Colóquelas en un recipiente grande y añada tres partes de agua por una de legumbres; déjelas en remojo toda la noche en un lugar fresco o en el frigorífico.

COCCIÓN
Cubra las legumbres secas con agua fría y llévela a ebullición. Después baje el fuego y déjelas cocer a fuego lento hasta que estén tiernas. Las legumbres secas se cuecen más rápido en la olla a presión. Puede consumirlas frías o calientes, enteras o trituradas en puré. También puede asarlas, molerlas para elaborar harina o fermentarlas. Además puede adquirirlas precocinadas en conserva. Algunas germinan.

UTILIZACIÓN

Las legumbres se pueden usar como guarnición o ser el ingrediente básico de un plato, como los tacos y los burritos mexicanos, los *falafel* libaneses (una especie de albóndigas fritas), el famoso *cassoulet* francés (un estofado de judías blancas con carne) o la *feijoada* brasileña (un guiso de judías con arroz). El *humus* es una especialidad oriental a base de garbanzos y el *dahl* indio es un puré de lentejas picante.

CONSERVACIÓN
Las legumbres se conservan durante un año en un recipiente hermético y en un lugar fresco y seco. De este modo no sufren una pérdida importante de su valor nutritivo. Cocidas se pueden conservar unos 5 días en el frigorífico y unos 3 meses en el congelador.

VALOR NUTRITIVO
Las legumbres son muy nutritivas, aunque no poseen las mismas proteínas que la carne. Se suele decir que son un alimento "incompleto", porque algunos aminoácidos como la metionina, la cistina y el tritofano están presentes en menor cantidad que otros aminoácidos. La mayoría de las legumbres son una fuente excelente de ácido fólico y de potasio y son ricas en hierro y magnesio. Además, también poseen un alto contenido de fibra.

Guisantes secos

Se obtienen de los guisantes que se dejan en el campo
hasta que maduran por completo y después se secan.
Los guisantes enteros se deben poner en remojo antes de
cocerlos. Los partidos son menos harinosos y se cuecen
más rápido. Los guisantes secos enteros sirven para preparar sopas y suelen ir acompañados de jamón. Los partidos
se suelen triturar y también sirven para preparar sopas.

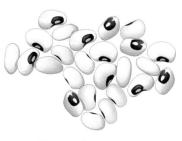

Alubia de ojo
Vigna unguiculata o *sinensis*

Legumbre cuyo hilo forma
una mancha oscura parecida
a un ojo. Las vainas de la
alubia de ojo son comes-
tibles antes de haber madurado por completo y se sirven como las judías verdes.
Se puede comer en ensala-
das y sopas, en buñuelos o
a la cazuela. Las alubias de
ojo con carne de cerdo es
un plato típico del sur de
Estados Unidos.

guisantes amarillos partidos   guisantes verdes partidos   guisantes secos

Lenteja
Lens esculenta o *culinaris*

Legumbre que se consume
desde tiempos prehis-
tóricos. Una de las variedades más conocidas en
Occidente es la lenteja
redonda de color verde o
pardusco. Secas, las lentejas
sirven para preparar ensaladas y sopas muy nutri-
tivas. Trituradas sirven
para hacer croquetas.
Si se comen con arroz,
constituyen un plato de
proteínas completo.

Judía egipcia
Dolichos lablab

Judía cuyas semillas están
unidas a un hilo largo,
blanco y prominente. Secas
pueden sustituir a las otras
legumbres en la mayoría de
las recetas. Molidas para
elaborar harina se añaden al
pan. Las semillas también
pueden germinar. Las judías
egipcias constituyen una
fuente excelente
de cobre.

Haba seca
Vicia faba

Esta legumbre está
deliciosa en sopas y en
estofados, ya sea entera o
triturada. El haba seca se
cuece, con o sin piel,
durante 2 horas y media.

lentejas verdes

lentejas rojas

Cacahuete
Arachis hypogaea

Aunque se suele considerar un fruto seco, se trata de una legumbre. No ingiera los que tengan manchas, estén negros, rancios o mohosos, ya que pueden estar contaminados. En algunos países acompañan la carne, el pescado y las aves, o se usan para aromatizar salsas, ensaladas o estofados. Es el ingrediente básico de la salsa *satay* (una salsa picante) y del *gado gado* (un plato de verduras de Indonesia). El cacahuete es muy nutritivo, ya que es rico en proteínas, grasas y calorías. Es una fuente excelente de niacina, magnesio, potasio y fibra.

Judía roja
Phaseolus sp.

Leguminosa roja en forma de riñón, de textura y sabor suaves, muy usada en estofados. La judía roja es un ingrediente clave en el chile con carne, un plato muy nutritivo.

Alfalfa
Medicago sativa

Las semillas germinadas son las que se destinan al consumo humano. A diferencia de las judías mungo, las semillas de la alfalfa se pueden comer crudas, ya que son muy finas y tienen un sabor suave. Se emplean en ensaladas, bocadillos y aperitivos; se añaden a platos cocinados, como tortillas y tacos, justo antes de servirlos.

Garbanzo
Cicer arietinum

Los garbanzos se preparan como otras legumbres, pero no se deshacen durante la cocción. Su utilización es muy variada. Constituyen el ingrediente principal del *humus* (puré que se come frío) y el *falafel* (albóndigas fritas). El cuscús, el estofado y el ragú también llevan garbanzos. Están deliciosos fríos en ensaladas mixtas. Se pueden asar, dejar germinar o transformar en harina.

semillas de alfalfa

Altramuz
Lupinus sp.

Las semillas del altramuz, lisas y comprimidas, son las que más se consumen, ya que no contienen sustancias tóxicas y se preparan con facilidad. Los altramuces o lupinos se pueden comer con un poco de zumo de limón, con o sin piel. Se pueden servir como tapa, como en España, en Italia y en Oriente Próximo. Los altramuces son muy nutritivos.

altramuces

Judía adzuki
Phaseolus o *Vigna angularis*

Esta judía se suele servir acompañada de arroz. Los asiáticos la transforman en una pasta que puede sustituir al puré de tomate. La judía adzuki también es un sustituto del café y se puede hinchar como el maíz o germinar. Molida se utiliza como harina en pasteles, sopas y sustitutos de la leche. Tiene un contenido muy elevado de fibra.

Judía negra
Phaseolus sp.

Esta judía tiene una forma arriñonada y es totalmente negra. No se suele encontrar fuera de Estados Unidos, Centroamérica y México, de donde procede. Se usa mucho en la cocina mexicana, sobre todo en los frijoles refritos, los burritos y las enchiladas.

judías negras

Alubia blanca
Phaseolus sp.

Las alubias blancas tienen una forma arriñonada, con los extremos bastante gruesos y cuadrados. Su sabor es menos pronunciado que el de las judías rojas y absorben el sabor de los platos con los que se cuecen. Existe una gran variedad de alubias blancas, como la judía cannellino, muy apreciada en Italia.

Judía de arándano
Phaseolus sp.

Judía grande, redonda y poco harinosa, de color crema con manchas rosas o marrones. Es muy popular en algunos países europeos, donde se utiliza en ragús y cocidos.

Alubia pinta
Phaseolus sp.

Judía de tamaño mediano, más bien plana y de forma arriñonada, beige con manchas de color marrón claro. Durante la cocción adquieren un tono rosado y una textura cremosa. Es un buen sustitutivo de la judía roja. Está deliciosa triturada en forma de puré.

Judía española
Phaseolus coccineus

Las vainas rosadas de la judía española contienen semillas blancas con manchas rojas o semillas rojas con manchas negras. Se preparan como la judía roja. La judía española combina bien con la cebolla, el tomate y el atún.

Judía de Lima
Phaseolus lunatus

Esta judía suele ser de color crema o verde. La judía de Lima se cocina enseguida, por lo que es importante evitar una cocción prolongada. No resta sabor a los platos a los que se añade. Es un buen sustitutivo de las patatas. Constituye una buena fuente de fibra.

judías de Lima

Judía mungo negra
Phaseolus o *Vigna mungo*

La judía mungo negra es muy apreciada en India, Birmania y Pakistán. Las vainas rectas y muy vellosas contienen pequeñas semillas de color blanco crema en su interior. En Asia es el ingrediente básico de una salsa negra. En India las mezclan con arroz para preparar una especie de torta llamada *dhosai,* o un puré de lentejas picante, el *dahl.*

Brotes de soja

Los brotes de soja se pueden comer tras dejarlos germinar varios días. Son más nutritivos y sabrosos que las judías mungo. Se pueden comer crudos o ligeramente cocidos. Los granos de soja se emplean, a veces, en la elaboración de los rollitos de primavera.

Soja molida

La soja molida es una semilla a la que se le ha retirado la piel exterior antes de molerla en gránulos. Requiere mucho menos tiempo de cocción que la semilla entera. Se añade a una gran variedad de platos, como sopas, ragús, salsas de espagueti, galletas y panes.

Judía romana
Phaseolus sp.

Judía de forma arriñonada, de color pardusco (algunas variedades son beige) y con manchas. Suele ser más grande y de color más oscuro que la alubia pinta. Esta judía, muy apreciada en Italia, absorbe el sabor de los alimentos a los que acompaña. Puede sustituir a la alubia pinta o a la judía roja.

Judía mungo
Phaseolus aureus

La judía mungo es una legumbre que ocupa un lugar importante en la cocina india y de otros países asiáticos. En Occidente se suele comer germinada. La denominación de "haba germinada" es incorrecta, ya que se trata de un "brote de judía mungo".

judias mungo

judias romanas

Leche de soja

Líquido extraído de la soja triturada. La leche de soja existente en el mercado suele contener aroma artificial y es muy dulce. También se vende en polvo. Sirve para preparar salsas, yogures, sorbetes, helados, bebidas y dulces. No contiene colesterol ni lactosa. Al parecer es alcalinizante, favorece el sistema digestivo y previene la anemia. El consumo exclusivo de esta leche puede provocar una carencia de calcio y de vitamina B_{12}.

Okara

Pulpa escurrida de la soja, obtenida de la fabricación de la leche de soja. Su fina y blanda textura enriquece y espesa las sopas y mejora la textura de panes y dulces. El *okara* también se puede añadir a los cereales, las crepes, las pastas, las galletas, las hamburguesas y los ragús. Se puede encontrar húmedo o seco. Este último se conserva de forma casi indefinida. Tiene un alto contenido de celulosa y sirve para combatir el estreñimiento.

Yuba

Yuba es el nombre japonés que recibe la piel que se forma en la superficie de la leche de soja cuando se calienta. Es muy apreciada en China y en Japón. Este alimento es tan fino como una hoja de papel se puede enrollar como una crepe y rellenar con alimentos dulces o salados, o emplearse para preparar rollitos para freír. También se usa en tortillas, *sashimis,* verduras y como guarnición de la carne.

Tempeh

Producto fermentado de textura viscosa y sabor pronunciado, fabricado tradicionalmente a partir de soja. Su aspecto exterior se asemeja al de la corteza florecida de algunos quesos. Se debe comer siempre cocido. Se puede usar como sustitutivo del *tofu* y está más sabroso con ajo y jengibre o marinado. El *tempeh* tiene un gran valor nutritivo y contiene mucha vitamina B_{12}.

tempeh

okara

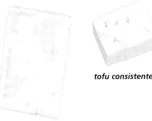

tofu consistente

tofu blando

tofu con hierbas

Soja

Glycine max

La soja fue uno de los primeros alimentos que se cultivaron. Si se recolecta joven, puede comerse sola o con la vaina. Está muy buena en los cocidos. La judía seca se utiliza como las legumbres restantes, pero se debe cocer bien. Los asiáticos suelen consumir soja en distinto estado. También se usa como sucedáneo del café y se puede transformar en proteínas texturadas, sustitutivas de la carne. La soja es una legumbre muy nutritiva y contiene muchas proteínas. También es un complemento ideal de los cereales. Es buena para el hígado, remineralizante y energética. Reduce el nivel de colesterol y es potencialmente anticancerígena.

Tofu

El *tofu* es el requesón que se obtiene del líquido extraído de los granos de soja. Es un alimento que absorbe el sabor de la comida que acompaña. Se puede tomar como aperitivo, como plato principal, como postre o como bebida. Su sabor se ve potenciado con la salsa de soja, el ajo, el jengibre y el curry. El contenido de hierro del tofu es entre 2 y 3 veces superior al de una porción de carne cocida.

Natto

La elaboración de este condimento se remonta como mínimo 1.000 años atrás. Se prepara con semillas de soja fermentadas y posee una textura gruesa y viscosa. Tiene un sabor y un olor parecidos a los del queso. El *natto* se emplea para sazonar sopas, verduras, ensaladas, arroces y fideos. Este delicado condimento se conserva poco tiempo.

Proteínas vegetales texturizadas

Son proteínas extraídas de algunos vegetales (soja, trigo, girasol, alfalfa) mediante un proceso químico. Se pueden añadir a numerosos platos (salsas, ragús, lasañas, hamburguesas, postres, cereales) y sirven, sobre todo, como sustitutivos de la carne. Desde el punto de vista dietético, estas proteínas son muy interesantes, ya que contienen poca materia grasa y son ricas en proteínas.

frutas

La fruta se consume desde tiempos prehistóricos y se cultiva desde hace unos 6.000 años. En la alimentación de los pueblos primitivos, la fruta del tiempo desempeñaba un papel importante. El ser humano aprendió a secar las frutas para poder consumirlas en otros períodos del año. Nunca ha habido tanta variedad de frutas en el mercado como en la actualidad.

PREPARACIÓN

Lave todas las frutas antes de consumirlas, salvo las que sean demasiado delicadas, como las frambuesas y las moras. La fina película blanca, denominada pruina, que aparece de forma natural en las ciruelas y las uvas es un indicio de frescura y no un residuo químico. La pulpa de muchas frutas (albaricoque, plátano, manzana, pera, melocotón, nectarina) se oxida al entrar en contacto con el aire y se oscurece, sobre todo si no se consumen o se cuecen de inmediato. Para evitar que esto suceda, prepare las frutas en el último momento, rocíe los trozos con un ingrediente ácido (zumo de cítricos, vinagre, vinagreta o alcohol según lo que se desee preparar) o póngalos en almíbar. La refrigeración retrasa el proceso de oxidación y la cocción lo detiene por completo.

UTILIZACIÓN

Las frutas se utilizan de forma muy variada. Se pueden comer crudas, cocidas, secas, confitadas, flambeadas, pochadas, rebozadas, en conserva o maceradas en alcohol. También se emplean para elaborar compota, *coulis,* jalea, confitura, mermelada, mantequilla, salsas, vinagre, bebidas alcohólicas (licores, aguardiente, vino, sidra) y bebidas no alcohólicas (zumos de frutas).

Las frutas se pueden cocinar como postres o con alimentos salados. Se añaden a salsas, sopas, macedonias, ensaladas mixtas, pasteles, bollos, carlotas, natillas, tartas, helados, sorbetes, crepes, flanes, *strudels,* pasteles de cerezas y *puddings.* Una buena manera de aprovechar las frutas que estén demasiado maduras o estropeadas es cocerlas y preparar una compota. Las frutas pueden acompañar quesos, jamón, marisco, pescados ahumados, caza, cerdo y carne de ave. El limón es la fruta que más se utiliza en la cocina.

CONSERVACIÓN

No todas las frutas son igual de delicadas. Las naranjas, por ejemplo, se conservan más tiempo que las fresas. Las frutas necesitan un grado de humedad y de frío determinado para conservarse frescas durante más tiempo. Cuanta más humedad, más tarde se producirá la deshidratación.

Casi todas las frutas se pueden congelar, salvo las peras y las cerezas dulces, que se reblandecen mucho al descongelarlas. Durante la congelación, algunas enzimas oscurecen las frutas, por lo que se debe añadir azúcar o ingredientes ácidos (zumo de limón o ácido ascórbico) para retrasar el proceso.

Para poner en conserva frutas de buena calidad, aunque sean muy ácidas, esterilícelas en agua hirviendo para destruir todo tipo de bacterias, moho y levaduras. Emplee sólo frutas maduras y consistentes. Las conservas caseras bien preparadas se mantienen en buen estado hasta un año guardados en un lugar oscuro y fresco.

VALOR NUTRITIVO

Cada fruta se compone de una concentración específica de elementos nutritivos. No obstante, como grupo de alimentos, las frutas comparten algunas características:

• La mayoría de las frutas tiene un alto contenido de agua (que oscila entre un 80% y un 95%), vitamina A, vitamina B$_6$, vitamina C, potasio, calcio, hierro y magnesio.

• Suelen contener entre 13 y 23 g de glúcidos y son bajas en calorías, proteínas y materias grasas. Cuanto más color tengan las frutas y más oscuras sean, mayor será su contenido de vitaminas y minerales.

Es importante comer frutas frescas con piel siempre que sea posible, ya que así se conservan las vitaminas, la fibra y los minerales. No obstante, a algunas personas les puede costar digerir la fruta cruda.

frutas confitadas y secas

naranja confitada

cerezas confitadas

albaricoques confitados

Frutas confitadas

Las frutas confitadas son frutas que se conservan en azúcar (el agua que contienen se sustituye por azúcar). Primero se blanquean, después se ponen a macerar en almíbar concentrado caliente, se escurren y se secan. Las frutas confitadas se emplean con fines decorativos en la elaboración de dulces o simplemente como golosinas. Son indispensables en los *puddings* ingleses y en los pasteles de frutas. En Italia se añaden a los helados. Son ricas en azúcar y tienen muchas calorías.

Frutas secas

Frutas a las que se les ha extraído una parte de agua para conservarlas. Se pueden comer tal cual o rehidratadas (en agua, zumo o alcohol). Se añaden a los cereales, macedonias, ensaladas mixtas, salsas, rellenos, arroz, pasteles y galletas. La cantidad de elementos nutritivos es cuatro o cinco veces superior a la de las frutas frescas, por lo que son muy energéticas. Las frutas deshidratadas pueden provocar caries por su alto contenido de azúcar y su adherencia a los dientes. Suelen contener conservantes inocuos.

manzana seca

papaya seca

albaricoques secos

higos secos

plátano seco

bayas

Fresas
Fragaria sp.

El antepasado de las fresas de cultivo es la fresa silvestre, pequeña, jugosa y muy sabrosa. Cuando las fresas están maduras y muy dulces, se comen crudas, con yogur o helados y también se rocían con nata o licor; están deliciosas bañadas en chocolate. Las fresas de peor presencia se usan para preparar tartas, *mousses, soufflés,* flanes y pasteles. Esta baya constituye una fuente excelente de vitamina C. Se considera que tiene propiedades tónicas, depurativas, diuréticas, astringentes y remineralizantes.

fresas silvestres

fresas cultivadas

Arándano negro
Vaccinium angustifolium y *corymbosum*

Este arándano forma parte de la familia de las ericáceas. Se cultiva sobre todo en Canadá y en Estados Unidos. El arándano bajo suele ser más dulce y sabroso que el alto. Los arándanos se añaden a macedonias, cereales, crepes y *gaufres.* Se toman con nata, zumo de naranja o un chorro de Grand Marnier, un licor de naranja. Están deliciosos en postres, jaleas y mermeladas.

Madroño
Arbustus unedo

Baya oriunda de la región mediterránea, con la piel ligeramente granulosa y de sabor agridulce, un tanto insípido. Se usa principalmente para preparar mermeladas y jaleas, pero también licores, aguardiente o vino. Asimismo, se usa para elaborar dulces. Se puede adquirir en conserva en las tiendas de comestibles especializadas.

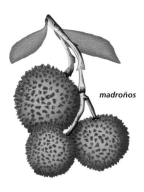

madroños

Mirtilo
Vaccinium myrtillus

Fruta originaria de Europa y de Asia, de unos 8 mm de diámetro. El mirtilo se parece al arándano negro, pero procede de una especie diferente. No obstante, se puede usar de la misma forma.

Alquequenje
Physalis alkekengi

Esta fruta poco jugosa y dulce deja un sabor ácido y es astringente. También recibe el nombre de "uva espina del Cabo". El alquequenje es una baya de color anaranjado, recubierta de una membrana fina no comestible. Se suele cocer, pero también se puede comer crudo. Se ingiere tal cual o en macedonias y ensaladas mixtas. Es rico en pectina, por lo que sirve para preparar mermeladas y jaleas. Como máximo se puede conservar durante dos días en el frigorífico, envuelto con un trapo.

Uva espina
Ribes grossularioides

La uva espina crece en solitario, y no en racimos, en Europa y América y es de mayor tamaño que la grosella roja. Se puede consumir cruda con azúcar o utilizarla para preparar tartas, sorbetes, jaleas y jarabes. Se añade a *puddings,* macedonias y *chutneys.* Las uvas espinas también sirven como guarnición de carnes y pescados. Tienen un alto contenido de ácido cítrico y pectina.

uva espina

Mora
Rubus sp.

Las moras pertenecen a la misma familia que las frambuesas y las fresas. La mora es de color negro, rojo púrpura o, a veces, blanco amarillento. Es una fruta delicada. Si añade un poco de azúcar a las moras, se conservarán más tiempo y atenuará el cambio de color. Las moras están deliciosas al natural o con helado, yogur o nata. Con ellas se pueden preparar mermeladas, jaleas, jarabes, vinos y aguardiente (ratafía).

Grosella roja
Ribes rubrum, sativum, vulgare

Las grosellas rojas son bayas redondas que se suelen comer cocidas, dado su sabor agridulce. Se añaden a *puddings,* pasteles y tartas. Combinan bien con peras, ciruelas, frambuesas y piña. La grosella roja se emplea para fabricar jarabe y vino. El zumo de grosella queda excelente en la salsa vinagreta. Para preparar mermeladas y jaleas, es mejor escoger frutas que no estén totalmente maduras, ya que contienen más pectina.

Grosella negra
Ribes nigrum

La grosella negra se parece al mirtilo. Se usa para elaborar licores, vinos, jugos y jaleas. También se puede preparar como la grosella roja. La cantidad de vitamina C de unos 250 ml de grosellas es tres veces superior a la de una naranja pequeña. Las grosellas negras son un laxante estupendo.

Pasa
Vitis sp.

La uva Moscatel, Málaga, Sultana y Thompson son algunas de las variedades de uvas deshidratadas que más se comercializan.
Las uvas pasas se emplean como condimento o como ingrediente. Se añaden a cereales, salsas, rellenos de ave, tartas, panes, *muffins,* galletas y bollos. Sirven para preparar hojas de vid rellenas, cuscús, tayines y *pilaf.* Las uvas pasas son muy nutritivas.

Arándano rojo
Vaccinium macrocarpon y
oxycoccus

Estas bayas son jugosas y muy ácidas. Se pueden incluir al natural en elaboraciones que después se cocerán *(muffins,* pan, pasteles) o cocerlas hasta que se abran para preparar tartas y sorbetes. Sirven para elaborar compota, jalea, mermelada o *chutney.* Los arándanos rojos suelen acompañar los platos de pavo. Asimismo, sirven para sazonar patés y terrinas. El zumo de arándanos es exquisito.

arándanos rojos

Frambuesa
Rubus sp.

Aunque suelen ser rojas, las frambuesas también pueden ser negras, amarillas, naranjas, ámbar o blancas. Son dulces y aromáticas, de un sabor un poco ácido y más delicadas que las fresas. El zumo de frambuesas se añade a pasteles, flanes y *bavarois.* Las frambuesas están deliciosas al natural, con helado o con nata. También otorgan un aroma agradable al vinagre.

Uva
Vitis sp.

La uva es el ingrediente básico del vino y de varias bebidas alcohólicas *(armagnac,* coñac, oporto, champaña). Lávela siempre antes de consumirla, ya que suele contener productos químicos. Arranque los racimos pequeños en vez de picotear los granos, ya que las uvas restantes se reblandecen. La uva se añade a salsas, rellenos, currys y ensaladas mixtas y sirve para preparar tartas, flanes, mermelada y jalea. Las uvas pueden acompañar el hígado de ternera y las codornices. El colorante de la uva negra, la enocianina, es un tónico excelente.

uvas Moscatel

uvas de Corinto

uvas Chasselas

uvas Thompson

uvas Cardinal

frutas con hueso

Cereza
Prunus sp.

Escoja cerezas maduras, carnosas, duras, brillantes y de color vivo. Están deliciosas al natural, cocidas, confitadas, maceradas en alcohol o destiladas. Se añaden a macedonias, tartas, roscones y al yogur. Es un ingrediente indispensable del pastel de frutas y del pastel de chocolate. Sirven para preparar vino o aguardiente (el *kirsch* alsaciano, el marrasquino italiano y la ratafía provenzal). Se usan para acompañar la caza y la carne de ave.

cerezas mollar

cerezas garrafal

cerezas Bing

Cereza silvestre
Prunus avium

Las cerezas silvestres son negruzcas, pequeñas y poco carnosas. Se consideran antirreumáticas, antiartríticas, astringentes y remineralizantes y son famosas por sus propiedades desintoxicantes. Los rabillos, en infusión, tienen propiedades diuréticas.

Cereza dulce
Prunus dulcis

Estas cerezas, carnosas y dulces, suelen ser de color rojo claro o rojo oscuro, y a veces amarillo. En Norteamérica, la variedad más conocida es la Bing, mientras que en Europa son más comunes las cerezas garrafal (en forma de corazón, de carne consistente y crujiente, roja o amarilla) y las cerezas mollar (rojas o negras, de carne blanda, muy dulce). Algunas variedades de cereza mollar se emplean para hacer el *kirsch*.

cerezas silvestres

guindas

cerezas Montmorency

Cereza ácida
Prunus cerasus

La cereza ácida suele ser de color rojo oscuro. Existen diversas variedades, entre las que se encuentra la Montmorency (de tamaño medio, un poco ácida y blanda) y la guinda (variedad más pequeña). Estas cerezas se suelen cocer. Su aroma se aprovecha en conservas, confituras, tartas y diversos licores. Tienen un alto contenido de potasio.

Albaricoque
Prunus armeniaca

Esta fruta delicada y muy aromática se suele recolectar antes de acabar de madurar para que se pueda mantener en buen estado durante el transporte; su carne es harinosa y de menos sabor. Los albaricoques se deben manipular con cuidado, ya que se estropean enseguida si reciben un golpe. Deje madurar el albaricoque a temperatura ambiente. Esta fruta destaca por ser muy rica en vitamina A.

frutas con hueso

Melocotón
Prunus persica

Las variedades de pulpa blanca son más dulces y jugosas. Escoja melocotones perfumados, no muy duros, y evite comprar los de color verdoso. El clásico plato del melocotón Melba consiste en medio melocotón en almíbar, colocado en una copa con helado de vainilla y cubierto de crema de frambuesas. Son ideales al natural, en confitura o en compota. Acompañan la carne de ave y de cerdo.

Nectarina
Prunus persica var. *nectarina*

Esta fruta se distingue del melocotón por su piel lisa y más colorada y una pulpa más sabrosa. El griñón es un melocotón de piel lisa y con un hueso adherente. Sin embargo, para los comerciantes el término "nectarina" designa a ambas especies. Escoja frutas perfumadas, no muy duras (evite las verdosas). Las nectarinas están deliciosas al natural. También se pueden cocer, poner en conserva, confitar o congelar.

Dátil
Phoenix dactylifera

Existen más de cien variedades de dátiles, entre las que se encuentran el Medjool, el Khadrawi, el Zahidi, el Halawi, el Bardhi y el Deglet Noor, una de las variedades más apreciadas. En Norteamérica los dátiles se suelen asociar con las comidas dulces. En los países árabes se consumen rellenos, confitados, destilados, en ensaladas y con cuscús. En la India se suelen usar para preparar *chutneys* y curry. Los dátiles son muy nutritivos.

dátil Deglet Noor o dátil Moscatel

dátiles Zahidi

dátiles Medjool

dátiles Khadrawi

racimo de dátiles

dátiles Halawi

dátiles Bardhi

frutas con hueso

Ciruela
Prunus sp.

La mayoría de las ciruelas existentes en Norteamérica proceden de California. La especie japonesa es la que más se cultiva, aunque la Santa Rosa es una de las más conocidas. En Francia las variedades más comunes son la ciruela Claudia, la Mirabelle, la Quetsche y la de Agen. La ciruela fresca está deliciosa al natural. Cocida sirve para preparar mermeladas, jaleas y compotas. Se utiliza para acompañar la carne de cerdo, la caza y para elaborar salsa agridulce. Las ciruelas son importantes por sus propiedades laxativas. Se considera una fruta energética, diurética, desintoxicante y estimulante.

ciruelas Claudia

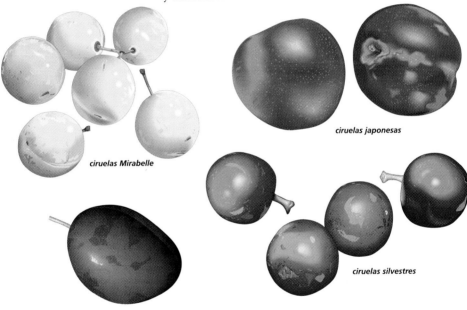

ciruelas japonesas

ciruelas Mirabelle

ciruelas silvestres

ciruela Quetsche

Ciruela pasa
Prunus domestica

Se trata de una ciruela deshidratada. Escoja ejemplares bien negros, brillantes, blandos y carnosos. Las ciruelas pasas se consumen al natural o cocidas en compota. Se añaden a pasteles, galletas y *muffins*. Estas ciruelas también pueden acompañar el conejo (un plato clásico), la carne de cerdo, de ave o caza. En la cocina de Oriente Próximo y en Irán se sirven con la carne de cordero. Tienen una acción laxativa muy eficaz, sobre todo si son maceradas o se ingieren antes de ir a a dormir. El zumo tiene las mismas propiedades.

manzanas

Existen diversas variedades de manzanas que se pueden utilizar de forma casi ilimitada: se pueden comer al natural, transformarlas en compota o jalea, elaborar postres, etc. La manzana también acompaña el queso, la carne y la morcilla y se añade a las ensaladas (como la Waldorf). Además, también sirve para preparar Calvados y sidra. Esta fruta contiene pectina (que ayuda a controlar el nivel de colesterol y de azúcar en la sangre) y celulosa (que contribuye al buen funcionamiento del intestino).

Cortland

Se produce a partir de un cruce con la McIntosh. Es redondeada, grande, plana, de color rojo vivo y piel estriada. Su pulpa aromática no se oscurece. Conserva su forma incluso cuando se cuece entera al horno. Se puede tomar de cualquier forma. Está muy buena cruda y es ideal para las tartas, la cocción al horno y la elaboración de compota.

Gala

Manzana resultante de un cruce entre la Cox's Orange Pippin, la Golden y la Red Delicious. Es de color amarillo pálido con rayas rosas, carne jugosa, crujiente, dulce y muy perfumada. Está deliciosa cruda y es buena para la cocción.

Red Delicious

Granny Smith

Manzana verde de tamaño medio, pulpa consistente, jugosa y un poco ácida. Está buena cruda y es excelente para preparar tartas.

Golden

Manzana amarilla, de forma un tanto alargada, que se estrecha en la base y termina en cinco protuberancias. Su pulpa semiconsistente es jugosa, dulce, fina y un poco ácida. Está deliciosa cruda y es buena para preparar tartas y compota. La Red Delicious posee las mismas características, pero la pulpa es más crujiente.

Granny Smith

Golden Russett

Manzana pequeña o de tamaño medio, de forma redondeada. La piel es rojiza y tan gruesa como la de la patata. La pulpa es amarilla, rugosa y muy sabrosa. La Golden Russett está deliciosa cruda.

Spartan

Es un híbrido de la manzana McIntosh y la Yellow Newton, pero es más crujiente, colorada y dulce que la McIntosh. Es de tamaño medio o grande, redondeada y de color rojo oscuro con puntitos blancos. Se puede tomar de cualquier forma.

Golden Russet

Empire

Es un híbrido de la manzana McIntosh y la Red Delicious. Tiene casi el mismo sabor que la McIntosh, pero es más resistente y se conserva durante más tiempo. Se puede tomar de cualquier forma. Es de tamaño medio, redondeada y de color rojo oscuro con manchas.

Melba

Manzana de tamaño medio, de forma redondeada e irregular. Tiene la piel roja con rayas amarillas. La pulpa, jugosa y tierna, enseguida se pone harinosa. Sabe bien cruda y resulta deliciosa en compota.

McIntosh

Manzana oriunda de Ontario (Canadá). Es de tamaño medio, de forma redondeada y color rojo oscuro con manchas verdes. Su pulpa es consistente, jugosa y crujiente. Está deliciosa cruda y es buena para cocer al horno y para elaborar compota.

Empire

peras

La pera es una fruta que se puede utilizar casi de tantas formas como la manzana. Se come cruda, cocida, deshidratada y confitada. Sirve para elaborar compotas, zumos y aguardiente (con la pera Williams). Está deliciosa con chocolate, jengibre, vino o en almíbar. Se añade a macedonias, *soufflés,* tartas y carlotas. También sirve para preparar *chutneys* y adobos. Se utiliza en las ensaladas mixtas y es un buen acompañante del queso.

Pera Anjou
Pyrus communis

Originaria de Francia, de tamaño medio y cuello corto. La piel es de color verde pálido o verde amarillento. La pulpa, muy jugosa, presenta una textura mantecosa.

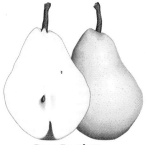

Pera Bartlett
Pyrus communis

Pera inglesa conocida en Europa con el nombre de Williams. Su piel de color verde claro adquiere un tono amarillo dorado una vez madura. Su pulpa blanca y fina es muy aromática. La pera Bartlett roja tiene el mismo sabor. Ambas soportan muy bien la cocción.

Pera Bosc
Pyrus communis

La pera Bosc es originaria de Bélgica. Tiene la piel marrón, más gruesa y rugosa que la de las otras peras. Presenta una forma alargada con un cuello largo y delgado. La pulpa es blanca, jugosa, granulosa y muy perfumada. Se puede cocer y pochar.

pera Bosc

Pera Rocha
Pyrus communis

Pera oriunda de Portugal, de tamaño medio, redonda y con un cuello corto pardusco. La piel es amarilla con manchas verdes. La pulpa, consistente y crujiente, se reblandece y se deshace una vez madura.

pera Rocha

Pera Comice
Pyrus communis

La pera Comice es grande, redonda y con un cuello más bien corto. Tiene una piel de un color amarillo verdoso, con reflejos rosas o marrones si está madura. Su pulpa de color blanco amarillento es una de las más jugosas y dulces que existen. La pera Comice es la más delicada de todas. Resulta deliciosa con queso.

Pera Packham
Pyrus communis

Pera de un color y un sabor parecidos a la Bartlett, pero de forma más irregular. La piel verde amarillea un poco una vez la pera está madura. La pulpa blanca es jugosa y dulce.

Pera Passe-Crassane
Pyrus communis

Pera originaria de Francia resultado de un cruce entre una pera y un membrillo. Es la pera de invierno por excelencia, ya que se conserva muy bien. Se trata de una pera grande, redonda y de piel gruesa. La pulpa blanca es un poco granulosa, muy sabrosa y se deshace enseguida.

Pera Conference
Pyrus communis

La pera Conference recibió este nombre tras otorgársele el primer premio de la Conferencia Internacional de la Pera en 1885. La pulpa de color crema es jugosa, dulce y refrescante. Se parece mucho a la pera Bosc.

frutas con pepitas

Níspero japonés
Eriobotrya japonica

En algunas ocasiones, la fina piel amarillenta del níspero japonés está cubierta de un poco de pelusa. Los que presentan manchas oscuras son más sabrosos. La pulpa, de color crema o anaranjado, es ácida, dulce y refrescante. El níspero japonés tiene un sabor parecido al de la cereza o la ciruela. Las pepitas no son comestibles. Se puede tomar crudo, cocido o pochado. Se añade a las macedonias y las tartas. También se puede cocer para elaborar mermelada o jalea.

Nashi
Pyrus sp.

El nashi es la fruta preferida de los asiáticos. Su pulpa es muy jugosa, dulce y suave, como la de la pera, y con una textura muy crujiente, como la de la manzana. Según las variedades, el nashi puede ser amarillo, verde o marrón dorado. Se suele comer crudo y se añade a las macedonias y las ensaladas mixtas. Aporta una textura especial a los platos salteados o cocinados al estilo oriental. Combina bien con el requesón y el yogur.

nísperos japoneses

Membrillo
Cydonia oblonga

El membrillo no se puede comer crudo. Al igual que la pera, no acaba de madurar bien en el árbol, por lo que tras recolectarlo, se debe dejar madurar. Tradicionalmente el membrillo se usa para preparar confitura y jalea, dado su alto contenido de pectina. Se cuece igual que la manzana, tras haberlo limpiado. Está delicioso con manzanas, peras, fresas y frambuesas. Puede acompañar los platos de carne y aves.

membrillos

cítricos

Naranja
Citrus sp.

Las naranjas suelen identificarse por un nombre genérico, como "Sunkist" (Estados Unidos), "Jaffa" (Israel), o "Outspan" (Sudáfrica) según ciertas normas de calidad, tamaño, etc. Se puede confitar la cáscara y la pulpa de la naranja o cocerlas para elaborar mermelada. También se puede extraer una esencia utilizada en productos de repostería. Las naranjas añaden un toque especial a salsas, aliños, verduras, ensaladas de arroz, pollo y mariscos. Combinan bien con el pato, el buey y el cerdo. Tienen un contenido muy alto de vitamina C.

Naranja amarga
Citrus aurantium

También recibe el nombre de "naranja de Sevilla". Tiene una cáscara gruesa y rugosa, de color verde o amarillo. Se suele poner en conserva o cocer para elaborar mermelada, confitura, jalea, jarabe o salsa. Sus hojas, tomadas en infusiones, poseen efectos digestivos y antiespasmódicos. De las flores se extrae la esencia del "aceite de naranja" y el agua de azahar. El Cointreau, el *curaçao* y el Grand Marnier se elaboran con cáscara de naranja amarga.

Naranja sanguina
Citrus sp.

La naranja sanguina tiene la pulpa roja y la semisanguina pequeñas líneas rojas. Se cultiva sobre todo en España, Italia y el norte de África. Su pulpa es dulce, jugosa y muy aromática. Se suele usar con fines decorativos.

naranja sanguina

Naranja Navel
Citrus sp.

Esta naranja de cáscara gruesa y rugosa se pela con facilidad. Está provista de una pulpa dulce, jugosa y muy sabrosa. No suele contener semillas.

naranja Navel

Naranja de Valencia
Citrus sp.

Tiene una pulpa muy jugosa y un sabor agridulce. Contiene muy pocas pepitas. Es la mejor naranja para extraer zumo.

pomelo blanco

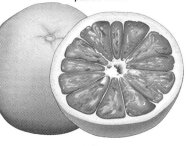

pomelos rosas

Pomelo
Citrus paradisi

En español las denominaciones "pomelo" y "toronja" se usan indistintamente. La corteza del pomelo puede ser amarilla o de un tono rosado. La pulpa es amarilla, rosada o roja. Escoja frutos que pesen bastante para su tamaño, con la piel tirante y con brillo. El pomelo se suele comer crudo, cortado por la mitad, con una cucharilla. Asado, acompaña el pato, el pollo, la carne de cerdo o las gambas. Se añade a ensaladas mixtas y a algunos postres. En muchas recetas se emplea como un sustituto de la naranja o la piña. Es rico en vitamina C, abre el apetito y tiene propiedades digestivas, estomacales, antisépticas, tónicas y diuréticas.

Limón
Citrus limon

Cítrico muy ácido que realza el sabor de los alimentos e impide que algunas frutas y verduras se ennegrezcan. El limón se emplea para aromatizar sopas, salsas, verduras, pasteles, natillas y sorbetes. Puede sustituir al vinagre en la elaboración de una salsa vinagreta. Se usa para marinar y ablandar la carne (también la de ave) y el pescado. Es uno de los antisépticos naturales más eficaces. Es muy refrescante y rico en vitamina C.

Lima
Citrus aurantifolia

La lima también recibe el nombre de "lima agria" o "lima limón". Su uso es similar al del limón. La lima sirve para aromatizar ponches y cócteles tropicales, y acentúa el sabor de los platos de pollo, judías y sopas de verduras. El ceviche peruano, un plato de pescado crudo, se prepara con zumo de lima. Este cítrico contiene menos vitamina C que el limón.

Toronja
Citrus maxima

Fruta muy apreciada en algunos países asiáticos y de comercialización reciente en Occidente. La toronja puede ser esférica o en forma de pera. La cáscara gruesa, de color verde, amarillento o rosado, que se pela con facilidad, es muy aromática y puede ser lisa o rugosa. La toronja no es tan jugosa como el pomelo. Se suele cocer o confitar. Los trozos se añaden a las macedonias o a las ensaladas aliñadas.

limones

toronja

Naranja enana
Fortunella sp.

El color de la naranja enana o *kumquat* varía entre el naranja oscuro y el amarillo dorado. La cáscara es comestible, tierna, dulce y aromática y la pulpa un poco ácida. Está mejor si se amasa un poco con los dedos antes de consumirla. Esta fruta se añade a macedonias y ensaladas mixtas. También se usa con fines decorativos. Se introduce en rellenos, pasteles y *muffins.* Se puede cocer para elaborar confituras o mermeladas, o pocharla para preparar jarabes. Realza el sabor de las salsas agridulces y puede acompañar la carne de ave, el cordero y el pato.

naranjas enanas

Bergamota
Citrus bergamia

La bergamota se parece a una naranja pequeña. Se considera un cruce entre la lima y la naranja amarga. Su pulpa verdosa no es comestible, ya que es demasiado ácida y amarga. La cáscara amarillenta es muy rica en esencia. Dicha cáscara se utiliza sobre todo en productos de pastelería y confitería. La bergamota aromatiza el té Earl Grey.

Cidra
Citrus medica

Córcega es uno de los principales productores. Esta fruta tiene la piel muy perfumada, de color amarillo verdoso, gruesa y, a menudo, rugosa. Su pulpa verde o amarillenta es ácida y poco jugosa. No se suele vender fresca, sino confitada. Se emplea en pastelería, confitería y con fines decorativos.

Clementina
Citrus reticulata X Citrus aurantium

La clementina es un cítrico procedente de un cruce entre la mandarina y la naranja amarga. Tiene la piel fina, de color naranja rojizo, fácil de pelar y, a veces, abultada y rugosa. La pulpa es jugosa, ácida y menos perfumada que la de la mandarina.

bergamota

cidra

Ugli
Citrus paradisi X Citrus reticulata

El ugli es una fruta deliciosa, de aspecto deforme. Su piel arrugada y gruesa es fácil de pelar. Este cítrico puede presentar diversos colores (rojo amarillento, amarillo anaranjado o verde) según las variedades. La pulpa jugosa, rosa o de color amarillo anaranjado, es más dulce que la del pomelo, un poco ácida y casi sin pepitas.

Tangelo
Citrus paradisi X Citrus reticulata

El tangelo, un híbrido de la mandarina y el pomelo, se suele identificar por el nombre de la variedad (Minneola, Seminole, Orlando). En algunas ocasiones presenta un abultamiento en uno de los extremos. Es más grande y más ácido que la naranja, pero la pulpa, jugosa y aromática, es menos ácida y más dulce que la del pomelo.

Tangerina
Citrus reticulata X Citrus aurantium

La tangerina es un cruce entre la mandarina y la naranja amarga. La cáscara presenta un color más oscuro y se pela con más facilidad que la mandarina. El zumo de tangerina es muy refrescante.

Mandarina Satsuma
Citrus reticulata

Mandarina pequeña originaria de Japón que se suele consumir fresca, pero también se puede adquirir en conserva. Tiene un sabor y un aspecto parecidos a los de la tangerina. Posee una cáscara fácil de pelar y una pulpa de color claro y sin pepitas. En la cocina se emplea como la naranja y también se añade a algunos productos de repostería. Tiene pocas calorías y es rica en vitamina C.

Tangor
Citrus nobilis

Es un híbrido de la naranja dulce y la tangerina. Se pela con facilidad. La pulpa tiene un sabor entre dulce y ácido.

Mandarina
Citrus reticulata

Se parece a una naranja pequeña un poco achatada. Se pela con facilidad. La pulpa, dulce, aromática y delicada, es menos ácida que la de la mayoría de los cítricos. La mandarina y sus híbridos se suelen consumir tal cual, como postre o tentempié práctico y refrescante. La mandarina se emplea como la naranja. Está deliciosa en el *fondue* de chocolate. La cáscara tiene un sabor fino y exótico. La mandarina es rica en vitamina C.

melones

El melón pertenece a la misma familia que el pepino y la calabaza y se suele comer crudo. Relleno de oporto constituye un entrante delicioso. El melón puede acompañar el jamón y los embutidos. Concede un toque original a las ensaladas de arroz o de pollo. Los melones con una pulpa de color pálido son una fuente excelente de potasio, y son ricos en vitamina C y ácido fólico.

Sandía
Citrullus lanatus

La pulpa de la sandía suele ser roja, aunque a veces puede ser blanca, amarilla o rosada. Es más crujiente y refrescante que la pulpa de los otros melones. Escoja un ejemplar duro y pesado, con alguna zona de la cáscara de color más claro, casi amarillo. Una vez cortada, la sandía debe presentar un color rojo brillante, sin estrías blancas. Esta fruta se suele comer cruda y sirve para elaborar sorbetes.

Melón moscado
Cucumis melo var. *reticulatus*

La cáscara está cubierta de líneas sinuosas. Es redondo y, en general, de cáscara lisa, aunque algunos híbridos combinan las características del Cantalupo y el moscado (alargados, reticulados, de cáscara lisa o rugosa). Todos son sabrosos y tienen una pulpa de color rosa salmón o amarillo anaranjado. Se denominan según el lugar de cultivo (en Francia existe el Cavaillon, el Charente y el Touraine).

Melón de Ogen
El melón de Ogen es pequeño y redondo, de cáscara dura, lisa y reticulada, de un color amarillo verdoso. La pulpa es muy jugosa, de color rosa oscuro o verde pálido.

melón de Ogen

melón Galia

Melón Honeydew
Cucumis melo

Melón de cáscara lisa y consistente, de color verde pálido, o amarillo crema una vez maduro. La pulpa es verde y muy dulce.

Melón Casaba
Cucumis melo

Presenta una forma oval o redondeada. La cáscara rugosa, amarilla o naranja, adquiere un tono verde cerca del tallo. La pulpa blanquecina es cremosa, pero menos aromática que la de los otros melones.

melón Honeydew

Melón persa
Cucumis melo

Melón de forma redondeada y una cáscara de color verde oscuro, con una retícula pardusca una vez maduro. Posee una pulpa naranja consistente.

Cantalupo
Cucumis melo var. *cantalupensis*

Melón de pulpa naranja que no se suele encontrar en América. El Charentais es la variedad que más se cultiva. Apenas presenta retículas y tiene la cáscara de un color verde pálido. Constituye la casi totalidad de la producción francesa de melones. El melón que los norteamericanos suelen denominar "Cantalupo" es una variedad del melón moscado.

melón Charentais

Melón de miel brasileño
Cucumis melo

Presenta una forma alargada, con la cáscara lisa de color amarillo canario. La pulpa es de color blanquecino, muy sabrosa y dulce. Una vez maduro es muy aromático.

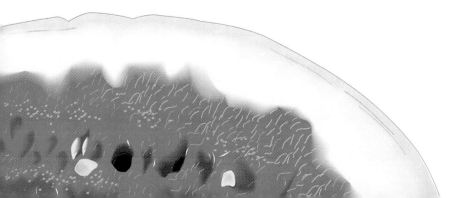

frutas tropicales

piña Cayenne   piña Red Spanish   piña Queen

Piña
Ananas comosus

Existen diversas variedades, entre ellas la Cayenne, una piña grande, con la pulpa de color amarillo dorado, jugosa, ácida y muy dulce. La piña es un ingrediente común en los platos agridulces; sirve para acompañar el pato o la carne de cerdo y se puede añadir a las ensaladas de pollo o de gambas. La piña fresca contiene una enzima que ablanda la carne, impide que la gelatina se espese, agria la leche y reblandece las frutas de la macedonia.

Plátano
Musa sp.

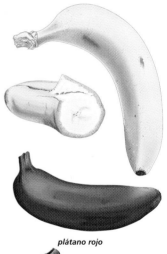

La mayoría de las variedades de plátanos dulces son amarillas. Se suelen comer crudos, pero también se pueden cocer al horno, al vapor, hervir, saltear o freír. Están deliciosos con canela o flambeados con ron. Los plátanos con helado y salsa de frambuesa son un postre típico (el famoso *banana split).* Semidescongelado *y* bien batido tiene la propie-dad de espumar. De esta forma se puede elaborar un postre semejante al helado. Triturado se añade a pasteles y *muffins.* Es una fuente excelente de vitamina B_6 y potasio. El plátano contiene muchas calorías.

plátano rojo

plátanos enanos
o dominicos

Plátano macho
Musa paradisiaca

Este plátano, también llamado "banana grande" o "plátano de freír" es un alimento básico en África, las Antillas y Sudamérica. La piel es verde, más gruesa que la del plátano, y la pulpa, menos dulce. Una vez maduro amarillea y después se ennegrece. No se puede comer crudo, sino que se hierve, se asa o se fríe. Se suele utilizar como verdura. Su textura y su sabor se parecen un poco a los de la batata y, cuando está muy maduro, a los del plátano.

Chirimoya
Annona cherimola

Fruta oval, cónica, esférica o en forma de corazón. Algunas variedades están cubiertas de grandes escamas. La piel de la chirimoya, de color bronce o verde, no es comestible. La pulpa blanquecina es jugosa, dulce, muy aromática, un poco granulosa y ácida. Contiene pepitas duras no comestibles. No se debe dejar madurar mucho, ya que fermenta. Se suele comer fría, con una cucharilla, rociada con zumo de naranja, como en Chile. Se añade a macedonias y sorbetes y se puede cocer para elaborar compotas y mermelada. La chirimoya contiene muchos glúcidos.

Bilimbi
Averrhoa bilimbe

Se trata de una especie perteneciente a la familia de la carambola. Posee una pulpa jugosa, de color amarillo verdoso, más consistente y mucho más ácida que la de la carambola. El bilimbi se suele consumir crudo. Sirve para elaborar adobos, mermeladas y jaleas. Se añade a los platos agridulces y suele sustituir al mango en los *chutneys* indios.

Carambola
Averrhoa carambola

Esta fruta tropical se comercializa en Europa desde hace poco tiempo. Las rodajas de carambola tienen forma de estrella; la piel es fina, comestible, de un amarillo claro que se transforma en amarillo dorado una vez la fruta está madura. La pulpa es translúcida, crujiente, jugosa y ácida. Según las variedades, es más dulce o más agria. La carambola se puede comer cruda o cocida, y está deliciosa con una vinagreta. Se emplea como guarnición y se puede cocer con marisco al estilo oriental, marinar o utilizar para elaborar jalea. Contiene mucha vitamina C.

carambola

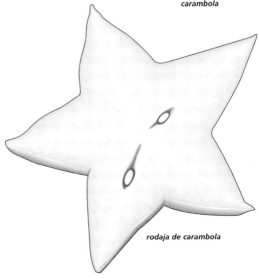

rodaja de carambola

Fruta de la pasión
Passiflora sp.

La fruta de la pasión, o maracuyá, tiene una piel gruesa, no comestible, que se arruga cuando la fruta está madura. La pulpa gelatinosa contiene pequeñas pepitas comestibles; es jugosa, dulce o un poco ácida y muy aromática. Esta fruta se puede comer tal cual con una cucharilla. Su aroma confiere mucho sabor a los cócteles y los ponches. Contiene vitamina C.

higos negros

higo verde

higos morados

Higo
Ficus carica

Existen diversas variedades, entre las que se encuentran el higo negro, el higo verde y el higo morado. Este fruto se suele consumir tal cual o acompañado de queso y jamón. El higo se cuece para elaborar confitura y compota. Combina bien con el conejo, la carne de ave y la caza. Puede sustituir a las ciruelas pasas en la mayoría de las recetas. Los higos secos son muy nutritivos y constituyen una fuente excelente de potasio.

fruta de la pasión

Durián
Durio zibethinus

Esta fruta voluminosa, que desprende mal olor una vez madura, no se suele cultivar fuera de Asia. El interior está dividido en secciones con semillas comestibles, separadas por una membrana no comestible. La pulpa es suave y cremosa. Escoja un ejemplar con la piel intacta y déjelo madurar. El durián se suele comer crudo, pero también se añade al yogur y al helado. En Asia se sirve acompañado de arroz glutinoso; en China se añade a los productos de repostería. Las semillas asadas se utilizan como las nueces.

Higo chumbo
Opuntia ficus-indica

Fruto de la opuncia, un cactus oriundo de las zonas tropicales de América. La pulpa es jugosa, aromática y ácida o dulce. Maneje con cuidado los higos que aún tengan espinas. Esta fruta se suele consumir cruda, tal cual, o rociada con un chorrito de zumo de limón o de lima. Aromatiza diversos postres. Las hojas largas de la opuncia son comestibles; se pueden consumir crudas o cocerse como una verdura. En México, se añaden a las ensaladas y las tortillas. El higo chumbo tiene un contenido muy alto de magnesio y es muy rico en potasio.

Fruta del pan
Artocarpus communis

Fruta muy grande, oval, con la piel verde y rugosa, proviene del Pacífico. Se utiliza como una verdura. La pulpa, de color crema, con un sabor parecido al de la patata, es blanca, fibrosa y rica en almidón. Se puede asar, freír o triturar para sustituir a las patatas. Contiene muchos hidratos de carbono. Se puede adquirir fresca o en conserva en algunos comercios especializados.

fruta del pan

Tamarillo
Cyphomandra betacea

Fruta originaria de Sudamérica también llamada "tomate de árbol". La piel del tamarillo no es comestible y la pulpa es consistente y ácida. Si está muy maduro, el tamarillo se come crudo, cortado por la mitad, con sal o con azúcar y, a veces, rociado con zumo de limón o de lima. También se puede triturar para dar aroma al yogur, los helados, los sorbetes y las bebidas. Si no está maduro, se suele cocer como una verdura y se prepara como el tomate.

Guayaba
Psidium sp.

Existen diversas variedades de guayabas, que varían en la forma, el tamaño, el color y el sabor. La pulpa es muy aromática y un poco ácida, por lo que resulta muy refrescante. Escoja una guayaba con la piel lisa, ni demasiado blanda ni demasiado dura. Esta fruta se consume cruda o cocida y sirve para elaborar platos dulces o salados. La guayaba constituye una fuente excelente de vitamina C y de potasio.

Jaboticaba
Myrciaria cauliflora

Esta fruta resulta casi desconocida fuera de Brasil. Tiene la piel negra o de color púrpura y la pulpa es translúcida, blanquecina o rosada. La jaboticaba se consume cruda, como la uva. Se añade a las macedonias y se usa para decorar los platos de quesos. También está deliciosa en jaleas, confituras, zumos y vino. Es una fruta muy nutritiva y tiene un alto contenido de azúcar.

frutas tropicales

Guayaba del pail
Feijoa sellowiana

La pulpa de esta fruta es dulce y aromática y tiene una textura ligeramente granulosa. Escoja un ejemplar perfumado y blando al tacto. Esta fruta pelada se puede consumir cruda o cocida. Se come tal cual o se añade a macedonias, yogures u otros postres. Combina bien con las manzanas y los plátanos, a los que puede sustituir en muchas recetas. Contiene ácido fólico.

guayabas del pail

Longan
Dimocarpus longan

Esta fruta se considera oriunda de India y muy relacionada con el lichi y el rambután. La piel, lisa y de color naranja, se oscurece una vez la fruta está madura. El hueso del centro no es comestible. Al igual que el lichi, el longan da un toque exótico a las macedonias. Es una excelente fuente de vitamina C y de potasio.

longan

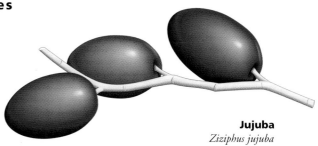

Jujuba
Ziziphus jujuba

Esta fruta resulta poco conocida entre los norteamericanos, quienes están más familiarizados con las golosinas elaboradas con pasta de jujuba. Según las variedades, la jujuba es del mismo tamaño que una oliva o que un dátil y presenta una forma redonda o alargada. La jujuba fresca es una fuente excelente de vitamina C. Seca aporta más energía y es una fuente excelente de potasio.

Caqui
Diospyros sp.

Fruto nacional de Japón. Suele tener el tamaño de un tomate y generalmente presenta un color muy vivo. No se fíe del color, ya que éste no es un indicio de su madurez. El caqui está delicioso crudo; la pulpa se come con la ayuda de una cucharilla. La variedad *fuyu* se ingiere como una manzana. Esta fruta puede usarse para recubrir helados, pasteles y *bavarois,* o para decorar macedonias, platos de arroz, de marisco o de aves. También acompaña el queso y aromatiza los flanes y los yogures. Se puede poner en conserva o cocer para elaborar confitura. Es una buena fuente de vitamina A.

Fruta de Jack
Artocarpus heterophyllus

Alimento básico en diversos países asiáticos. Presenta un tamaño imponente. La piel, verde y con espinas, amarillea al madurar. La pulpa contiene semillas comestibles, pero la cáscara, el corazón y la membrana que recubre las semillas son indigestas. Esta fruta se come cruda o cocida y se añade a macedonias y helados. Se usa para elaborar *chutney* o se añade al curry. Las semillas se utilizan como las verduras y se tuestan como los cacahuetes. Sirven para preparar la harina con la que se elaboran los *chapatis* y *papadums* indios.

frutas de Jack

frutas tropicales

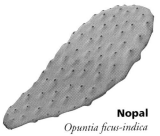

Nopal
Opuntia ficus-indica

Tallos grandes planos y carnosos del cactus nopal, muy apreciados en Centroamérica y México. De sabor suave y un poco picante, acompaña principalmente los huevos, las ensaladas y los gratinados de tomate. Para preparar los nopales frescos, retire con cuidado las espinas y los ojos de la superficie de las hojas. Se pueden adquirir frescos durante todo el año en los comercios especializados, o también en conserva, marinados o confitados.

Lichi
Litchi chinensis

Está recubierto de una corteza roja o rosada que se oscurece a medida que la fruta se va haciendo más vieja. La pulpa translúcida es jugosa, crujiente, muy dulce y aromática. En su interior alberga un hueso no comestible. El sabor del lichi es parecido al de la fresa, la rosa y el moscatel. Se puede adquirir fresco o en conserva en almíbar. Solo, al natural, constituye un postre delicioso. En la cocina china acompaña la carne y el pescado.

Pepino dulce
Solanum muricatum

El pepino dulce se parece a un melón pequeño, ligeramente alargado. La piel, que pasa de un verde pálido a un amarillo crema una vez maduro, presenta rayas de color púrpura. Si aún está poco maduro, se suele consumir cocido. Se prepara como la calabaza, pero, una vez maduro, se sirve como el melón. Está delicioso con jengi-bre, Grand Marnier o Cointreau. Es rico en vitamina C.

pepinos dulces

Granada
Punica granatum

La piel dura de la granada no es comestible. En el interior del fruto, unas membranas gruesas, no comestibles, delimitan los receptáculos llenos de semillas. Las bayas de la granada se suelen comer crudas. Se pueden usar como ingrediente o como condimento. Sirven para decorar y acentuar el sabor de las macedonias, las ensaladas mixtas, las salsas, la carne de ave y el pescado. Las granadas son un alimento importante en la cocina iraní.

granadas

Mangostán
Garcinia mangostana

El mangostán es una fruta redondeada, de aspecto singular. La cáscara gruesa no es comestible, se endurece con el tiempo y cambia de color (se torna morada). La pulpa, recubierta de una membrana gruesa no comestible, es jugosa y dulce. El mangostán es una de las frutas más suculentas de Asia. Se come tal cual, como una naranja.

Kiwi
Actinidia chinensis

Fruta recubierta de una piel fina de color marrón, ligeramente vellosa. Está delicioso crudo. El kiwi se añade a los cereales, el yogur, los sorbetes y las macedonias (agréguelo en el último momento). Puede acompañar la carne de ave y el pescado. Además se puede emplear para elaborar una salsa agridulce que acompañe la carne. El kiwi constituye una fuente excelente de vitamina C y de potasio. Contiene casi el doble de vitamina C que las naranjas y los limones.

Rambután
Nephelium lappaceum

Fruta oriunda de Malaisia. Tiene la piel recubierta de pinchos ondulados que le dan la apariencia de un erizo. La pulpa es jugosa, blanquecina y translúcida. Según las variedades, el sabor del rambután puede ser dulce, suave y perfumado, o agrio y ácido. Escoja ejemplares con la piel de color rojo claro y los pinchos verdosos. El rambután se utiliza como el lichi. Esta fruta es rica en vitamina C.

Kiwano
Cucumis metuliferus

El kiwano o pepino silvestre africano es una fruta tropical cuya piel, no comestible, presenta unas protuberancias en forma de pequeños cuernos. Cuanto más brillante es su color naranja, más maduro está el fruto. La pulpa contiene semillas comestibles. Tiene un sabor parecido al del melón y el pepino, con unas notas de lima y plátano. Se puede ingerir como zumo o en aliño. También se emplea para elaborar una bebida refrescante con un poco de zumo de lima, azúcar y licor de naranja. La pulpa del kiwano se añade a salsas, ensaladas y sorbetes. Esta fruta tiene un alto contenido de vitamina C.

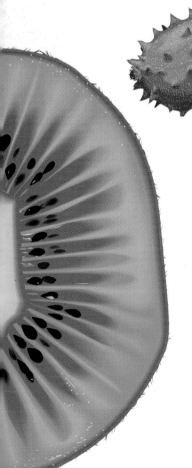

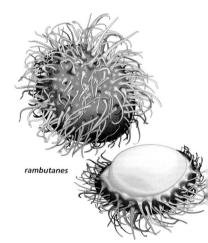

rambutanes

Mango
Mangifera indica

El mango puede ser redondo, oval o presentar una forma arriñonada. La piel es verde, amarilla o de color escarlata. La pulpa es pegajosa y dulce. El mango está maduro cuando cede a una ligera presión de los dedos y cuando desprende un aroma embriagador. Se puede comer solo o añadirse a las macedonias, los cereales y los sorbetes. Sirve para elaborar jugos y mermeladas. Está delicioso con carne de ave, pato y cerdo. En la India, el mango verde es un ingrediente básico para elaborar el tradicional *chutney*. Es rico en vitaminas A y C.

Papaya
Carica papaya

Fruta que adquiere un color amarillo anaranjado una vez madura. La pulpa jugosa se parece a la del melón Cantalupo y sus semillas son comestibles. Está deliciosa si se extrae la pulpa con una cucharilla y se rocía con un poco de zumo de lima o ron. Se añade a las macedonias en el último momento. Se puede cocer para elaborar confituras, *chutney* y ketchup. Combina bien con el jamón y el salmón ahumado. La papaya verde se emplea como la calabaza de invierno. Esta fruta contiene mucha vitamina C.

papaya

Chicozapote
Manilkara zapota

El chicozapote o sapodilla es una fruta del tamaño y la forma de un huevo. La piel rugosa, gris o marrón, se pela con facilidad. La pulpa, jugosa, dulce y muy aromática, es un poco granulosa, como la de la pera. Su sabor se compara con el de la miel o el del albaricoque. Se consume crudo, tal cual o en macedonias, pero también se puede pochar o cocer para elaborar mermelada. Es rico en fibra.

frutos secos y semillas

Los frutos secos y las semillas se consumen desde hace miles de años. Constituían un alimento básico de los pueblos cazadores-recolectores y de muchas especies animales. Los frutos secos siguen siendo un alimento muy apreciado, ya que son muy nutritivos y requieren poca preparación. Se consumen enteros, picados o molidos, al natural o tostados, salados o sin salar, cubiertos de chocolate o de caramelo. Se pueden cocinar de muchas formas o emplearse como guarnición.

COMPRA

Los frutos secos y las semillas se comercializan de diversas formas: con cáscara o sin ella, enteros, en mitades, cortados en trozos pequeños o en láminas, picados, molidos, crudos, tostados, con o sin la piel marrón, salados, ahumados, dulces, cubiertos de azúcar o de chocolate, en forma de mantequilla, de aceite, de pasta dulce o salada. Los frutos secos están cubiertos de una cáscara, que ayuda a que se conserven durante más tiempo y no se rancien. Escoja ejemplares con las cáscaras intactas.

Adquiera frutos secos sin cáscara envasados al vacío en botes de cristal, en conserva o en bolsas herméticas, ya que así conservarán la máxima frescura. Compre los frutos secos en los supermercados que renueven los productos con frecuencia.

UTILIZACIÓN

Los frutos secos y las semillas se consumen como tentempié, como golosina o para acompañar o sustituir a la carne. Los frutos secos con piel tienen más sabor que los pelados. Los frutos secos y las semillas pueden acompañar a alimentos salados y dulces y de ellos se extraen aceites deliciosos. También se usan para elaborar mantequilla y harina.

CONSERVACIÓN

Los frutos secos con cáscara se conservan mejor que los pelados, cortados, picados o molidos, ya que la cáscara evita que se rancien. Consérvelos en un recipiente hermético y manténgalos en un lugar oscuro, fresco y seco. Según las variedades, los frutos secos se conservan entre 2 y 9 meses en el frigorífico.

VALOR NUTRITIVO

Los frutos secos y las semillas contienen una gran cantidad de materia grasa y calorías. No obstante, su valor nutritivo varía según las especies, y las diferencias pueden ser importantes. Por norma general, contienen entre 3 y 10 g de proteínas, entre 17 y 37 g de materia grasa y entre 8 y 16 g de glúcidos. La materia grasa suele estar compuesta de ácidos grasos monoinsaturados y poliinsaturados, salvo el coco, que sobre todo contiene ácidos grasos saturados. Los frutos secos y las semillas no contienen colesterol, ya que son vegetales y, además, son ricos en fibra.

Dado su alto contenido de materias grasas y calorías y que suelen ser salados, es preferible comerlos con moderación. Se digieren mejor si se mastican bien o si están molidos muy finos.

Los frutos secos y las semillas son excelentes fuentes de magnesio, de cobre y de potasio. También son buenas fuentes de tiamina y ácido fólico. Suelen contener hierro, ácido pantoténico y riboflavina.

frutos secos

nuez sin cáscara

Nuez
Juglans sp.

La nuez es el fruto del nogal. Escoja ejemplares pesados y llenos, con las cáscaras intactas. Las nueces se comen a menudo como tentempié. También se añaden a algunos postres y ensaladas y se usan para acompañar el queso y otros platos. Además, pueden utilizarse como condimento en las salsas elaboradas para acompañar los platos de pasta. La materia grasa se compone de un 86% de ácidos insaturados. Las nueces constituyen una fuente excelente de cobre y de magnesio.

nuez entera

almendra sin cáscara

almendras enteras

Almendra
Prunus dulcis o *amygdalus*

La almendra dulce es la almendra comestible más conocida y se utiliza en diversos platos salados y dulces. Partidas y doradas con mantequilla, se emplean como guarnición del pescado, el pollo y las verduras. La pasta de almendras sirve para decorar pasteles y elaborar caramelos y bombones rellenos. También sirve para preparar una mantequilla cremosa. La materia grasa se compone de un 86% de ácidos insaturados (65% monoinsaturados y 21% poliinsaturados). De la almendra amarga se extrae un aceite que se usa para fabricar el *amaretto*.

Avellana
Corylus sp.

Las avellanas son menos grasas y se conservan durante más tiempo que las nueces de Pecán, las de Brasil y las de macadamia. Se añaden a cereales, salsas y helados. En polvo se incorporan en los pasteles y las galletas. Permiten elaborar una pasta o una mantequilla similares a la pasta y la mantequilla de almendras. La avellana se añade al turrón y se suele combinar con el chocolate. Es una fuente excelente de magnesio y de cobre. Las materias grasas se componen de un 88% de ácidos insaturados.

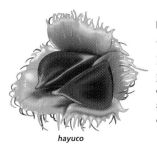

hayuco

Hayuco
Fagus sp.

Fruto del haya común. El hayuco se parece a una castaña pequeña de color blanquecino y tiene un sabor parecido al de la avellana. Está más sabroso tostado. De él se extrae un aceite comestible exquisito. La materia grasa se compone de un 75% de ácidos insaturados.

frutos secos

Nuez de acajú
Anacardium occidentale

La nuez de acajú no se vende con cáscara. Se puede comer tostada, salada o sin sal. Molida se utiliza para elaborar una mantequilla cremosa, cuyo sabor es más dulce que el de la mantequilla de cacahuete. La nuez de acajú se consume como tentempié, sola o con otros frutos secos y semillas. En la cocina india se añade al curry de cordero, a algunos ragús y al arroz. Es una fuente excelente de cobre, magnesio y zinc.

coco rallado

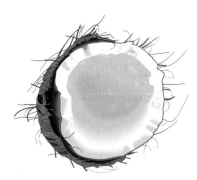

Coco
Cocos nucifera

El coco o nuez de coco se compone de una cáscara muy dura, la pulpa y el agua de coco (que no se debe confundir con la leche de coco que se obtiene al triturar la pulpa). El coco es un ingrediente básico en las cocinas asiática, africana, india, indonesia y sudamericana. El coco fresco es rico en fibra.

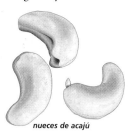

nueces de acajú

Nuez de macadamia
Macadamia integrifolia

La nuez de macadamia se compone de una almendra cubierta de una corteza pardusca muy dura. Tiene un sabor parecido al del coco. Se suele vender cubierta de chocolate o de miel. Escoja nueces grandes, de color claro. Estas nueces dan un toque crujiente a los platos. Se añaden al curry, las ensaladas, las verduras, el arroz, las galletas, los pasteles y los helados. Las nueces de macadamia pueden sustituir a las nueces de Brasil. Con ellas se puede elaborar además una mantequilla cremosa.

Nuez de Brasil
Bertholletia excelsa

Nuez compuesta de una semilla (almendra) con un sabor parecido al del coco. Esta semilla está cubierta de una corteza muy dura con tres lados irregulares. Se consume como tentempié y se añade a los pasteles de frutas y a las galletas. Se suele usar para elaborar caramelos cubiertos de chocolate. Tras la nuez de macadamia, la de Brasil es una de las nueces más ricas en grasas (un 71% de ácidos insaturados).

Nuez de cola
Cola sp.

Fruto oriundo de África y Sudamérica. Las semillas se emplean para elaborar bebidas refrescantes, como la Coca-Cola. Es un estimulante más suave que el café, pero sus efectos son más duraderos.

nueces de cola

nueces de Brasil

frutos secos

castañas enteras

castañas peladas

Castaña
Castanea sp.

Las castañas peladas se pueden hervir, cocer al vapor, brasear o tostar. Se introducen en los rellenos y también se muelen para elaborar harina. Trituradas se usan para aromatizar helados, cremas pasteleras y *bavarois*. El Mont Blanc es un postre que se elabora con castañas trituradas. En Europa suelen acompañar la caza y la carne de ave, aunque también sirven como guarnición y sustituyen a las patatas. Sus glúcidos se componen de un 40% de almidón, es decir, contienen el doble que las patatas.

Nuez de Pecán
Carya sp.

nueces de Pecán
sin cáscara

La nuez de Pecán se compone de una semilla (almendra) formada de dos lóbulos semejantes a la nuez. Se encuentran en el interior de una cáscara oval, lisa, de color pardusco y fácil de romper. Se utilizan en muchos platos, como en el pastel de nueces de Pecán, un postre tradicional en Norteamérica. La materia grasa se compone de un 87% de ácidos insaturados. Es una fuente excelente de tiamina, zinc, cobre y magnesio.

nueces de Pecán enteras

Acajú
Fruto del anacardo en forma de pera, con la piel de color amarillo anaranjado y manchas rojas. Este fruto originario de Brasil tiene una pulpa ácida que se suele endulzar para elaborar mermeladas, jaleas y compotas. El acajú se usa para elaborar vino, licores y vinagre. La nuez de acajú crece de un pedúnculo.

Nuez de Ginkgo
Ginkgo biloba

Fruto del ginkgo, un árbol muy antiguo originario de Asia. La nuez de ginkgo apenas se conoce en Occidente. Se suele vender en conserva con agua. Esta nuez se puede comer tal cual o cocerla al estilo oriental. Posee un alto contenido de potasio y de niacina.

Pistacho
Pistacia vera

Semilla pequeña de color verdoso y sabor dulce, situada en el interior de una cáscara que se abre por un lado cuando el fruto está maduro. El pistacho se añade a salsas, rellenos, patés, helados y pasteles. Es muy importante en la comida mediterránea y oriental. La materia grasa se compone de un 83% de ácidos insaturados. Es muy rico en potasio, cobre y magnesio.

pistachos

semillas

Pipas de girasol
Helianthus annuus

Las pipas de girasol comercializadas se fríen con aceite saturado, son grasas, muy saladas, están demasiado cocidas y contienen aditivos, por lo que es mejor freírlas en casa. Dado que son ricas en proteínas y grasas, aumentan el valor nutritivo y energético de los platos.

Pipas de calabaza

Las pipas de calabaza se consumen tal cual o mezcladas con nueces y otros frutos secos. Se pueden añadir a las ensaladas y a los platos de pasta. Son muy nutritivas y constituyen una fuente excelente de magnesio, hierro, fósforo, zinc, cobre, potasio, niacina y ácido fólico. Las semillas fritas con aceite suelen contener ácidos saturados y son más energéticas que al natural.

pipas de calabaza peladas

Sésamo
Sesamum indicum

Las semillas de sésamo se utilizan mucho para decorar panes y pasteles. Son un ingrediente básico del *halva,* una golosina oriental elaborada con miel y almendras. Estas semillas se pueden triturar para preparar una pasta más o menos líquida: la mantequilla de sésamo y el *tahini.* Su materia grasa se compone de un 82% de ácidos insaturados. Sus nutrientes se asimilan mejor cuando se consumen en forma de aceite, pasta o mantequilla.

Piñón
Pinus sp.

Semilla producida por algunas especies de pinos. Escoja piñones que no desprendan aroma rancio. Los piñones se suelen consumir asados; se añaden a ensaladas, rellenos, galletas, pasteles y productos de repostería. Es un ingrediente básico del pesto italiano. Ocupan un lugar importante en las cocinas de diversos países de todo el mundo, entre ellos Oriente Próximo, la India, el sur de Francia y el sur de Estados Unidos.

La seta es un vegetal que no tiene ni raíz, ni tallo, ni hojas, ni clorofila, que se alimenta de materia orgánica ya existente. Puede encontrarse adherida a objetos muy variados, como la madera, el cristal, el metal oxidado, el estiércol, el humus, etc.

La seta, conocida desde tiempos muy antiguos, tiene fama más que probada de poder provocar la muerte. No obstante, muy pocas especies de entre las miles que existen son realmente venenosas, aunque numerosas variedades pueden provocar molestias, como diarrea, dolor de estómago y vómitos. Por esta razón es mejor no ingerirlas si no se sabe a ciencia cierta si son comestibles.

Aunque la mayoría de las setas son comestibles, sólo existen unas 20 variedades realmente sabrosas.

COMPRA

Las setas se pueden comprar frescas, secas, congeladas o en conserva. Al adquirirlas frescas, escoja ejemplares consistentes e intactos. Separe aquéllos que estén arrugados, manchados o pegajosos y los que tengan el sombrerillo cortado, el pie seco y se hayan descolorido, ya que eso indica que no están frescos.

PREPARACIÓN

No limpie ni prepare las setas hasta el último momento para evitar que se pudran o se ennegrezcan. Procure no dejarlas en remojo, ya que se llenarán de agua. Para preparar las setas secas, póngalas en remojo en agua tibia durante 10 minutos, escúrralas, cambie el agua y manténgalas de nuevo en remojo durante un período de 10 a 15 minutos.

COCCIÓN

Cueza las setas en cazuelas de acero inoxidable, de cristal o de barro para evitar que se oscurezcan. No añada sal hasta el final de la cocción para que las setas no pierdan el agua. Para que estén más sabrosas, es mejor añadirlas poco antes de que los platos acaben de cocerse. Las setas aportan sabor a una gran cantidad de platos, incluidos aperitivos, ensaladas, sopas, salsas, tortillas, ragús y pizzas. Acompañan la carne, las aves, el pescado y el marisco. En algunas ocasiones se usan en forma de extracto o de harina.

Algunas especies de setas se pueden comer crudas (el champiñón cultivado, el boleto comestible, la seta de ostra, la oreja de Judas, etc). Están deliciosas tal cual o marinadas. No obstante, la mayoría de las setas sólo son comestibles después de la cocción. Casi todas las setas silvestres se deben cocer más que las variedades comerciales.

CONSERVACIÓN

Coloque las setas frescas (sin lavarlas) en un recipiente que no sea hermético, a ser posible una bolsa de papel, para que pueda circular el aire. Como último recurso, agujeree el plástico que las cubre.

Las setas se conservan alrededor de una semana en el frigorífico. Para congelarlas basta con cortarlas en láminas y ponerlas con cuidado en bolsas para congelar.

VALOR NUTRITIVO

Las setas son ricas en potasio y en riboflavina. Además se les atribuye numerosas propiedades medicinales. Se consideran alimentos laxativos, antibióticos, bajos en colesterol y afrodisíacos.

Boleto
Boletus sp.

El boleto está formado por un pie corto y ancho y un sombrerillo que suele ser redondo y convexo. Se puede comer crudo, pero está mejor cocido. Se utiliza como las demás setas. El boleto está delicioso frito con aceite, acompañado de chalotes, ajo, perejil y vino blanco.

boletos comestibles

Champiñón Portobello
Agaricus bisporus

Es una de las variedades cultivadas más conocidas en Estados Unidos. Es grande, posee un sabor especial y un aroma más pronunciado que el del champiñón cultivado. Está delicioso asado y se añade a platos con salsa.

Trufa
Tuber sp.

Hongo subterráneo muy apreciado y caro. Existen varias especies. Las más solicitadas son las de Périgord, pero la trufa blanca, concretamente la de Alba (Italia), también es muy apreciada. Las trufas se pueden consumir crudas, cocidas, en forma de concentrado, en zumo, en salsa o en esencia. Se incluyen en diversos alimentos, como el paté y el *foie-gras*, y aromatizan rellenos, salsas, platos de pasta, arroces y huevos.

trufa de Périgord

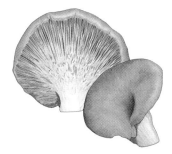

Pleuroto
Pleurotus sp.

Seta formada por un sombrerillo bastante grande. El pleuroto es un ejemplar muy estimado, sobre todo el que tiene forma de ostra. Es un buen sustituto del champiñón de cultivo. No lo ingiera con alimentos muy fuertes, ya que no percibirá bien su sabor. Combina de maravilla con el arroz, la pasta, los huevos, el *tofu* y la carne de ave.

Oreja de Judas
Auricularia auricula-judae

La oreja de Judas es una seta muy apreciada sobre todo en Asia. Se come cruda, blanqueada o cocida y añade una textura especial a las sopas, las ensaladas, las verduras y los ragús. Absorbe el líquido en el que se cuece y el sabor de los ingredientes a los que acompaña. Esta seta es rica en hierro, potasio y magnesio.

Enoki
Flammulina velutipes

Seta de sabor suave formada por un sombrerillo blanco minúsculo y un pie largo. El enoki es muy apreciado en Asia y se comercializa sobre todo en las tiendas de comestibles asiáticas, donde se vende en manojos. Está delicioso crudo. Se emplea como guarnición y aliño de ensaladas y bocadillos. Se añade a sopas y platos orientales al final de la cocción para conservar su sabor.

Champiñón de cultivo
Agaricus bisporus

Es la seta que más se cultiva y se consume. La variedad más oscura tiene un sabor más pronunciado que el champiñón blanco. Dore los champiñones durante unos minutos y retírelos del fuego en cuanto comiencen a soltar agua. No tire esta agua tan sabrosa y rica en elementos nutritivos, ya que la puede aprovechar para aromatizar salsas, sopas y cocidos. El champiñón está delicioso como aperitivo, en ensaladas, rellenos, tortillas y *quiches.*

rebozuelo

Colmenilla
Morchella sp.

Es una seta de primavera poco común, muy apreciada por su buen sabor. Los alveolos del sombrerillo le dan una apariencia porosa. Las más apreciadas son las que poseen sombrerillos de color más oscuro. La colmenilla se debe tomar bien cocida. Está deliciosa en salsa o rellena. La nata acentúa su sabor. Puede acompañar la carne, las aves y la caza. Combina bien con arroz y huevos.

Cantarela
Cantharellus sp.

Esta seta tiene un sabor exquisito y es muy apreciada por los *gourmets,* sobre todo en Europa. Las mejores cantarelas, como el rebozuelo, son consistentes, afrutadas, de un color blanco amarillento. Suelen acompañar la carne y las tortillas, y están deliciosas en salsas, con arroz, alforfón y mijo.

champiñones de cultivo

Shiitake
Lentinus edodes

En Japón, el *shiitake* o seta japonesa es el equivalente del champiñón cultivado occidental. La carne es blanca, ligeramente ácida, pero sabrosa, y despide un olor intenso cuando está deshidratada. La cocción realza su sabor. El *shiitake* se utiliza como las demás setas. Absorbe el sabor de los platos a los que se añade. Está delicioso en los platos orientales.

algas

Las algas son plantas generalmente acuáticas que crecen en agua salada o en agua dulce. Japón es el país donde se consumen más algas por habitante, así como el primer productor y exportador de algas. Esto explica que las variedades de esta planta se suelan conocer por su denominación en japonés (kombu, wakame, hijiki, arame, etc.). Existen más de 25.000 especies de algas, pero sólo unas 50 poseen un sabor agradable.

COMPRA
Se pueden adquirir algas frescas o secas en las tiendas de dietética. Las algas deben lavarse antes de cocinarlas, ya que suelen contener arena y pequeñas conchas. No escoja aquellos ejemplares frescos que estén descoloridos. Las algas deshidratadas se suelen poner en remojo antes de ser consumidas o cocinadas (entre 5 y 60 minutos, o incluso más tiempo). El agua utilizada puede servir para elaborar caldos o salsas, o para cocer pastas y cereales.

UTILIZACIÓN
Las algas se pueden utilizar como alimento, aliño, guarnición o como suplemento alimenticio (en polvo, en copos, en cápsulas o pastillas). Se consumen frías o calientes, y se pueden preparar de muchas formas: hervidas, asadas, cocidas al vapor, fritas, salteadas o marinadas en vinagre y tamari.

CONSERVACIÓN
La mayoría de las algas frescas y cocidas se conservan durante varios días en el frigorífico. Guarde las deshidratadas en un recipiente hermético y consérvelas en un lugar oscuro, fresco y seco. Las algas se pueden congelar, salvo el *varech*.

VALOR NUTRITIVO
Los glúcidos son un componente importante de las algas, ya que suelen representar entre un 40% y un 60% de su peso cuando están secas. Las algas son pobres en materia grasa y contienen pocas calorías. Constituyen una fuente importante de minerales (alrededor de un 5% y un 20% de su peso cuando están secas), sobre todo de calcio y de yodo. También contienen bastantes vitaminas, como vitamina A (en forma de betacaroteno), algunas vitaminas del grupo B (sobre todo tiamina, riboflavina y niacina) y vitamina C.

Se considera que las algas tienen muchas propiedades medicinales. Se cree, sobre todo, que ayudan a prevenir y combatir la arterioesclerosis, la hipertensión, las infecciones bacterianas y las lombrices intestinales.

Arame
Eisenia bicyclis

El *arame* se parece al *hijiki,* pero es más dulce y menos crujiente. Presenta un color marrón amarillento cuando está fresco, que se torna negruzco durante la cocción. El *arame* se debe poner en remojo durante 5 minutos antes de cocerlo durante 10 minutos. Se añade a la sopa de miso y a las ensaladas (está delicioso marinado en vinagre, salsa de soja y azúcar). Se suele servir como guarnición.

Rodimenia palmeada
Palmaria palmata

Esta alga, también denominada "dulse", se consume desde hace miles de años en los pueblos costeros de Europa occidental. Tiene una textura suave y un sabor pronunciado. Se come cruda o cocida tras estar en remojo, como las demás algas, a las que puede sustituir en la mayoría de las recetas. Está deliciosa en sopas y ensaladas y es rica en hierro.

Espirulina
Spirulina sp.

Se cree que esta alga microscópica (o microalga) existe desde hace más de 3.000 millones de años. La espirulina se suele disolver en zumos o agua o añadir al yogur, las sopas, las salsas, el arroz o las pastas justo antes de consumirlas. Su sabor y color no siempre resultan apetecibles, por lo que algunas personas prefieren ingerirlas en comprimidos. La espirulina es rica en betacaroteno, hierro, tiamina, riboflavina, magnesio y proteínas. Además reduce el apetito.

Nori
Porphyra sp.

Estas algas rojas o púrpuras adquieren un color negruzco al secarse y verde al cocerse. Se suelen vender en forma de hojas finas y secas parecidas al papel. Se comen frescas, secas o rehidratadas. Se emplean para preparar *sushi*. Estas algas se añaden a sopas, ensaladas y aperitivos.

rodimenia palmeada

Kombu
Laminaria sp.

El *kombu* se utiliza principalmente para preparar caldos. En Japón, este caldo, denominado *dashi,* es el ingrediente básico de diversos platos. Es preferible cocerlo poco (entre 10 y 15 minutos). El *kombu* es rico en ácido glutámico, que facilita la digestión y ablanda la fibra. Está delicioso sobre todo con legumbres, las cuales deben cocerse antes si se añade este tipo de alga. El *kombu* es rico en calcio, hierro, potasio y yodo.

Hijiki
Hizikia fusiforme

Las minúsculas ramitas del *hijiki* deshidratado aumentan cinco veces su tamaño cuando se ponen en remojo, momento en que adquieren aspecto de fideos negros. El *hijiki* se suele cocer al vapor durante 20 minutos y después se saltea o se cuece a fuego lento. Se suele añadir a sopas, bocadillos, ensaladas y crepes. Se sirve como verdura o en infusión.

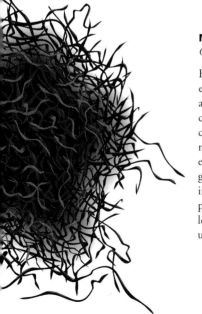

lechuga de mar

Varech
Macrocystis pyrifera

El *varech* gigante es el alga más grande de todas. Contiene alginato, un componente que se usa como aditivo en la industria alimentaria, sobre todo como espesante. El *varech* molido se emplea como condimento. Esta alga es rica, sobre todo, en yodo.

Lechuga de mar

Alga verde que se parece a la lechuga y tiene un sabor idéntico a ésta. La lechuga de mar es tierna y se puede comer cruda o cocida.

Musgo irlandés
Chondrus crispus

El musgo irlandés abunda en el Atlántico norte. Esta alga no se puede comer cruda. De ella se extrae el carrageno, una sustancia muy utilizada como estabilizante, espesante y gelatinizante. El musgo irlandés se añade a sopas y platos cocidos a fuego lento. También puede utilizarse como verdura.

Wakame
Undaria pinnatifida

El *wakame* se puede comer crudo tras haber estado en remojo entre 3 y 5 minutos. También se suele cocer durante unos minutos. Se puede usar de forma muy variada, ya que tiene una textura y un sabor suaves. Se puede aliñar con sal o vinagre, entre otros. Los japoneses aprecian mucho esta alga rica en calcio.

wakame

cereales

Los cereales han sido un alimento básico para los humanos desde los comienzos de la agricultura en el décimo milenio antes de nuestra era. Su papel en la historia fue tan relevante que existe una relación directa entre el desarrollo de ciertas civilizaciones y el cultivo de los cereales. Cada continente tiene un cereal predilecto: el arroz en el lejano Oriente, el trigo y la cebada desde la India hasta el Atlántico, el centeno y la avena en el nordeste de Europa, el maíz en América y el mijo y el sorgo en África.

UTILIZACIÓN

Los cereales, molidos o triturados, ocupan un lugar importante en la alimentación humana (pasta, harina, sémola y fécula). Se conocen mejor los usos del arroz, pero los cereales restantes se pueden utilizar de forma similar. Los granos de trigo, triticale, cebada o centeno cocidos en una sopa añaden un sabor especial y aumentan su valor nutritivo.

PREPARACIÓN

Los cereales se utilizan para elaborar croquetas, añadirlos a las legumbres, emplearse como guarnición o servirlos con frutas o verduras o aliñados con especias. Se pueden dejar germinar o añadirlos a las ensaladas, sopas y ragús. Los cereales germinados se pueden moler e incorporar a la pasta para elaborar pan o cocerlos para preparar tortitas.

CONSERVACIÓN

Los cereales se conservan en un recipiente hermético en un lugar seco y fresco. Guárdelos en el frigorífico o consérvelos a una temperatura de unos 5 °C para que no se rancien tan pronto y prevenir la aparición de moho.

COCCIÓN

Los cereales se pueden cocer en agua, leche o caldo. La mayoría requieren una cantidad de líquido entre dos y tres veces superior a su volumen. Una mayor cantidad de líquido provoca que el grano se reblandezca y sea demasiado pastoso, mientras que una cantidad de líquido inferior hace que el cereal quede más seco y duro. El tiempo de cocción varía según el tipo de cereal, su frescura y su grado de refinamiento. La mayoría de los cereales enteros, una vez cocidos, están algo crujientes. Durante la cocción, su volumen aumenta tres o cuatro veces.

VALOR NUTRITIVO

Los cereales suelen contener entre un 8% y un 15% de proteínas. Éstas poseen los ocho aminoácidos considerados esenciales, pero algunos, denominados aminocácidos limitantes, están presentes en pequeñas cantidades (los cereales contienen, sobre todo, poca lisina). La deficiencia de estas proteínas hace que los cereales se consideren un alimento "incompleto". Los cereales poseen poca materia grasa, que se suele concentrar en el germen y está compuesta, sobre todo, de ácidos grasos poliinsaturados. Al ser de origen vegetal, los cereales no tienen colesterol. Son muy ricos en glúcidos (entre un 60% y un 80%) compuestos principalmente de almidón. Los cereales también contienen minerales, especialmente hierro, fósforo, magnesio y zinc; asimismo, son ricos en vitaminas del grupo B (niacina, tiamina y riboflavina) y en ácido fólico. Estas vitaminas, localizadas básicamente en las capas exteriores de la semilla, apenas están presentes en los productos transformados, como la harina blanca y el arroz pulido (salvo si estos productos están enriquecidos), ya que gran parte desaparecen cuando se descascarillan o se pulen. La vitamina E también está ausente en los cereales refinados, ya que en este proceso se retira el germen, lugar donde se concentra esta vitamina.

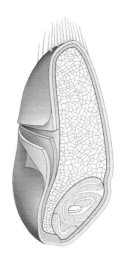

Trigo
Triticum sp.

El trigo es, junto con el arroz, un alimento básico de la alimentación. Una tercera parte de la población mundial depende principalmente de su cultivo. El trigo duro tiene un alto contenido de proteínas; se utiliza para elaborar pan y pasta. El trigo tierno contiene menos proteínas y se utiliza para elaborar harinas de repostería y para los productos de panadería. El trigo duro es una fuente excelente de magnesio, fósforo, zinc, niacina y potasio.

Granos de trigo enteros
Triticum sp.

Granos a los que se les ha extraído la cáscara exterior. Se pueden cocer tal cual o añadirse a sopas, estofados y legumbres. Se pueden comer crudos, ligeramente molidos, tras haber estado en remojo durante 12 horas. Se añaden a los mueslis, productos de panadería, ensaladas y *pilaf*. También sirven para fabricar whisky.

Escanda
Triticum speltum

Trigo cultivado de foma intensiva en Europa desde comienzos del siglo xx. Es difícil separar los granos de la escanda, ya que están adheridos al casco (el envoltorio exterior del grano). Este cereal se puede emplear como el arroz una vez descascarillado. La escanda mezclada con trigo duro es panificable. Su valor nutritivo es semejante al del trigo tierno.

Copos de trigo
Triticum sp.

El valor nutritivo de los copos de trigo cocidos puede variar según el grado de refinamiento y los procesos de fabricación. Los copos crudos, que se fabrican como los copos de avena, se deben poner en remojo varias horas antes de cocerse.

Trigo triturado
Triticum sp.

Este trigo se elabora a partir de los granos enteros triturados. Se cuece previamente y requiere menos líquido. En algunas ocasiones, este trigo se añade a la pasta utilizada para elaborar pan. Se puede servir como el arroz, utilizarse para preparar un postre de nata o consumirse como los cereales del desayuno.

escanda

copos de trigo

Germen de trigo
Triticum sp.

Pequeños copos que se obtienen al triturar el germen de los granos de trigo. Es rico en proteínas, minerales y vitaminas y aumenta el valor nutritivo de los alimentos a los que se añade (productos de repostería, cereales y panes). Consérvelo en un recipiente hermético en el frigorífico, ya que se estropea enseguida dado su alto contenido en materia grasa. Se suele añadir a los postres de frutas y se puede usar como espesante en el pastel de carne.

Salvado de trigo
Triticum sp.

Es una excelente fuente de fibra, proteínas, vitaminas y minerales existentes en la cáscara externa del grano de trigo. Se puede encontrar, molido más fino o menos, en supermercados y tiendas de dietética. Se puede espolvorear sobre los cereales, mezclar con zumo de frutas, añadir a galletas, pasteles, *muffins* y panes y se usa para rebozar los alimentos que se van a freír. Tiene propiedades laxativas.

Trigo hinchado
Triticum sp.

Se elabora a partir del grano de trigo sin cáscara, calentado y sometido a alta presión. Se emplea como cereal de desayuno y en la elaboración de productos de repostería.

Sémola
Triticum sp.

En términos generales, la palabra "sémola" hace referencia al producto que se obtiene al moler los granos de distintos cereales. También alude a la harina granulada que se extrae del trigo duro con la que se fabrica la pasta. La sémola fina se utiliza como cereal, conocido con el nombre de "crema de trigo", como ingrediente de las sopas y como postre.

Cuscús
Triticum sp.

Término que designa tanto el grano como el plato típico de algunos países del norte de África. El cuscús se elabora con sémola mezclada con harina, rociada con agua fría con sal y prensada o enrollada. Se utiliza como el arroz o como cualquier otro cereal. Acompaña muchos platos y se añade a las ensaladas. La manera tradicional de prepararlo es cocerlo al vapor. Contiene niacina, ácido fólico, ácido pantoténico, potasio y tiamina.

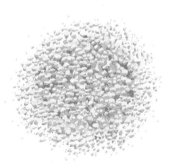

Bulgur
Triticum sp.

Grano de trigo entero al que se le ha extraído el salvado, parcialmente cocido al vapor y después molido. Este cereal posee un sabor parecido al de la avellana, se prepara enseguida, cocido o rehidratado. El bulgur se consume como un cereal. Es un ingrediente del *taboulé* (una ensalada de bulgur, perejil, tomate, menta, aceite y limón).

Seitán

Alimento esponjoso fabricado a partir del gluten extraído de la harina de trigo duro. El gluten no se convierte en seitán hasta que no se cuece en salsa de soja. El seitán se emplea del mismo modo que la carne, a la que puede sustituir en la mayoría de las recetas, dado su sabor y textura, aunque no tiene el mismo valor nutritivo. El seitán se debe servir con legumbres o productos lácteos para constituir una comida rica en proteínas.

Avena
Avena sativa

A diferencia de la mayoría de los cereales, el salvado y el germen están unidos al grano de la avena, incluso tras retirar la cáscara. Probablemente, la sémola es el uso más conocido de este cereal. La avena se añade a las granolas, el muesli, los *muffins,* las galletas y las tortitas. También se utiliza para espesar sopas, pasteles de carne y patés y para elaborar cuadrados de dátiles, empanadas de frutas, pasteles, cervezas y bebidas. La avena es rica en fibra soluble, lo que ayuda a reducir el nivel de colesterol en la sangre.

Copos de avena
Avena sativa

Copos que se obtienen de los granos de avena sin cáscara, cocidos al vapor y aplastados para formar copos planos. Los copos de avena cortados en trozos más pequeños se cuecen antes que los copos de avena al estilo antiguo.

Amaranto
Amaranthus sp.

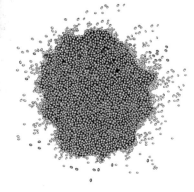

El amaranto no es realmente un cereal, pero se utiliza de la misma manera. Tiene un sabor algo picante. La harina de amaranto humedece y endulza los productos de repostería y se utiliza para preparar galletas, crepes y *gaufres.* Se combina con la harina de trigo para elaborar panes y pasteles. El amaranto acompaña los cereales, las legumbres, los frutos secos y las semillas. Contiene el doble de hierro que el trigo duro y una cantidad de calcio cuatro veces superior.

Kasha

Alforfón triturado o entero asado, cuyo sabor y coloración son más pronunciados que los de este cereal. El *kasha* se consume sobre todo en la Europa del Este. Se usa como el arroz y las patatas y se sirve como guarnición o se añade a sopas, ragús y *muffins*.

Quinoa
Chenopodium quinoa

La quinoa sustituye a la mayoría de los cereales y al arroz. Está recubierta de una resina que produce espuma al entrar en contacto con el agua y que se debe eliminar. La quinoa se cocina como la sémola y se añade a sopas, empanadas y croquetas. Molida se incorpora a los panes, las crepes y los *muffins*. En Sudamérica se utiliza para preparar la chicha, una bebida alcohólica. Es una fuente excelente de magnesio, hierro y potasio. Contiene más proteínas que la mayoría de los cereales y además éstas son de mejor calidad.

Alforfón
Fagopyrum sp.

Cereal que se suele consumir en forma de sopa o de gachas en Rusia y en Polonia, los principales países productores. El alforfón se asocia a las crepes (denominados "tortitas de alforfón") y a los pasteles bretones con pasas y ciruelas pasas. La harina de alforfón se usa para elaborar los *blinis* (pequeños crepes rusos servidos con caviar) y los fideos japoneses denominados *soba*. El alforfón se digiere con facilidad, es nutritivo y reconstituyente.

Cebada
Hordeum vulgare

Según la forma de retirar la cáscara, se obtiene la cebada mondada, la cebada escocesa y la cebada perlada. Este cereal se añade a sopas y ragús. Se cocina tal cual o con arroz (en el caso de la cebada perlada) y se puede añadir en patés, croquetas y *puddings*. La harina de cebada espesa las salsas y endulza los alimentos. La cebada perlada requiere unos 30 minutos de cocción y no necesita ponerse en remojo. La cebada es muy rica en fibra soluble.

Maíz mote

Granos de maíz secados en la mazorca y desgranados, que se ponen enseguida en remojo en una solución de bicarbonato de sodio, cal y ceniza de madera, una mezcla que reblandece la vaina. Ésta se retira, al igual que el germen del grano. El interior está seco y se parece a las palomitas, pero es más blando. Este maíz se añade a los platos que se cuecen a fuego lento, como los ragús y los cocidos.

Grano de maíz

Es crujiente y tiene un sabor parecido al de la avellana. Se utiliza tal cual o con leche, como un cereal frío, o se añade a algunos alimentos (ensaladas, legumbres y cocidos). Casi la mitad de sus calorías proviene de su materia grasas. Se pone rancio enseguida.

Maíz triturado y hervido

Granos secos y después transformados. Los gránulos blanquecinos se incorporan a algunos platos, aunque se suelen consumir calientes como cereales. En Estados Unidos se sirven triturados en papilla con huevos y beicon.

maíz para palomitas

Palomitas de maíz
Zea mays var. *everta*

Las palomitas se elaboran a partir de una variedad de maíz muy antigua. Al calentarlo, la presión hace reventar la vaina y el interior se hincha. Las palomitas contienen los mismos elementos nutritivos que el maíz dulce, pero en cantidades más pequeñas.

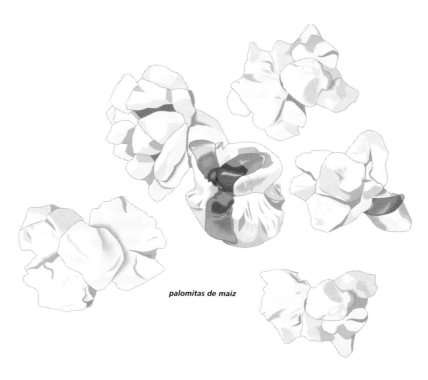

palomitas de maíz

Triticale
Triticum X Secale

Se trata de un híbrido del trigo y el centeno. Este cereal combina el alto contenido de proteínas del trigo y la elevada cantidad de lisina del centeno. El grano se consume entero, triturado, germinado, en copos o molido. La harina de triticale aumenta el contenido de fibra y de elementos nutritivos de los platos en los que se usa. El triticale se utiliza para elaborar pasta, tortillas y crepes.

Centeno
Secale cereale

Los granos de centeno enteros se pueden cocer y consumir tal cual, como los granos de los otros cereales. Son muy nutritivos. Los copos de centeno se usan como los de avena: se cuecen en sémolas o se introducen en el muesli y las granolas. Los granos se emplean para elaborar whisky, cerveza y algunos tipos de vodka.

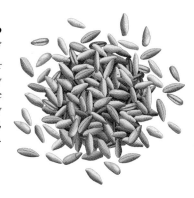

Mijo
Panicum miliaceum y
Setaria italica

El mijo puede sustituir a la mayoría de los cereales. Se añade a sopas, croquetas, empanadas, *puddings* y mueslis. No contiene gluten. El mijo germinado molido se usa para enriquecer otros alimentos; se añade a panes, tartas, *muffins* y galletas. Las proteínas del mijo son de mejor calidad que las del trigo, el arroz y el maíz. Es uno de los pocos cereales alcalinizantes; es fácil de digerir y antialergénico.

Teff
Eragrostis abyssinica

Hasta hace poco tiempo, el teff (clasificado entre los mijos) sólo se cultivaba como cereal en Etiopía. La harina se usa para elaborar deliciosos panes planos o panes dulces. Los etíopes preparan un plato reconfortante denominado *faffa* (una mezcla molida de teff, garbanzos, leche descremada, azúcar y sal).

Sorgo
Sorghum vulgare

El sorgo es un cereal muy importante en África, India y China. La harina de sorgo sirve para la elaboración del pan y de las tortitas. El sorgo se utiliza como el arroz o el mijo. También se puede emplear para producir cerveza y bebidas alcohólicas. Tiene un valor nutritivo parecido al del maíz, pero contiene más proteínas, menos materia grasa y más almidón que este cereal.

arroz

El arroz es el cereal que más se consume en todo el mundo después del trigo. Existen unas 8.000 variedades distintas que se agrupan según la largura de los granos: el arroz de grano corto (o de grano redondo), el arroz de grano medio y el arroz largo.

La utilización del arroz es muy variada. Se añade a sopas, rellenos, ensaladas, *puddings,* tartas y pasteles. Se utiliza en las ensaladas mixtas o para rellenar las verduras. Es el ingrediente básico del *rissoto,* el *pilaf,* la paella y el curry. Se emplea para elaborar pasta (fideos de arroz), cereales secos, jarabe, vino, vinagre y miso.

El arroz es un sustituto de la patata, ya que puede servirse como guarnición de la carne, las aves, el pescado y el marisco. Tradicionalmente acompaña el pescado asado y los pinchos morunos. Se puede comer tal cual, cocido o salteado, o moler en harina (en un robot de cocina o en un molinillo de café). Esta harina, un poco dulce y granulosa, otorga una textura ligeramente crujiente a los pasteles y productos de repostería y se puede usar para espesar las salsas. No obstante, no es panificable, ya que no contiene gluten.

El arroz se usa para fabricar algunas bebidas alcohólicas asiáticas, como el *sake* y el *mirin* japonés, o el *chao xing,* un vino amarillo chino. El *sake* es una bebida dulce, que se bebe caliente, tibia o fría, en copas muy pequeñas y que puede contener entre un 14% y un 16% de alcohol. El *mirin* es un vino con un mayor o menor contenido de alcohol (algunas variedades rondan el 8%), salado o dulce, que se utiliza como vino de cocción para salsas.

Desde el punto de vista nutritivo, el arroz es una buena fuente de magnesio. Contiene niacina, vitamina B$_6$, tiamina, fósforo, zinc, cobre, un poco de ácido pantoténico y de potasio. Es conocido por ser un alimento para combatir la diarrea (el agua de la cocción es muy eficaz). Además combate la hipertensión y se utiliza como astringente.

Arroz de cocción rápida
Arroz blanco precocinado y después deshidratado para reducir el tiempo de cocción. Una vez cocido, este arroz parece seco y ligero. Tiene poco sabor y posee incluso menos valor nutritivo que el arroz blanco.

arroz sazonado

Arroz arborio
Este arroz blanco redondo es el ingrediente básico del *rissoto* italiano. Se considera uno de los arroces más finos, ya que absorbe mucho líquido de cocción y no se reblandece en exceso.

Arroz sazonado
Arroz casi siempre precocinado o cocido al vapor, muy sazonado y salado, que puede contener una mayor o menor cantidad de aditivos.

Arroz silvestre
Zizania aquatica

Este arroz crece sobre todo en las marismas y en los lagos de Canadá y Estados Unidos. Los amerindios lo han cosechado y lo han apreciado durante siglos. Este arroz tan buscado de color negruzco tiene un sabor intenso parecido al de la avellana. Se cuece en agua o se hierve tras ponerlo en remojo. Se sirve como guarnición de la caza y combina bien con las setas, las frutas y los frutos secos. Contiene más proteínas que el arroz tradicional.

Arroz integral

El arroz integral es el grano entero al que se le ha extraído la vaina exterior, que no es comestible. En Europa también recibe el nombre de "arroz cargo". Es el arroz más nutritivo de todos y es más sabroso que el arroz blanco. El arroz integral sancochado (listo en 25 minutos) se somete a un tratamiento para reducir el tiempo de cocción. El sancocho mejora la conservación. Incluso sancochado, este arroz conserva el salvado y el germen.

Arroz sancochado

Arroz que se ha sometido a un tratamiento de vapor antes de retirarle la vaina. De este modo, el valor nutritivo se mantiene más durante el pulido. El arroz sancochado es un tanto translúcido y amarillento, pero se blanquea durante la cocción, conserva su apariencia y no se pega. Es más ligero y tiene un sabor más suave que el arroz integral. Es el arroz más nutritivo después del integral, pero contiene menos fibra que éste.

arroz sancochado

Arroz blanco

Arroz sin corteza y pulido que ha perdido una cantidad importante de elementos nutritivos. Contiene mucha menos fibra que el arroz integral. En algunas ocasiones se enriquece mediante una capa de silicato de magnesio o con una mezcla de glucosa y talco ("arroz pulido" o "arroz brillante").

Arroz basmati

Es uno de los arroces perfumados más apreciados, y resulta indispensable en la cocina india. El arroz basmati tiene una textura y un sabor suaves y secos. Es muy aromático. Primero se pone en remojo y después se cuece a fuego lento en una cantidad de líquido inferior a su volumen.

pasta

Producto elaborado básicamente con cereales molidos y agua. Muchos países reivindican el origen de la pasta, como China, Japón, Francia e Italia. Algunas fuentes afirman que Marco Polo introdujo la pasta en Italia a finales del siglo XIII tras su viaje a China.

En Occidente, la pasta de buena calidad se prepara con una variedad de trigo duro, el trigo *durum,* que tiene un alto contenido de proteínas, es rico en gluten y pobre en almidón. El grano de esta variedad de trigo se muele en partículas finas (sémola) o en harina. El trigo duro sigue siendo granuloso incluso después de molerlo, lo que da lugar a una pasta que resiste mejor la cocción, más consistente y que apenas se pega. En algunos países, como Canadá, la pasta se enriquece con vitaminas del grupo B (tiamina, riboflavina y niacina) y, a veces, con hierro. También se puede adquirir pasta enriquecida con proteínas.

La elección del tipo de pasta es una cuestión de gustos, pero también depende del uso que se le quiera dar. La pasta fina se utiliza, sobre todo, para las sopas y los caldos, mientras que la curva, enroscada o en forma de tubo se usa con salsas, ya que las absorbe bien. La pasta rayada es ideal para las salsas de carne, mientras que la pasta lisa lo es para las salsas de nata o las salsas de queso.

La pasta se emplea en los entrantes, las sopas, las ensaladas mixtas, los primeros platos e incluso en los postres.

La pasta se debe poner en un recipiente con agua hirviendo para obtener una cocción *al dente* (es decir, conseguir que la pasta sea consistente, pero sin dar la impresión de estar cruda). Para que se pueda cocer de manera uniforme y no se pegue, la pasta debe estar bien separada. Si utiliza un recipiente grande, podrá cocer la pasta a fuego vivo.

La pasta se considera un alimento muy energético, pero con muchas calorías. No obstante, la pasta no es por sí misma una fuente importante de calorías, sino, más bien, éstas se encuentran en la mantequilla, la crema o el queso que se añade.

La pasta es una buena fuente de energía y de proteínas, y es poco grasa. Es rica en glúcidos, principalmente en glúcidos complejos fáciles de digerir. Dado que el organismo los asimila poco a poco, la pasta produce una sensación de saciedad. Por esta razón es recomendable para las personas que necesitan energía a largo plazo, como los deportistas, especialmente los que participan en pruebas de resistencia.

Pasta rellena

Se trata de pasta cruda, rellena con una mezcla de queso o de carne. Las más conocidas son los *cannelloni* y los *ravioli,* que pueden estar rellenos de queso, de espinacas o de carne. Otras variedades son los *tortellini* (tortitas pequeñas), los *agnolotti* (empanadillas pequeñas), los *scappelletti* (sombreritos), los *lumache* (conchas grandes) y los *manicotti* (canelones grandes estriados con la punta biselada).

tortellini

ravioli

tagliatelle de espinacas

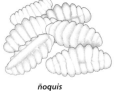

ñoquis

Pasta fresca

La pasta fresca, por lo general, se elabora con huevo. Se puede preparar en casa o comprar en algunas tiendas de comestibles y mercados. La casera se debe consumir en los dos o tres días siguientes a su elaboración o secarse con cuidado para conservarla. Se puede guardar durante un mes en el congelador. La pasta fresca se cuece mucho antes que la seca.

lasañas de espinacas

Pasta seca

La mejor pasta seca se elabora con sémola de trigo duro y agua. En las tiendas de comestibles y mercados italianos existen múltiples variedades (rizos, fideos, conchas, espaguetis, etc.). Si se guardan en un lugar fresco y seco, se conservan de forma indefinida. Durante la cocción, la pasta seca cuatriplica su volumen.

fettucine   *espaguetis*   *espaguetis integrales* *espaguetini*

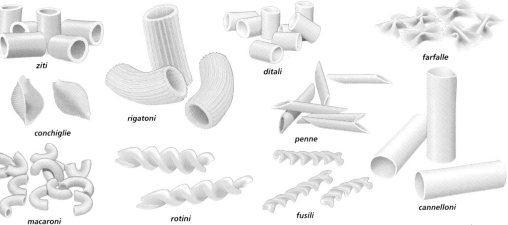

ziti

ditali

farfalle

conchiglie

rigatoni

penne

cannelloni

macaroni

rotini

fusili

fideos asiáticos

Los fideos aparecieron en Asia hace más de 2.000 años. Los chinos ya los consumían dos siglos antes de nuestra era. Los fideos son uno de los ingredientes básicos de la cocina asiática. La mayoría presenta una forma alargada, que simboliza la longevidad, y sólo varían en el grosor y la longitud. Se suelen agrupar según los ingredientes que los componen. De esta forma se encuentran los fideos de trigo, los de arroz, los de harina de judía mungo y los de alforfón. En el norte de China se suele consumir fideos de trigo, ya que el cultivo de este cereal está muy extendido, mientras que en el sur se consumen más los fideos de arroz. A la hora de adquirirlos, escoja fideos que sean realmente frescos, es decir, que no estén blandos, que no se peguen y que no sean ni demasiado húmedos ni quebradizos. Los fideos secos se conservan durante un tiempo indefinido en un lugar oscuro, fresco y seco.

Fideos de arroz

Fideos elaborados con harina de arroz y agua. Los *vermicelli* de arroz, que se suelen freír con aceite de cacahuete, forman un nido que se utiliza como guarnición del delicioso *mee krob* tailandés. También se usan en sopas.

vermicelli

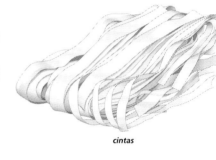

cintas

Papel de arroz

Hoja semitransparente muy fina elaborada con una mezcla de harina de arroz, agua y sal. En las cocinas vietnamita y tailandesa, se utiliza para confeccionar rollitos de primavera e imperiales. En primer lugar, el papel se reblandece poniéndolo durante un minuto o dos en agua caliente. Después, se escurre, se rellena y se cuece al vapor o se fríe. Se puede encontrar en las tiendas de comestibles asiáticas.

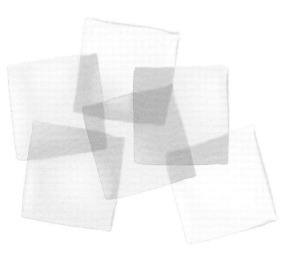

Pasta won-ton

Hojas finas de pasta elaboradas con trigo, agua, huevo y sal, rellenas de carne, marisco o verduras. Esta pasta es la versión oriental de los ravioli italianos. Se puede adquirir fresca o congelada en las tiendas de comestibles asiáticas.

papel de arroz

fideos frescos al huevo   *fideos secos al huevo*

Fideos de trigo al huevo

Fideos de trigo a los que se les ha añadido huevo. Se venden frescos o secos. Los secos se usan para preparar *chow mein;* se deben cocer en agua hirviendo y después freír.

Fideos de judía mungo

Los fideos elaborados con harina de judía mungo son transparentes. Primero se ponen en remojo en agua tibia o caliente. Durante la cocción, estos fideos absorben bastante líquido.

soba

Fideos de alforfón

Fideos muy apreciados en Japón, donde reciben el nombre de *soba.* Suelen presentar un color marrón amarillento o gris y se pueden adquirir frescos o secos. Por lo general, se sirven fríos, con una salsa de soja.

Fideos de trigo

Los fideos de trigo chinos son amarillos o blancos y se suelen elaborar con harina de trigo, agua y sal. En Japón se clasifican según su tamaño: los *somen* son fideos finos, mientras que los *udon* son fideos gruesos.

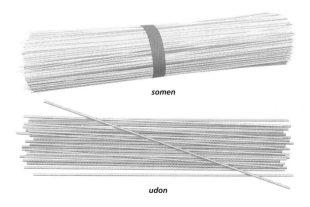

somen

udon

harina

La harina es el producto resultante de la molienda de uno o varios cereales o de algunos vegetales, como las castañas, los garbanzos, las lentejas, las patatas, los cacahuetes o la mandioca. En general, el término "harina" se asocia al trigo y, si se trata de otro cereal, se debe precisar su naturaleza cereal (harina de avena, de centeno, de alforfón, etc.).

Actualmente, el trigo se somete a unos procesos antes de transformarse en harina. En primer lugar se limpian los granos, se trituran muy finos, se pulverizan y se tamizan para quitar el salvado y obtener así una harina más fina. El germen, que también se retira para que la harina se conserve mejor, se puede dejar tal cual o utilizarse para elaborar aceite. La parte del grano que se transformará en harina se denomina endosperma o albumen harinoso.

Según sea la clase de trigo que se utilice, se obtendrá un tipo u otro de harina. De esta forma, la harina de trigo tierno servirá para elaborar pasteles y la de trigo duro para preparar panes y pasta.

Para compensar la pérdida de elementos nutritivos que se produce durante la molienda (si se retira el salvado y el germen del grano), la harina se suele enriquecer. Para ello se le añaden diversas vitaminas (tiamina, riboflavina, niacina) y minerales (hierro). Algunos países, como Canadá, Estados Unidos y Gran Bretaña, suelen enriquecer la harina. Sin embargo, en otros países, como Francia, esta práctica está prohibida.

Harina integral de trigo

Se obtiene con la molienda del trigo entero. Puede sustituir a la harina blanca, pero en algunas ocasiones se debe aumentar un poco la cantidad. Los productos elaborados con la harina de trigo entero son más nutritivos, su color más oscuro, el sabor más pronunciado y presentan un volumen más reducido. Para obtener productos más ligeros, tamice la harina varias veces volviendo a colocar el salvado que se quede en el tamiz. Consérvela en el frigorífico.

Harina común

Esta harina procede de la molienda y la mezcla de diversas variedades de trigo duro y de trigo tierno. Se puede usar de muchas formas. No obstante, para obtener mejores resultados, utilice la de trigo duro para el pan y la de trigo blando para los productos de repostería.

Harina de avena

Harina desprovista de gluten que no fermenta durante la cocción. Se combina con la harina de trigo para elaborar panes y otros alimentos fermentados. Estos productos son más bien espesos y compactos.

Harina de maíz

Este producto se obtiene de la molienda muy fina del grano de maíz. Se incorpora a crepes, pasteles, *muffins* y panes. Para obtener alimentos que fermenten, se combina con la harina de trigo. La harina de maíz de granos enteros es una fuente excelente de magnesio, potasio y fósforo.

Harina no blanqueada

Harina que no se ha blanqueado de forma artificial. Esta harina tiene un sabor natural, ya que no contiene aditivos. La presencia de agentes blanqueantes da lugar a un producto más ligero, de mayor tamaño, con el grano más fino y el color más claro.

Harina pastelera

Harina blanca elaborada sólo con trigo tierno molido muy fino. Es más rica en almidón y contiene menos proteínas, por lo que permite producir pasteles muy ligeros y no se puede usar para elaborar panes fermentados. Una cantidad de 250 ml de harina común puede sustituirse por 300 ml de harina pastelera.

harina de maíz

Harina de repostería

Harina extraída básicamente del trigo tierno, pero, a veces, elaborada también con trigo duro. Contiene poco gluten y está molida muy fina, aunque no tanto como la harina pastelera. Sirve para preparar productos de repostería, galletas y pasteles. No sirve para elaborar pan fermentado.

Harina de pan

La harina de pan es una mezcla de trigos duros. Es un poco granulosa y contiene demasiadas proteínas (gluten) para el consumo doméstico. Sólo se usa en la industria panadera.

Harina de garbanzos

Se obtiene a partir de garbanzos secos. Se utiliza para elaborar buñuelos, productos de repostería, pan ázimo y tortitas. En algunas ocasiones se usa para espesar salsas y para preparar pasta para freír. Es barata y durante mucho tiempo se ha considerado una excelente fuente de proteínas y minerales en la cocina india.

Harina de matzo

Harina que se obtiene de la molienda del matzo, unas hojas finas de pan ázimo elaboradas con harina de trigo, agua y sal que consumen las comunidades judías durante la Pascua. Esta harina, que sirve para espesar sopas y se añade a los platos típicos de esas fechas, se puede adquirir en los mercados judíos.

Harina de soja

Harina desprovista de gluten. Contiene entre dos y tres veces más proteínas que la harina de trigo y diez veces más materia grasa que la harina de soja sin desengrasar. Se usa para espesar salsas o para elaborar postres. Dado que no fermenta, no siempre puede sustituir a la harina de trigo.

Harina de salvado

Harina obtenida de la pulverización del salvado, la vaina oscura que cubre los granos de los cereales. Éste se separa del grano cuando se fabrica la harina. El salvado añade una buena cantidad de fibra a los platos a los que se añade.

Harina de alforfón

Harina desprovista de gluten que no fermenta durante la cocción. Para elaborar pan o alimentos fermentados, se debe combinar con la harina de trigo. La harina de alforfón sirve para elaborar fideos, tortitas, polenta, pasteles y galletas. También se usa para preparar *blinis* (pequeñas crepes rusas) y los fideos de alforfón japoneses.

Harina de centeno

Harina cuyo gluten es menos elástico que el del trigo y retiene menos la humedad. La cantidad de germen y de salvado es alta. Esta harina no está muy triturada. Con ella se elabora el famoso pan *pumpernickel*.

Harina Graham

Esta harina debe su nombre a un especialista en nutrición que era un acérrimo defensor de las propiedades saludables del salvado. Suele contener copos de salvado molidos más o menos finos. El germen se suele retirar para que la harina se conserve durante más tiempo.

Harina de gluten

Harina integral de trigo sin almidón. Se suele componer de un 45% de gluten y un 55% de harina blanca. Se combina con harina integral de trigo o con harina con poco gluten (de centeno, cebada o avena).

Harina fermentadora

Harina común con sal y agentes fermentadores. Elimina o reduce el contenido de fermento químico o bicarbonato de sodio y de sal. No es recomendable para el pan fermentado.

Sémola de maíz

Sémola obtenida tras la molienda de los granos de maíz secos. La sémola de maíz da una consistencia un tanto crujiente a las galletas, los *muffins,* los pasteles y el pan. Se cuece para elaborar la polenta. Sirve para preparar tamales (especie de envueltas de carne), tortillas y patatas de maíz.

pan

Alimento elaborado con harina, agua y sal, amasado, fermentado, moldeado y cocido al horno. Puede contener o no un fermento que hace que se hinche (levadura). Si no lo contiene, se habla de un pan ázimo (la *pita* en Oriente Próximo o el *chapati* en la India, etc.).

La fermentación espontánea de la pasta (cuando la harina y el agua se conservan a temperatura ambiente) es un proceso largo e imprevisible. El hombre aprendió enseguida a usar la levadura, una porción de pasta fermentada que no se ha cocido y que se obtiene de una hornada anterior. El fermento se obtiene de la levadura seca, mezclada con agua, azúcar y harina blanca. De esta forma se obtiene una pasta ácida. En la actualidad, se usa la levadura de pan (o levadura de cerveza), que es más fácil de usar y actúa más deprisa y de forma más uniforme.

El pan elaborado con levadura fermentada presenta una miga compuesta de alveolos irregulares más pequeños que los del pan fabricado con levadura de cerveza. Fermenta menos, tiene un sabor ligeramente agridulce, es más sabroso, más digestible y se conserva mejor.

El pan se puede usar de formas muy diversas. Está presente en la mesa desde los entrantes hasta los postres y constituye el acompañante de todas las comidas. Resulta indispensable para preparar bocadillos, canapés y tostadas; se añade a ciertas sopas (sopa gratinada, gazpacho, sopa de ajo) y es un ingrediente indispensable en la *fondue* de queso. Se toma para desayunar, tostado o sin tostar. También se usa para preparar carlotas y *puddings*. El pan se deshidrata para elaborar galletas y pan rallado. Se usa en los rellenos y las sopas de pan.

El contenido de proteínas, glúcidos, materia grasa y calorías es muy parecido entre las diversas variedades de pan; sin embargo, el de vitaminas, minerales y fibra varía mucho. El pan tostado tiene menos valor nutritivo, ya que el contenido de tiamina, riboflavina y niacina se reduce entre un 15% y un 20%.

Pan multicereales

Este pan suele contener un 80% de harina blanca, de harina integral de trigo, o una mezcla de las dos. Se le añaden otros cereales (avena, centeno, soja, maíz, etc.), pero, dado que éstos también son pobres en gluten, no pueden constituir más del 20% de los ingredientes para que la pasta pueda fermentar. Este pan suele contener el doble de fibra que el pan blanco.

Pan integral

Pan muy nutritivo totalmente elaborado con granos enteros. Es una fuente excelente de fibra y aporta más vitaminas del grupo B, más sales minerales y más proteínas que el pan blanco.

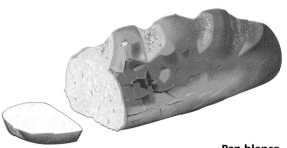

Bagel

Pequeño pan judío en forma de rosca, que se suele servir caliente con queso fundido y se consume en la comida, la cena o como tentempié. La variedad más común es la natural cubierta con semillas de sésamo, pero también existen variedades de trigo, centeno, canela y pasas. Este pan se adquiere en las tiendas de comestibles judías y en los supermercados. Se conserva durante tres días a temperatura ambiente o durante meses si se congela.

Pan blanco

Pan elaborado con harina blanca. Existen diversos tamaños, formas y texturas. Aunque no es cierto, existe la creencia de que el pan blanco no es muy nutritivo; sin embargo, además de ser una buena fuente de tiamina, niacina, hierro y ácido fólico, el pan blanco también contiene fósforo, potasio y calcio.

bagel

Pan de centeno

Alimento básico en Alemania, Rusia y en el norte de Europa desde hace muchos siglos. Este pan, elaborado con harina de centeno, se sirve con jamón ahumado, queso, arenque y carnes frías. El pan de centeno se conserva cuatro días a temperatura ambiente y seis meses en el congelador.

Croissant

Pasta amasada en forma de triángulo y enrollada para formar una media luna. Este producto de repostería francés, muy rico en mantequilla, surgió en Budapest en 1686. Maria Antonieta lo introdujo después en la corte francesa. El croissant se suele servir caliente con mantequilla, pero también se puede encontrar cubierto de chocolate, pasta de almendras o compota de frutas. Un croissant con mantequilla contiene 400 calorías.

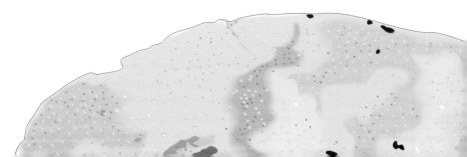

pan rallado

Pan rallado

Miga de pan, fresca o seca, que se suele usar para rebozar, espesar salsas, gratinar o elaborar rellenos. Se puede adquirir en los supermercados. Se conserva durante mucho tiempo en un recipiente hermético. Para fabricar pan rallado casero, ponga unas rodajas de pan en el horno a 300°C hasta que estén completamente secas y un poco tostadas. Déjelas enfriar y páselas por un robot de cocina o desmigájelas con un rodillo.

Tortilla

Es la base de muchos platos mexicanos (enchiladas, tacos, burritos) y latinoamericanos. Se trata de una tortita de pan fina, sin fermentar, en forma de disco, elaborada con harina de maíz. Se puede comer sola, enrollada, como aperitivo o en bocadillos. Se pueden adquirir secas en las tiendas de comestibles.

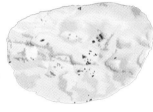

Chapati

Disco de pan plano con la miga un poco abultada y crujiente, originario de la India. Se suele elaborar con harina de trigo, sal y agua y se puede adquirir en las tiendas de comestibles indias. Se usa como cuchara para tomar otros alimentos o se consume caliente con verduras y arroz. Se debe comer fresco, ya que no se puede congelar.

Pasta filo

Pasta blanda, de origen griego, fina como una hoja, elaborada con harina blanca, aceite, sal y agua. Sirve para elaborar productos de repostería, como el *baklava,* y puede estar relleno de espinacas y queso. Se conserva durante un año si está congelado. Antes de consumirlo, se debe descongelar por completo a temperatura ambiente para que no se desmigaje.

pasta filo

tortillas

Pita

Pan plano de forma oval, originario de Oriente Próximo, cuya corteza forma una especie de bolsillo que se puede rellenar con alimentos calientes o fríos. La pita también se puede usar como pasta para elaborar una pizza rápida. Se confecciona con harina blanca o trigo integral y se puede adquirir en dos tamaños: pequeña y grande. Las de trigo integral contienen una cantidad de fibra tres veces superior a las de harina blanca.

hierbas, especias y condimentos

Las palabras "aliño" y "condimento" se suelen emplear indistintamente para designar cualquier producto que añade sabor a los alimentos. Las especias son sustancias aromáticas que se obtienen de plantas que crecen en las regiones tropicales y cuyo sabor resulta más o menos intenso y picante. Las hierbas aromáticas son plantas herbáceas, con hojas verdes, que proceden de las regiones templadas y se cultivan por lo general en las huertas.

Los europeos no descubrieron las especias hasta principios de la Edad Media, pero enseguida se convirtieron en fervientes consumidores. Por aquella época, las especias resultaban muy útiles para ocultar el sabor desagradable de los alimentos que no resistían las condiciones precarias de conservación; el único medio de preservarlos era la sal.

ADQUISICIÓN

Las especias se venden enteras o molidas. Es preferible la primera opción: adquirirlas en su estado natural (semillas, tallos o raíces) para que conserven más tiempo sus propiedades aromáticas y no molerlas hasta el momento de utilizarlas. En la India se tuestan antes de ser empleadas para que desprendan su aroma con mayor intensidad.

Las hierbas aromáticas se comercializan en estado fresco o seco. Vigile que las frescas no tengan restos de moho y que los tallos no estén secos ni las hojas descoloridas. Las secas se compran enteras, desmenuzadas o en polvo. Conviene descartar esta última posibilidad, porque se echan a perder con mayor rapidez.

Si se cortan las hierbas aromáticas frescas en trocitos muy finos, transmitirán todo su sabor a los alimentos.

UTILIZACIÓN

Aunque algunas hierbas se asocian tradicionalmente con ciertos alimentos –por ejemplo, la albahaca con el tomate, el estragón con el vinagre y el pollo, o la menta con los guisantes y el cordero–, tales usos no son exclusivos. Resulta útil saber que 15 ml de hierbas frescas pueden sustituirse por 5 ml de secas o por 1 ó 2 ml de hierbas en polvo.

COCCIÓN

Las hierbas frescas poseen un sabor menos concentrado que las secas. En el caso de la mayor parte de las hierbas aromáticas, se desaconseja una cocción prolongada, sobre todo mediante una fuerte ebullición y sin tapar el recipiente. El fuego lento, en cambio, resulta muy indicado para el romero, el tomillo, la salvia, el laurel y la ajedrea.

Es preferible añadir las hierbas aromáticas al final de la cocción.

CONSERVACIÓN

Las hierbas aromáticas secas y las especias se conservan en recipientes herméticos situados en un lugar seco, protegido de la luz y el calor; lo más indicado es el vidrio opaco.

Guarde las hierbas aromáticas frescas en el frigorífico y no las lave hasta el momento de usarlas para no estropear las hojas, a menos que contengan tierra o arena. Envueltas en papel húmedo y colocadas en una bolsa de plástico se conservan durante varios días. Las hierbas aromáticas se congelan enteras o desmenuzadas, y si se han lavado, tienen que secarse bien antes de ser congeladas.

hierbas

Eneldo
Anethum graveolens

Hierba aromática muy apreciada en Escandinavia, Rusia, Europa central y norte de África. Sus semillas poseen un olor que recuerda al hinojo, la alcaravea y la menta. Aromatiza vinagres, pepinillos, salsas frías y ensaladas variadas. Es la hierba que se usa por excelencia para las marinadas de salmón y arenque, y combina bien con el apio nabo, la remolacha, el pepino, la nata y el requesón. Se le atribuyen propiedades diuréticas, carminativas y antiespasmódicas. En infusiones es muy apreciada para favorecer la digestión.

semillas de eneldo

Angélica
Angelica sp.

Planta aromática parecida al apio que abunda en el norte de Europa. La angélica posee una fragancia muy aromática de olor a almizcle. Se utiliza en repostería, pues sus tallos confitados aromatizan o decoran pasteles, panes de especias, *puddings* y *soufflés*. Además condimenta el pescado, perfuma el vinagre, sus hojas añaden un toque especial a la ensalada, y sus tallos y raíces sirven para la elaboración de bebidas alcohólicas.

tallos de angélica

Hisopo
Hyssopus officinalis

Esta hierba, utilizada desde tiempos remotos y originaria del Mediterráneo, decora ensaladas, sopas, guisos, pescados grasos, rellenos, embutidos y fuentes con frutas. Las hojas del hisopo, tan aromáticas, también se emplean en la fabricación de los licores Chartreuse y Bénédictine.

albahaca verde   *albahaca púrpura*

Albahaca
Ocimum basilicum

Hierba muy utilizada en la cocina mediterránea, tailandesa y vietnamita. Sus hojas son de color verde, rojizo o púrpura. La albahaca es la hierba por excelencia para sazonar el tomate y la pasta, y el condimento básico del *pistou* y el pesto italiano. Aromatiza delicadamente el aceite. Se puede poner albahaca en la bandeja de cubitos de hielo y añadirlos a las sopas, salsas y guisos.

hierbas

Borraja
Borago officinalis

Planta aromática y medicinal, probablemente originaria de Siria, cuyas hojas, sobre todo las tiernas, se consumen como verdura o crudas en ensaladas, a las que transmiten un sabor refrescante. La borraja aromatiza asimismo el yogur, el requesón o las vinagretas, y constituye una fuente excelente de vitamina C, vitamina A, potasio y hierro.

Laurel
Laurus nobilis

Las hojas de este árbol se utilizan enteras o troceadas. En cocina se suelen emplear secas y con moderación. Las hojas de laurel aromatizan estupendamente los platos cocinados a fuego lento, los rellenos y las marinadas, y son un elemento esencial del *bouquet-garni*. Las bayas y las hojas presentan propiedades antisépticas, expectorantes, antirreumáticas y digestivas.

laurel

Perejil
Petroselinum sp.

Existen tres especies principales: el perejil rizado, el perejil liso (de sabor menos amargo) y el perejil tuberoso (cultivado por sus raíces blancas). Es uno de los ingredientes del *bouquet-garni* y el principal del *taboulé*. Las raíces del perejil se preparan como el rábano o la zanahoria y se utilizan en sopas y guisos.

Perifollo
Anthriscus cerefolium

El perifollo se asemeja un poco al perejil rizado y es una hierba aromática muy refinada. Su sabor resulta ligeramente anisado. Junto con el perejil, el estragón y el cebollino, forma la mezcla llamada "finas hierbas", tradicional en la cocina francesa. Aromatiza sopas, vinagretas, salsas (bearnesa, *gribiche),* ensaladas, verduras, hortalizas crudas, platos fríos y pescados.

perifollo

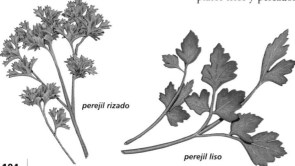

perejil rizado

perejil liso

hierbas

raíz de cilantro

semillas de cilantro

Cilantro
Coriandrum sativum

El cilantro fresco se asemeja al perejil liso y se emplea como el perejil y el perifollo. En Oriente se combina con ensaladas, sopas, salsas y bocadillos. Las semillas de cilantro, de un olor a almizcle y limón, sazonan el marisco, el pescado, el arroz, los currys, las marinadas, el *chutney* y los pasteles; además combina a la perfección con el perejil, el limón y el jengibre, y constituye un ingrediente del *garam masala*.

Hierba de limón
Cymbopogon citratus

La hierba de limón (o hierba limonera) posee un dulce sabor a limón y un bulbo firme; sólo se consume la parte más tierna, es decir, de 6 a 7 cm a partir de la base. Es muy apreciada en la gastronomía asiática y se combina a la perfección con el jengibre, el coco, el ajo, el chalote y la guindilla.

Menta
Mentha sp.

Esta hierba condimenta hortalizas (berenjena, pepino, guisantes, tomate), carne, caza y helado. Su sabor es delicioso mezclada con el limón y es muy apropiado para las vinagretas. En los países anglosajones se emplea con el cordero. La menta verde fresca envuelve los rollos de primavera y acompaña al *taboulé*. Condimenta currys, *chutneys, shish kebabs,* yogures, ensaladas, salsas y el té. La menta verde no contiene mentol, una sustancia a la que la menta piperita debe sus propiedades medicinales.

Bouquet-garni
Ramitas de perejil, laurel y tomillo, a veces completadas por un trozo de apio o puerro, entrelazadas hasta formar un manojo. El *bouquet-garni,* fresco o seco, se añade a los caldos, salsas y sopas para aromatizarlos. Este ramillete de hierbas secas se suele colocar en un pañuelo de muselina para que resulte más fácil retirarlas. Puede prepararlas uno mismo o comprarlas ya mezcladas en los supermercados.

Hierbas de Provenza
Ramillete de hierbas aromáticas que crecen en el sur de Francia, formado por orégano, ajedrea, tomillo, romero y mejorana. Perfuman los platos de la cocina mediterránea, en especial, los que llevan tomate, los guisos y la carne para asar. Aunque la mezcla puede prepararla uno mismo, también se vende en los supermercados.

menta verde

menta piperita

Levístico
Levisticum officinale

El levístico se parece al apio y fue apreciado durante mucho tiempo por sus virtudes medicinales. Su sabor es muy intenso, por lo que debe utilizarse de forma comedida. Las hojas sazonan guisos, fondos, sopas, salsas y ensaladas. Esta hierba, muy usada en Gran Bretaña y Alemania, combina en especial con la patata.

levístico

Pimpinela
Poterium sanguisorba

Hierba procedente de Europa, popular en las gastronomías francesa e italiana, cuyo sabor recuerda en parte al pepino. Sus hojas acompañan los platos de pollo y marisco y se utilizan en ensaladas, verduras, salsas y sopas, así como en marinadas y macedonias de frutas. Las hojas se comercializan frescas o secas.

Melisa
Melissa officinalis

La melisa (también denominada "toronjil") es un buen aderezo para los alimentos acres y es muy apreciada en los países asiáticos. Aromatiza los currys indios, las sopas y las salsas, y condimenta las ensaladas mixtas, el arroz, el pescado, las compotas y los zumos de frutas. En la cocina española se utiliza para perfumar la leche y las sopas. En infusión, la melisa fresca es eficaz contra el dolor de cabeza, los problemas gástricos, el nerviosismo y los mareos.

orégano

Orégano
Origanum vulgare

Variedad silvestre de la mejorana, con sabor menos intenso. Indispensable en la cocina mediterránea en la que aromatiza los platos que llevan tomate. Una ramita de orégano en una botella de aceite o vinagre le transmite su fragancia. El ramillete de hierbas llamado "hierbas de Provenza" incluye orégano.

pimpinela

melisa

hierbas

romero

Romero
Rosmarinus officinalis

El romero posee un sabor picante y perfumado muy marcado. Es muy apreciado en el sur de Francia y en Italia, donde forma parte de sopas, rellenos, salsas y marinadas. Aromatiza las parrilladas de carne de cordero, ave y caza, tanto asada como en broquetas. Aparece asimismo en el ramillete de hierbas llamado "hierbas de Provenza".

Ajedrea
Satureja hortensis

Planta originaria de la región mediterránea que proporciona fragancia al vinagre y los quesos de cabra. Realza a las mil maravillas el sabor de las legumbres, pero también de ensaladas, sopas, guisos, carnes, caza y rellenos. Es la compañera ideal del perifollo y el estragón.

ajedrea

Salvia
Salvia officinalis

El sabor picante de la salvia proporciona aroma a numerosos platos. Se emplea en Francia con carnes blancas, el asado de cerdo y las sopas de verdura; en Alemania aromatiza el jamón, las salchichas y la cerveza; en Inglaterra se añade a los rellenos y las salsas; en Italia resulta imprescindible en el *saltimbocca,* el osobuco y las pulpetas; en China acompaña el cordero asado y perfuma el té. La salvia facilita la digestión de los alimentos grasos y es famosa por sus propiedades medicinales.

mejorana

Mejorana
Origanum marjorana

El olor y el sabor de la mejorana recuerdan a la menta y la albahaca. Resulta indispensable en la cocina mediterránea, sobre todo en la gastronomía italiana y provenzal. Es ideal para aromatizar los platos compuestos por tomate, vinagreta, rellenos, verduras, pescado, legumbres, huevos, carne y ave. Se añade mejorana en el ramillete de hierbas llamado "hierbas de Provenza".

planta de la salvia

salvia molida

ajenuz

Ajenuz
Nigella sativa

Planta originaria de Asia, Oriente Próximo y Europa que en la actualidad se cultiva sobre todo en la India. Sus granos pequeños y negros, con sabor picante, suelen sustituir a la pimienta en los platos de verduras y legumbres, en las ensaladas y en los platos de ave. También llamado "neguilla", "arañuela" o "comino negro", el ajenuz se vende entero o molido en los comercios especializados.

arrayán o mirto

Arrayán
Myrtus communis

Popular en las cocinas corsa y sarda, el arrayán o mirto es un arbusto con hojas muy olorosas cuyo sabor recuerda al enebro y al romero. Acompaña las aves de caza, el jabalí, los embutidos y la bullabesa. La esencia de arrayán sirve para elaborar un licor, el nerto.

Estragón
Artemisia dracunculus

Planta aromática que ocupa un lugar destacado en la cocina francesa. El estragón aromatiza huevos, pescado, marisco, ensaladas, mostaza, vinagre y pepinillos. Con su sabor anisado, un tanto amargo y picante, condimenta los alimentos insípidos y soporta bien la cocción. Se suele combinar con el pollo pero también constituye un elemento indispensable de la salsa bearnesa. Además sazona las salsas *gribiche,* verde y tártara.

estragón

Tomillo
Thymus sp.

Planta aromática procedente de la región mediterránea, que combina bien con salsas, huevos, verduras, rellenos, carne y pescado asados. Fresco o seco, resiste la cocción y es el acompañante ideal de guisos, *civets,* sopas, *cassoulets,* adobos, salsas de tomate y caldos cortos. Resulta muy adecuado para aromatizar el vinagre y es, además, uno de los componentes del *bouquet-garni.*

tomillo

hierbas

Cebollino chino
Allium tuberosum

Este cebollino ocupa un lugar destacado en la cocina asiática. Su sabor es más marcado que el del que se cultiva en Occidente. Los bulbos contienen de 4 a 5 hojas planas de color verde oscuro. A finales de verano se suele blanquear: se retira de la luz y se cubre para que sus tallos se mantengan amarillentos. Aromatiza y decora varios platos.

cebollino chino

Cebollino
Allium schoenoprasum y *Allium tuberosum*

El cebollino es el más pequeño de la familia de la cebolla. No se recoge arrancándolo sino cortándolo con tijeras a una altura no muy cercana al suelo. Rebrota continuamente. Se recomienda el cebollino con hojas frescas, de un verde intenso, que no estén amarillas, mohosas o secas. Se suele emplear para sazonar platos muy diversos, tanto calientes como fríos. Es preferible no cocerlo y añadirlo sólo en el momento de servir.

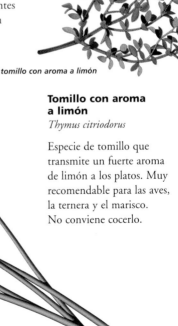

tomillo con aroma a limón

Tomillo con aroma a limón
Thymus citriodorus

Especie de tomillo que transmite un fuerte aroma de limón a los platos. Muy recomendable para las aves, la ternera y el marisco. No conviene cocerlo.

cebollino

especias

ajowán

Ajowán

Semillas de una planta originaria del sur de la India, muy aromáticas, cuyo sabor recuerda mucho al del tomillo. El ajowán se añade a los aperitivos de hojaldre, las judías secas, las tortas indias, los alimentos con fécula y los tubérculos. En Asia aromatiza el pan, la repostería y las legumbres. Se puede sustituir fácilmente por el tomillo. Se le atribuyen propiedades carminativas.

Anís verde
Pimpinella anisum

Hierba muy apreciada en Europa, el norte de África y Turquía. El hinojo, el eneldo, la alcaravea y el comino recuerdan su sabor. Las hojas del anís verde son exquisitas tanto cocidas como crudas. Los granos aromatizan pasteles, bizcochos, panes, ensaladas, sopas, verduras, pescados y aves. Se usa también en repostería y en la elaboración de licores como el pastís (Francia), el anisete (norte de África), el ouzo (Grecia), el *raki* (Turquía), el *arak* (Egipto) y el *sambuca* (Italia).

anís verde

granos de anís verde

Cinco especias

Mezcla de especias chinas preparada para aromatizar las carnes asadas, las marinadas y las aves. Consta de pimienta china, clavo de especia, hinojo, canela, cardamomo, jengibre, regaliz y anís estrellado. Esta mezcla, muy utilizada en China y Vietnam, se vende ya preparada en los supermercados y tiendas chinas en forma de polvo de un color pardusco y rojizo.

Anís estrellado
Illicium verum

El anís estrellado (o badián) es muy apreciado en China. El sabor de sus granos resulta más fuerte y picante que el del anís verde por lo que sólo unas pocas bastan para aromatizar un plato. Resulta adecuado para condimentar el cerdo, el pollo, el pato, el arroz, el café y el té, y es un componente de la mezcla llamada "cinco especias".

anís estrellado

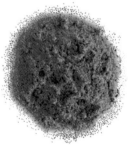

cinco especias

especias

Asa fétida

Resina seca, extraída de los rizomas de dos especies de
hinojo gigante de la India e Irán. Se usa para aromatizar
verduras, pescados y salsas indias; su olor repulsivo desaparece con la cocción. Los romanos ya la utilizaban en
la Antigüedad con fines terapéuticos; en la India aún se
prescribe para aliviar la flatulencia y curar la bronquitis.
Se encuentra en los mercados indios.

Baya de enebro
Juniperus communis

Se trata del fruto del enebro y se caracteriza por un olor
resinoso y un sabor fuerte un tanto amargo. Es muy
popular en el norte de Europa. Aromatiza las marinadas, la
caza, las aves, el cerdo, el chucrut y los patés; forma parte
de los platos *à la liégeoise* o *à la ardennaise;* y constituye un
elemento indispensable de la ginebra.

bayas de enebro

Jengibre
Zingiber officinale

Rizoma cuya pulpa es muy
aromática y picante. El jengibre fresco es un ingre-
diente básico de muchas
cocinas asiáticas. Aromatiza
salsas, carnes, pescados,
marisco, arroz, *tofu* y sopas,
y se usa en mermelada y
golosinas confitadas. En
Japón, el jengibre marinado
acompaña el *sushi* y el
sashimi. En Occidente, el
jengibre molido perfuma
pasteles, bizcochos, pan de
especias y compotas. El
aceite de esencia de jen-
gibre se emplea en la fabricación de cerveza y bebidas
gaseosas *(ginger ale).*

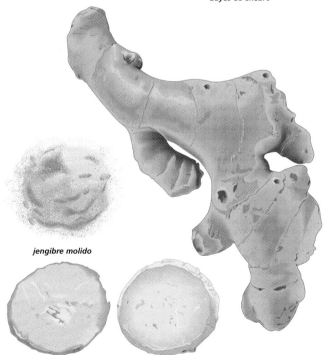

jengibre molido

trozos de jengibre fresco

especias

Canela
Cinnamomum sp.

Es la corteza seca del canelo. La canela en rama tiene un sabor más penetrante que la molida, la cual pierde sus propiedades con mayor rapidez. Esta especia aromatiza pasteles, tartas de manzana, panes, *puddings* y compotas. En varias zonas (Europa central, Italia, España y Canadá) sirve como condimento de sopas, salsas, tomate, verduras, cocidos y cuscús. En Francia y en los países nórdicos se añade al ponche caliente de vino y especias.

canela en polvo

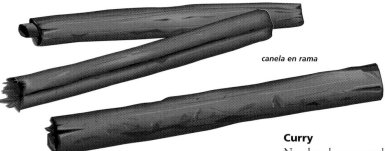

canela en rama

Especias cajún
Esta mezcla de especias, compuesta de ajo, cebolla, pimentón, pimienta negra, comino, mostaza en polvo, pimienta de Cayena, así como tomillo y orégano secos, aromatiza los guisos y los platos de arroz de Luisiana. Sirve para salpimentar la carne y el pescado antes de asarlos en la parrilla o en el horno. La composición de las mezclas que se adquieren en el supermercado puede variar.

Especias para marinadas
Mezcla de especias que se añaden a las conservas de frutas o verduras, los *chutneys* y los vinagres. Aunque las proporciones y el tipo de especias cambien de una mezcla a otra, la receta suele incluir pimienta negra, granos de mostaza blanca y de eneldo, pimientos, pimienta de Jamaica, macis, canela, hojas de laurel, clavo de especia y jengibre.

Curry
Nombre de una mezcla de especias y de los platos en los que destaca este condimento. Constituye la base de la cocina india. Contiene varios ingredientes (canela, cilantro, comino, cúrcuma, cardamomo, jengibre, nuez moscada y clavo de especia) y su sabor picante depende de la cantidad de guindilla o pimienta que contenga. Sazona platos de carne o de verduras, aperitivos, sopas, patés y salsas. Se recomienda calentar el curry en polvo en aceite o mantequilla antes de añadirlo al plato.

especias cajún

curry

especias

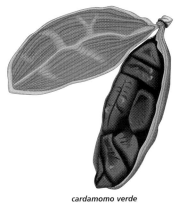

cardamomo verde

cardamomo oscuro

Hojas de limero

Hojas del pequeño limero kafir del sudeste asiático y Hawai. Se utiliza como condimento en Tailandia e Indonesia y su aroma, mezcla de verbena y hierba de limón, combina con los platos de pescado y de pollo. Se venden secas o frescas en las tiendas orientales y siempre se pueden sustituir por ralladura de limón.

Cardamomo

Elettaria cardamomum y Amomun kravanh

Posee un sabor fino y picante, y una vaina verde, oscura o blanca en función de si se ha secado al sol, al horno o se ha blanqueado. En Occidente, en especial en Escandinavia, aromatiza pasteles, bizcochos, compotas de frutas, marinadas, embutidos, vinos y licores. En Oriente infunde su olor a carnes, pescados, arroz, tortillas y postres. Es uno de los principales ingredientes del curry indio y una de las especias del *garam masala*. El cardamomo también se utiliza en Arabia para perfumar el café.

hojas de limero

Cúrcuma

Curcuma longa

Rizoma parecido al jengibre que se reduce a polvo tras su cocción. La cúrcuma también recibe el nombre de "azafrán de las Indias", pues presenta las mismas propiedades colorantes del azafrán. Muy apreciada en el sudeste asiático, condimenta sopas, salsas, ensaladas, lentejas, arroz, huevos, pescados y crustáceos. Es uno de los componentes del *garam masala,* el curry y el *chutney* indios, y de la salsa inglesa (Worcestershire).

Galanga

Rizoma nudoso grueso, muy empleado en la cocina de Tailandia, Malasia e Indonesia. Su sabor, un tanto picante, sustituye a menudo al jengibre en numerosos platos. También existe una segunda especie menos común: la galanga menor, que se come sobre todo con verduras. En las tiendas orientales, la galanga se vende en trozos frescos o secos, entera o en polvo.

cúrcuma molida

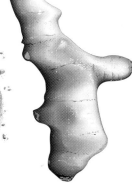

cúrcuma fresca

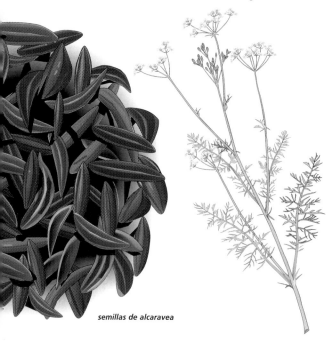

semillas de alcaravea

Alcaravea
Carum carvi

La alcaravea se caracteriza por su sabor acre y picante, menos fuerte que el del comino y más intenso que el del eneldo. Su aroma se desarrolla en los platos cocidos a fuego lento. En la India acompaña los currys, las lentejas y el arroz. En Europa del Este y Alemania se usa para aderezar los embutidos, el chucrut, el pescado, la ensalada de patatas, la repostería y la compota de manzanas. Se usa en las ensaladas, *méchouis* (cordero asado a la manera árabe) y broquetas de los países árabes.

Alholva
Trigonella foenum-graecum

Si se tuestan, las semillas de alholva dejan un gusto final de caramelo o jarabe de arce. Se cocinan como la sémola o se emplean como condimento para aromatizar sopas, verduras, pepinillos, *chutneys* y platos cocidos a fuego lento. Las semillas que germinan se utilizan para preparar ensaladas. En algunos países, las hojas y los brotes jóvenes se consumen como verduras.

Garam masala
Mezcla de especias del norte de la India que se compone tradicionalmente de comino, cilantro, cardamomo, pimienta negra, clavo de especia, laurel y canela. Existen muchas variedades picantes en mayor o menor medida que se componen de hasta 12 especias. Por lo general, las especias se tuestan y se añaden al arroz blanco y a algunos platos de carne.

semillas de alholva

alholva molida

especias

Macis
Myristica fragans

Envoltorio escarlata que protege el hueso que contiene la nuez moscada. Su sabor, menos picante e intenso que la nuez moscada, recuerda a la canela y la pimienta. Se suele comercializar en forma de láminas o en polvo. El macis se emplea en repostería, embutidos, mezclas de especias y en lugar de la nuez moscada, a la que sustituye sin problema en tortillas, besameles o purés de patata.

Comino
Cuminum cyminum

El comino posee un olor penetrante y un sabor fuerte un tanto amargo. Las cocinas árabe, india y mexicana lo utilizan en abundancia. Con el comino se aromatizan sopas, verduras, arroz, legumbres, guisos, carne de vaca, marinadas y repostería. Es uno de los ingredientes del condimento de guindilla, del curry y del *ras-el hanout*. Se trata de la reina de las especias en la cocina del norte de África, donde se emplea en los tayines y el cuscús. En Europa del Este se usa como condimento clásico del pan y de quesos y embutidos.

Mostaza en polvo
Mostaza que tradicionalmente se prepara con granos de mostaza oscuros y blancos y a la que, en la actualidad, se añade harina de trigo, cúrcuma, azúcar, sal y especias. A menudo se utiliza como conservante y por eso forma parte de marinadas, *chutneys,* sopas y guisos. Además se puede añadir a la vinagreta o a la mayonesa.

macis

clavo molido

Clavo de especia
Syzygium aromaticum

Esta especia, botón floral seco del clavero, tiene un sabor picante y un aspecto parecido a un clavo pequeño. Se añade entero al jamón. Adorna las naranjas y las cebollas de los cocidos y los asados, sazona las compotas de fruta y las marinadas, y proporciona aroma al café. Molido, aromatiza embutidos, panes de carne, postres, frutas en aguardiente y el vino caliente. Es uno de los ingredientes del pan de especias y de algunas mezclas como *garam masala,* curry, *ras-el-hanout* y "cinco especias".

115

especias

Pimentón

Polvo que se obtiene de los pimientos rojos desecados. Su color y sabor pueden ser más o menos intensos. Debe conservarse en el frigorífico y no cocerse demasiado. Esta especia se utiliza con los huevos, las aves, el marisco, la mayonesa y los quesos frescos. La variedad *paprika* resulta indispensable para el *goulash* húngaro.

Adormidera
Papaver somniferum

Estas semillas de color azul grisáceo oscuro poseen un sabor a avellana que aumenta con la cocción y sirven para aromatizar panes, repostería (en Turquía, Egipto y Europa central), pastas, ensaladas de patata, quesos y marinadas.

Nuez moscada
Myristica fragrans

La nuez moscada molida pierde su sabor con rapidez, por lo que se aconseja comprarla entera y rallarla al utilizarse. Esta especia combina bien con los productos lácteos. Aromatiza los platos de patatas, huevos y queso, las salsas, las compotas y los postres. Asimismo perfuma algunas bebidas. Se le atribuyen propiedades estimulantes, digestivas y carminativas.

nuez moscada

Pimienta
Piper nigrum

Los granos de pimienta verde, negra o blanca corresponden a diferentes estadios del proceso de maduración. La verde se vende curada en salmuera, en vinagre o seca. La negra es más picante. La rosada procede de una especie distinta: una baya deshidratada de sabor delicado. Hay que comprarla en grano y molerla en el momento de su uso. Los granos enteros aromatizan los embutidos, los caldos cortos, las marinadas, los patés y los quesos.

pimienta rosa

pimienta molida

pimienta negra

pimienta verde

pimienta blanca

especias

Pimienta china

Pequeño fruto desecado, de color rojo amarronado, procedente de una especie de fresno chino; también se le denomina "pimienta de Sichuán", "pimienta rosa" o "fagara". Las bayas, de un sabor picante, sazonan los platos de carne y de ave. Antes de ser utilizadas suelen tostarse y se les extrae la semilla negra y amarga del centro. Se comercializa en los mercados chinos.

Regaliz

No debe confundirse con el anís verde. El regaliz se extrae de las raíces de una planta vivaz del sur de Europa y se emplea sobre todo en la elaboración de todo tipo de pastillas y jabones. También puede servirse como infusión. En Escandinavia y Rusia forma parte de la composición de aperitivos, licores y cervezas. También existe en forma de extracto o en polvo en las tiendas especializadas.

Regaliz

Zumaque

Bayas cuyo color oscila entre el color rojo y el pardo o el violeta, y que proceden de un arbusto de la región mediterránea. Su sabor, un tanto acidulado, recuerda al limón y es muy apreciado en Líbano, Siria, Turquía e Irán, donde decora algunos platos de pescado y ensaladas (entre las que destaca la deliciosa *fattouch*). Las bayas se comercializan en polvo o enteras en las tiendas orientales.

Semillas de apio
Apium graveolens

Minúsculas semillas aromáticas que proceden del apio, cuyo sabor, un tanto acre, perfuma numerosos platos. Enteras o en polvo, se añaden a sopas, salsas y guisos y también pueden emplearse en el pan y en algunos bizcochos salados. Aromatizan asimismo alimentos variados como zumos de tomate, canapés, condimentos y tortillas.

Azafrán
Crocus sativus

Variedad del croco cuyas flores producen tres filamentos que se recogen a mano y luego se secan. Es la especia más cara. Le aconsejamos que lo compre en filamentos y no en polvo (pues suele contener aditivos) y que lo moje en un líquido caliente antes de añadirlo a los alimentos. Sazona y da color a las sopas, guisos, arroz, currys, cuscús y repostería, y es indispensable para platos como la bullabesa, la paella y el arroz a la milanesa.

Ras-el-hanout

Fragante mezcla de especias marroquí que puede estar formada por hasta cincuenta ingredientes. La receta contiene tradicionalmente una sustancia afrodisiaca, flores secas (botones de rosa y lavanda) y una mezcla de cardamomo, nuez moscada, galanga, pimienta, canela, clavo de especia, jengibre, cúrcuma y guindillas. Se vende molido o entero y acompaña la caza, el cuscús, el arroz y los tayines de cordero.

Semillas de apio

especias

Guindilla
Capsicum sp.

La guindilla, fruto de plantas originarias de Sudamérica y Centroamérica, se introdujo en Europa a finales del siglo XV, tras los viajes de Cristóbal Colón. Su sabor picante, incluso ardiente, se debe a la capsicina, sustancia que estimula la salivación y activa la digestión. Para atenuar su efecto picante, es preferible ingerir yogur, pan, arroz hervido, azúcar o dulces, que son mucho más eficaces que el agua ya que la capsicina no se disuelve en ella y sí en los alimentos grasos. La guindilla es más un condimento que una verdura. Normalmente se seca, se marina o se cocina y, a continuación, se tritura, pues de esa forma se garantiza una sazón más uniforme de los alimentos. Sirve para aderezar una gran variedad de alimentos y forma parte de la composición de múltiples condimentos. La guindilla molida es también un componente del curry en polvo y del ketchup. Para rebajar el sabor picante de las guindillas no deben consumirse ni las pepitas ni las membranas blancas interiores. Si las toca durante su preparación, evite que las manos entren en contacto con la cara, los labios y los ojos, pues puede sufrir irritaciones. Sea prudente con las cantidades y utilícelas en pequeñas dosis porque su sabor aumenta durante la cocción. Una forma "segura" de sazonar un plato con guindilla consiste en saltear una en el aceite que después se empleará para cocinar. Las guindillas se secan con facilidad y se conservan de este modo durante un año como mínimo. Introduzca la guindilla en polvo en un recipiente hermético y consérvelo en un lugar oscuro, seco y fresco.

guindillas de primavera

guindillas secas

guindilla serrano   *guindilla de Tabasco*

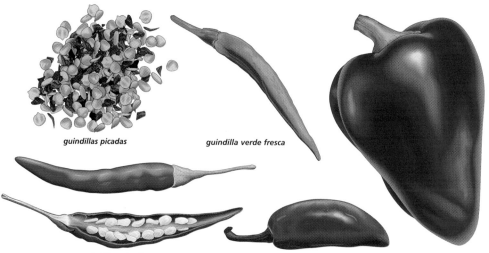

guindillas picadas   *guindilla verde fresca*

guindillas rojas frescas   *jalapeño*   *pimiento morrón*

especias

Pimienta de Cayena

Mezcla de guindillas rojas secas y molidas, con sabor picante, que puede incluir una o diversas variedades de guindillas de forma alargada y delgada. Se utiliza mucho en Latinoamérica y en la India. Es un componente de la salsa Tabasco®, del condimento de guindillas y del curry. Una pizca basta para aderezar todo un plato.

Pimienta de Jamaica
Pimenta dioica

Esta especia, originaria de Centroamérica y Sudamérica, se comercializa en grano o molida. La pimienta de Jamaica sazona la carne asada, la caza y las marinadas, y aromatiza salsas, compota de manzanas, pasteles de frutas, flanes y arroz. Algunos licores como el Chartreuse y el Bénédictine se elaboran con esta especia.

pimienta de Jamaica molida

Condimento de guindillas

Mezcla de especias a base de guindillas secas y molidas que puede incluir, además, pimienta, comino, orégano, pimentón, clavo de especia y ajo. El sabor picante de las guindillas empleadas determina la fuerza de la mezcla. El condimento de guindillas aromatiza y da color al arroz y la pasta.

salsas y condimentos

Rábano rusticano
Armoracia rusticana

Planta, con una raíz parecida a la chirivía, que se come cruda, marinada o cocinada y se usa sobre todo como condimento. El rábano rusticano picado forma parte de salsas, vinagretas y preparados para bocadillos; en salsa añade sabor a los guisos, pescados ahumados y marisco. Acompaña las patatas, la remolacha, el apio, los embutidos y los huevos. Su sabor puede suavizarse añadiendo nata o yogur.

raiz de rábano rusticano

rábano rusticano rallado

salsas y condimentos

Tamarindo
Tamarindus indica

Fruto del árbol del mismo nombre que suele venderse en pasta instantánea o prensada en un bloque compacto. Se utiliza fresco, seco, confitado, curado en salmuera, en zumo, en pasta o en almíbar, y sirve tanto de alimento como de condimento. Se añade a salsas, marinadas, guisos, pasteles y golosinas; y acompaña la carne, la caza y el pescado. Su acidez acentúa el sabor de la fruta. También se recurre a él para preparar mermeladas, *chutneys* y bebidas.

vainas de tamarindo

semillas de tamarindo

Alcaparra
Capparis spinosa

Botón floral del alcaparro que se comercializa macerado en vinagre, curado en salmuera o conservado en vino. Cuanto más pequeña, más delicado es su sabor y más intenso su aroma. Su sabor agridulce combina bien con mayonesas, ensaladas y salsas frías como la salsa remolada. Es básico en el *steak tartare*. La mezcla de alcaparras, aceitunas y cebolla caracteriza la cocina meridional.

Miso
Pasta fermentada, normalmente muy salada, elaborada con grano de soja y utilizada como condimento. Su sabor, color y textura varían bastante y puede añadirse a casi todo. Sustituye igual de bien a la sal que al café: la sopa de *miso* forma parte del almuerzo de los japoneses. Este alimento nutritivo es un excelente estimulante que carece de los efectos secundarios del café.

Wasabi
Condimento de color verde, con un sabor muy picante, que procede de la raíz de una planta del Japón. El *wasabi,* también llamado "malvarrosa de las montañas" o "rábano japonés", entra en la composición del *sashimi* (plato japonés de pescado crudo) y del *sushi* y decora varios platos de pescado o carne. Se vende en polvo o en pasta en las tiendas orientales.

Tamari
De origen japonés; se elabora exclusivamente de soja o de torta de soja, sin cereal. Es consistente y oscuro, y se utiliza como la salsa de soja, pero su contenido de sal es algo menor.

miso de arroz

wasabi

salsas y condimentos

Concentrado de tomate

Pasta espesa que se obtiene del jugo concentrado de tomate por acción de una cocción lenta *(coulis* de tomate); se utiliza mucho en salsas y guisos. Disponible en conserva o en tubo en los supermercados, aunque también puede prepararlo uno mismo. El concentrado de tomate también recibe el nombre de puré de tomate o pasta de tomate.

Coulis de tomate

Puré de tomate de consistencia más o menos espesa, a base de tomates triturados, ajo, cebolla, chalotes y hierbas aromáticas. El *coulis* de tomate, frío o caliente, con frecuencia hace las veces de salsa en los platos de pescado y de verdura. Aunque es mejor si se sirve recién preparado, se puede congelar hasta dos meses.

coulis de tomate

Tahini

Pasta espesa, dulce y cremosa, preparada con semillas de sésamo molidas. Su sabor agradable a avellana es un buen acompañante de las broquetas y el pan, aromatiza verduras y frutas y sazona las salsas. Componente básico del *humus,* también se utiliza en pasteles y bizcochos, en los que puede sustituir a la mantequilla de cacahuete. Constituye una fuente de calcio y fósforo excelente y se adquiere en las tiendas orientales.

Harissa

Condimento a base de guindilla, muy apreciado en Oriente Próximo y el norte de África. Se basa en un puré de guindillas rojas, pimienta de Cayena, aceite, ajo y especias (cilantro, menta, alcaravea), y constituye un condimento indispensable del cuscús. Aumenta el sabor de las sopas, ensaladas, carnes, pescados, arroz, salsas y mayonesas, y se utiliza tal cual o diluido en caldo o aceite de oliva y limón.

humus

Humus

Condimento libanés a base de garbanzos, aceite de sésamo, ajo, zumo de limón, aceite de oliva y, a veces, soja fermentada. Normalmente se sirve como salsa en los aperitivos o con hortalizas crudas, pero también puede acompañar otros alimentos como el pollo. Se adquiere fresco en las tiendas especializadas, aunque puede elaborarse con garbanzos en conserva.

tahini

harissa

salsas y condimentos

Sal

Sustancia compuesta de sodio y cloro. Para algunos, el sabor de la sal marina (de color grisáceo) es más puro que el de la sal gema. Es un buen conservante (embutidos, marinadas, quesos, pescados) y estabiliza el color, el sabor y la textura de los alimentos (en especial de las verduras) y controla el desarrollo de las levaduras (pan, pasteles, bizcochos). En exceso repercute negativamente en la salud.

sal de mesa

sal marina

sal gorda

Ketchup

Salsa anglosajona, espesa, con sabor agridulce, más o menos fuerte, cuyo ingrediente principal suele ser el tomate. Es muy apreciado con la carne asada y las patatas fritas, sazona las salsas y los guisos y combina a la perfección con las croquetas de pescado, los huevos, el arroz y las pastas. Debido a su gran cantidad de azúcar, el ketchup constituye una fuente considerable de calorías.

Chutney con mango

Condimento de origen indio a base de mangos frescos, azúcar y vinagre. Esta mermelada espesa con sabor agridulce suele condimentarse con comino, cardamomo, ajo y guindilla. Muy apreciado en la cocina india, también puede untarse en pan para acompañar el queso, la carne fría y las ensaladas. Se vende en los buenos supermercados y en establecimientos especializados.

Salsa de guindilla

Salsa roja y anaranjada, espesa y picante, elaborada a partir de guindilla, azúcar, vinagre, ajo y especias, que se utiliza para espesar las salsas. En la cocina china se utiliza como condimento y en Centroamérica mejora el sabor del guacamole y del pescado. Se puede encontrar en cualquier supermercado.

salsas y condimentos

Pasta de gambas

Pasta grisácea, espesa y cremosa, compuesta de gambas saladas fermentadas y secadas al sol. Su fuerte sabor a marisco suele acompañar los platos asiáticos y realza el sabor de sopas y asados. Una vez abierto el envase, cúbralo con una capa muy fina de aceite vegetal para evitar su oxidación. La pasta de gambas se adquiere en las tiendas orientales.

Salsa de soja

La salsa de soja tradicional, condimento fundamental de las cocinas asiáticas, se fabrica con semillas de soja y una mezcla de harinas de trigo. La salsa que se vende en los supermercados es, con frecuencia, un producto sintético que no posee el mismo valor nutritivo ni el mismo sabor. La salsa de soja sustituye a la sal, sirve para marinar o como *dip,* y sazona y da color a los alimentos. Aromatiza el *tofu.* Su contenido de sal es elevado.

Salsa inglesa

Esta salsa, comercializada con el nombre de Worcestershire, se basa en la soja y procede de Inglaterra, desde donde se ha hecho famosa en todo el mundo. Suele contener vinagre, melaza, salsa de boquerón, chalotes y azúcar, aparte de una lista de ingredientes secretos que varía según el cocinero. Utilizada con moderación añade sabor a las carnes a la brasa, los crustáceos, los pescados y las aves, y acompaña las sopas y los caldos, la vinagreta y la mayonesa.

Leche de coco

La leche de coco procede de la trituración de la pulpa del coco. En las cocinas asiáticas tiene un uso tan variado como el de la leche de vaca; en la cocina india se emplea, sobre todo, para preparar currys y salsas y en la cocción del arroz, las sopas y las marinadas.

Salsa Tabasco®

Salsa muy picante, inventada y patentada en Luisiana. Las guindillas rojas de Tabasco se trituran, se dejan macerar con sal en toneles de roble y pasan más tarde al vinagre antes de ser filtradas. La salsa Tabasco® se conserva durante largo tiempo y aromatiza sopas, salsas, *dips,* judías, guisos, carne, aves y marisco. Tan sólo unas gotas condimentan todo un plato.

salsa inglesa

123

salsas y condimentos

Salsa de judías negras

Especialidad china elaborada a partir de judías negras, secas y fermentadas, agua y harina de trigo, que se usa en China desde hace siglos. Diluida sirve para marinar las carnes rojas y el pollo, pero también se usa tal cual para acompañar la carne y las verduras. Esta salsa se vende en los mercados orientales y tiendas especializadas, y constituye una excelente fuente de proteínas.

Salsa de pescado

Salsa muy popular en la cocina del sudeste asiático, obtenida a partir de la fermentación de pescados salados, en general boquerones o caballa. Muy salada y rica en proteínas, añade un sabor delicado a los platos de carne, pescado y verdura. Las más conocidas son el *nam plat* tailandés y el *nuoc mam* vietnamita.

Sambal ulek

Salsa indonesia de múltiples usos, con sabor muy picante, preparada con guindilla roja, cebolla rallada, lima, sal, vinagre y azúcar. Resulta esencial en la cocina indonesia, en la que se utiliza como aliño, condimento o salsa para los aperitivos. Se adquiere en establecimientos especializados. Por extensión, el *sambal* también designa los platos en los que se emplea esta salsa.

Salsa de ostras

Especialidad cantonesa, compuesta principalmente por ostras fermentadas, fécula de maíz y caramelo. Como condimento acentúa el sabor natural de los alimentos y sazona las carnes, pescados, verduras y pastas. Disponible en las tiendas asiáticas, se conserva de forma indefinida en el frigorífico y constituye una fuente de vitamina B_{12}.

sambal ulek

salsa de ostras

salsas y condimentos

Salsa de ciruelas

Salsa china de color amarillo anaranjado, semitransparente y viscosa, a base de ciruelas cocidas, azúcar y condimentos. Su sabor agridulce acompaña la comida frita o asada y combina bien con la carne de cerdo y el pato asado. Se considera uno de los condimentos chinos más antiguos y se vende en todas las tiendas de comestibles.

Salsa hoisin

Salsa espesa de un marrón rojizo, muy popular en la gastronomía china y el sudeste asiático. Se elabora con semillas de soja fermentadas, guindillas secas y especias; con ella se obtienen excelentes marinadas para carnes y aves, acompaña los asados y, ya de manera tradicional, el famoso pato de Pekín. A la venta en cualquier establecimiento de alimentación.

Mostaza

Brassica y Sinapis sp.

Conocida como condimento, es una planta de hojas comestibles (fuente de vitamina C, A, hierro y potasio). El condimento se obtiene por maceración de los granos en un líquido (vino, mosto, vinagre o agua) y su reducción a pasta. Acompaña el conejo, cerdo, pollo y algunos pescados antes de la cocción; es asimismo la base de salsas como la vinagreta, la mayonesa y la salsa remolada. Los granos enteros aromatizan marinadas, salsas y currys.

mostaza de Dijon

Mostaza de Dijon

Esta mostaza, con Denominación de Origen registrada desde 1937, fuerte, de un amarillo pálido, se elabora con granos negros o pardos, agua, vino blanco, agraz (zumo de uva verde), sal y especias. Es una buena acompañante para todas las carnes; además, se emplea en la preparación de salsas como la mayonesa o la vinagreta. Ya en el siglo XIV, Dijon contaba con la reputación de ser la capital francesa de la mostaza.

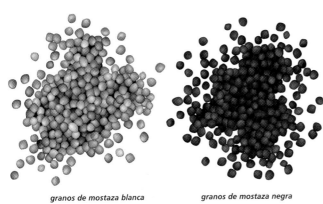

granos de mostaza blanca   *granos de mostaza negra*

salsas y condimentos

Mostaza de Meaux

También denominada "mostaza a la antigua", procede de la ciudad de Meaux (Francia) y se prepara a partir de una mezcla de granos negros o pardos, triturados gruesos, lo que le confiere una textura granulosa y un color pardoamarillento. Esta mostaza dulce, que suele prepararse con vinagre y una mezcla de hierbas y especias, es un tanto picante y acompaña muy bien carnes frías, embutidos y parrilladas.

Mostaza alemana

Mostaza agridulce, de color oscuro y un poco azucarada. Se aromatiza con hierbas y especias, y su sabor resulta ideal para salchichas y carnes frías. Existen distintas variedades de mostazas alemanas, pero todas se preparan con granos negros o pardos, vinagre de vino y caramelo. Suelen caracterizarse por un sabor fuerte en mayor o menor medida.

Mostaza inglesa

Mostaza amarilla muy fuerte, procedente de una mezcla de harina a base de granos pardos y blancos. Se vende ya preparada o en polvo, e incluye harina de trigo y cúrcuma, la cual le proporciona su color característico. Acompaña tradicionalmente el rosbif y el jamón. Para preparar una pasta, añada agua fría y deje reposar la mezcla durante 15 minutos.

Mostaza americana

La mostaza preparada a la americana se obtiene de granos de mostaza negros y blancos, vinagre, azúcar y especias, de entre las cuales la cúrcuma le confiere ese color amarillo chillón. Su consistencia es bastante líquida. Goza de gran popularidad en América, y en especial en Estados Unidos y Canadá, donde acompaña los perritos calientes y las hamburguesas.

Vinagres

El vinagre es un líquido que se obtiene por la transformación de una solución con alcohol en otra de ácido acético. Sirve como condimento y sazona vinagretas, mayonesas y mostazas. Su acción acidificante impide la oxidación de las frutas y verduras, retrasa la acción de las enzimas que destruyen la vitamina C, prolonga la duración de los alimentos en maceraciones, marinadas y conservas, y proporciona a los alimentos un sabor agridulce.

vinagre de vino tinto   *vinagre de vino blanco*

Vinagre de vino

Vinagre obtenido por la fermentación del vino. El de vino blanco es excelente para el pescado, los crustáceos y las salsas finas como la holandesa y la bearnesa; el de vino tinto realza el sabor de los alimentos insípidos y es un buen acompañante del hígado de ternera y los aliños de carnes rojas.

Vinagre aromatizado

Vinagre con hierbas aromáticas y especias.

Vinagre balsámico

Famoso vinagre elaborado con uva blanca azucarada que envejece durante 4 ó 5 años en toneles de madera. El vinagre de entre 10 y 40 años posee un sabor indescriptible. Este vinagre, de color pardo oscuro, es poco ácido, por lo que se considera más un condimento que vinagre. Se utiliza para ensaladas y alimentos calientes (carnes asadas y salsas). Un chorrito de vinagre en las fresas produce resultados sorprendentes.

Vinagre de arroz

Muy apreciado en la cocina asiática, se elabora con vinos de arroz agrios y fermentados. El vinagre de arroz japonés es suave, mientras que el chino, que puede ser blanco, rojo o negro según la variedad del arroz utilizado, posee un sabor más picante. Los vinagres de arroz suelen incluir jengibre, copos de bonito seco, pimientos, semillas de sésamo, cebolla, rábano y mostaza. Condimenta hortalizas crudas, sopas y platos agridulces. Forma parte, además, de los ingredientes de muchas marinadas.

Vinagre de jerez

Este vinagre, al igual que el vino del que se elabora, procede de Andalucía. Posee un hermoso color caramelo, se añeja durante mucho tiempo en toneles y se emplea sobre todo en la producción de vinagretas, en las que se combina a la perfección con los aceites de nuez. Si se pasteuriza, se conserva de forma indefinida.

vinagre de arroz

Vinagre de malta

Vinagre fuerte que se obtiene a partir del jugo de cebada germinada, muy apreciado en Gran Bretaña y en el norte de Europa. Como resulta demasiado fuerte para las vinagretas, se usa normalmente en la preparación de verduras con vinagre (pepino y cebollas tiernas) y *chutneys*. El vinagre de malta es incoloro; el de color pardo lleva caramelo como colorante.

Vinagre de sidra

Vinagre de sabor fuerte y picante que se elabora a partir de la sidra. Demasiado fuerte para ensaladas, se usa en especial para desglasar y para acompañar el pescado y el marisco. El vinagre de sidra puede usarse como sustituto del vinagre de arroz en la cocina china y para las conservas de frutas en vinagre. Se le atribuye una acción beneficiosa contra la artritis.

Mirin

Vino de arroz japonés, dulce, con escaso contenido en alcohol, creado para añadir sabor a los platos japoneses. Por lo general, el *mirin* se combina con salsa de soja, azúcar y *sake* para dar lugar a salsas oscuras y caldos. Disponible en las tiendas asiáticas, se conserva de manera indefinida, incluso una vez abierto. La mayoría de las veces se reduce antes de emplearse.

Sake

La bebida nacional de Japón es un vino que se obtiene de arroz fermentado. En la cocina se usa como ingrediente de marinadas y salsas *(teriyaki)*. Como bebida se consume templado o caliente.

Vino blanco

Vino que se obtiene de la fermentación de uva blanca o uva negra con mosto blanco. Los hollejos de la uva se suelen separar del mosto antes de la fermentación del vino. El blanco se combina a la perfección con platos de moluscos y crustáceos, aves, algunas aves de caza, jamón, ternera y pescado.

Vino tinto

Vino obtenido de la fermentación de la uva. El hollejo y las pepitas se guardan durante la fermentación del vino pues son los que dan color y tanino al vino. Suele emplearse para desglasar y preparar salsas y acompaña, entre otros, la carne roja, los despojos y el famoso *coq au vin* (gallo al vino).

vino blanco

vino tinto

Madeira

Vino encabezado que lleva el nombre de la isla portuguesa en la que se elabora y es muy apreciado como aperitivo o licor en Gran Bretaña, Estados Unidos y el norte de Europa. Se utiliza principalmente para preparar salsas. Se produce a partir de cuatro cepas distintas, cuyo sabor oscila entre dulce y seco, y tiene la reputación de ser eterno (puede superar el siglo con facilidad).

Oporto

Vino encabezado de Portugal, más o menos suave en función del momento en que se ha interrumpido la fermentación. Al igual que el madeira, forma parte de la elaboración de salsas y sopas y se utiliza en los platos de jamón, caza, aves y despojos. El oporto *vintage* procede de una sola cosecha, cuyo año lleva especificado en la etiqueta, mientras que el resto de oportos son una mezcla.

Coñac

Aguardiente de vino que lleva el nombre de una pequeña ciudad francesa y procede de la destilación doble de vinos blancos elaborados con cepas seleccionadas. Su maduración en barricas de roble del Lemosín le confiere su incomparable buqué. Se emplea para flambear platos con salsa, maceraciones y postres como por ejemplo crepes, sabayones, frutas en alcohol y dulces.

Ron

Aguardiente elaborado con caña de azúcar, planta originaria de las Antillas y la isla de la Reunión. El ron proviene en su mayoría de Jamaica, Puerto Rico y Martinica y, según su lugar de procedencia, será ligero y aromático en mayor o menor medida. El ron se utiliza, entre otros, en ponches, repostería y ensaladas de frutas, y acompaña el pollo, el cerdo y algunos pescados.

madeira

oporto

Grand Marnier

Marca comercial de un licor untuoso a base de ralladura de naranjas verdes y coñac que es muy usado en repostería. La destilación de la ralladura de las naranjas maceradas produce un alcoholato de naranja que se mezcla con coñac o aguardiente de vino. La mezcla, envejecida durante varios meses en toneles de roble, se filtra y se azucara.

Cerveza

La bebida más extendida del mundo se fabrica con agua, malta (cebada desecada) y lúpulo fermentado. Existen varios tipos de cervezas que se diferencian por el color (de rubio pálido a marrón oscuro casi negro) y el sabor. La cerveza forma parte de la preparación de varios platos como sopas, guisos y pescados, y puede sustituir a la levadura en buñuelos y crepes.

Jerez

Vino encabezado de Andalucía, que se bebe como aperitivo. Llamado *sherry* en inglés, se prepara con uva seleccionada a mano, que fermenta durante tres meses en bodegas ventiladas y, después, envejece en toneles. Los tipos de jerez oscilan entre el muy seco y el más suave. Se usa en postres, salsas y guisos. Una vez abierto, el jerez se estropea con gran rapidez.

cerveza

café

El café es la semilla del cafeto. Dos variedades del género *Coffea* dominan el mercado: *Coffea arabica,* la más antigua y conocida (en torno a un 75% de la producción) y *Coffea robusta.* Ambas poseen un sabor, un aroma y unas características –por ejemplo, el contenido de cafeína– que les son propias.

El café que se comercializa en el mercado internacional es verde, es decir, sin tostar, pues de esta manera se conserva mucho tiempo sin que pierda su sabor. Antes de la torrefacción (tueste en seco y a altas temperaturas), procedimiento esencial con el que aparecen el sabor y el aroma del café, se tienen que seleccionar y mezclar las diferentes variedades y tipos de café.

La duración de la torrefacción aumenta el sabor amargo del café pero disminuye su acidez. El color de los granos tostados depende de la duración del proceso: los pardos se someten durante menos tiempo a ese proceso que los marrón oscuro o los negros.

El café pierde enseguida su aroma y sabor, sobre todo si se muele y se guarda en un recipiente que no sea hermético; por eso resulta aconsejable comprarlo en un envase al vacío y en pequeñas cantidades que respondan a las necesidades inmediatas.

El café se utiliza mucho en dulces y en repostería para preparar diversos postres, entre los que destacan: pasteles de moca, *éclairs,* glaseados, helados y el café *liégeois* (café frío con helado). Para que los alimentos a los que se añada tengan más sabor, se prepara muy fuerte reduciendo a la mitad la cantidad de agua habitual. El café también se emplea en destilerías para aromatizar diversos licores.

granos molidos   *granos verdes (sin tostar)*   *granos tostados*

Café descafeinado

Café al que se le ha quitado la mayor parte de la cafeína mediante un disolvente antes de la torrefacción. Para obtener un café descafeinado al 97%, se tiene que repetir el proceso hasta 24 veces. La torrefacción hace que desaparezca cualquier resto de disolvente utilizado. El método suizo llamado de descafeinación natural es menos popular por su coste más elevado; los granos se ponen en remojo en agua caliente para que la cafeína se concentre en la superficie.

Café instantáneo

Café molido al que basta con añadir agua para que se forme de inmediato la bebida. Los granos que se utilizan para este tipo de café suelen ser de menor calidad, con frecuencia de la variedad *robusta*. El café instantáneo se aromatiza, en ocasiones, con un extracto de café concentrado.

Robusta
Coffea robusta

Los granos de esta variedad son más pequeños, con un sabor menos refinado y más acre que los de la *arabica;* su contenido de cafeína es mayor, en torno al 2%. Recibe este nombre porque procede de plantas más resistentes a las enfermedades y al calor que la otra variedad. Se cultiva sobre todo en África y su precio es más barato.

Arabica
Coffea arabica

Estos granos de tamaño medio y alargados producen un café de sabor suave, fino y de aroma intenso. Es uno de los más apreciados y contiene una cantidad exigua de cafeína: sólo un 1%. La especie *arabica* se cultiva sobre todo en Arabia, Etiopía, Brasil, México, Colombia y en algunas regiones montañosas de Asia y África, en especial Kenia.

té

Hojas secas del arbusto llamado también té. Después del agua es la bebida más consumida. Los mejores proceden de la yema terminal llamada *pekoe* y de las dos hojas que le siguen. El término *pekoe* no designa una variedad de té, sino la parte de la planta de la que provienen. Las hojas de té experimentan diversos tratamientos previos a su consumo. Según el procedimiento utilizado obtendremos té negro (fermentado), té Oolong (semifermentado) o té verde (sin fermentar).

Su compra a granel resulta más económica que en bolsitas y, además, suele ser de mejor calidad porque las hojas están completas.

El té se conoce sobre todo como bebida caliente que se toma sin aditivos o acompañada con azúcar, leche, limón, menta, naranja, vainilla o clavo de especia. Presenta unas tradiciones muy distintas según los países, tanto en la preparación como en la degustación. También puede beberse frío; en Norteamérica, en particular, se sirve de esta manera en grandes cantidades. Al igual que el café, el té aromatiza algunos alimentos, en concreto los sorbetes y la repostería. Las ciruelas pasas y otros frutos secos mojados en té frío adquieren un sabor muy agradable. El té verde sirve para aromatizar las pastas *soba*.

Té Oolong
Té procedente de Taiwan que se halla en su punto medio de fermentación. El sabor de sus hojas, de un verde grisáceo, es más intenso que el del té verde pero más delicado que el del té negro.

Té negro
El té negro supone más del 98% de la producción mundial. Se trata de un té fermentado que producen mayormente Sri Lanka, India y China. Los tés de la India, muy aromáticos, incluyen el té Darjeeling.

té Oolong

Té verde
Té producido sin fermentación: se calienta durante varios minutos al vapor, después se enrolla y se seca como el té negro. Se tuesta en cuanto se recoge. El té verde es más astringente que el negro y muy apreciado en China, Japón y los países musulmanes.

tisanas

Infusión de plantas comestibles o hierbas aromáticas secas. Las tisanas se ingieren normalmente calientes, aunque algunas, frías, saben deliciosas (escaramujo o verbena). A las tisanas se les atribuyen propiedades tranquilizantes, digestivas, tónicas o curativas.

Verbena
Herbácea europea cuyas hojas secas se utilizaban antaño para curar depresiones nerviosas y úlceras. En la actualidad se usa la planta entera para preparar infusiones con propiedades digestivas y sedantes. No hay que confundirla con la verbena-toronjil, arbusto que sustituye con frecuencia a la hierba de limón en la cocina y se emplea en la fabricación de licores y perfumes.

verbena

Tila
Flores olorosas del tilo que se utilizan secas para preparar infusiones con propiedades calmantes, sedantes y relajantes. Puede usarse asimismo en la cocina para aromatizar helados y dulces, y realzar el sabor de ciertas salsas con nata. Además proporciona un agradable aroma al pollo y al pescado preparados al vapor.

Manzanilla
Planta que crece en estado silvestre por toda Europa y algunas zonas de América. Sus flores aromáticas, semejantes a margaritas, se utilizan junto con las hojas para preparar infusiones con propiedades digestivas y calmantes. Muy utilizada en la industria farmacéutica para la producción de cremas, lociones y champús con propiedades suavizantes.

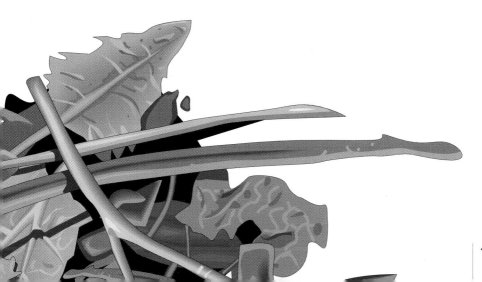

productos lácteos

leche

El término "leche" sin especificación alguna suele referirse a la leche de vaca. Se vende pasteurizada y homogeneizada y ocupa un puesto importante en la cocina de varios países, en especial de los occidentales, pues en Asia y África su consumo es mucho menos habitual.

La leche forma parte de la composición de numerosos alimentos, sobre todo sopas y caldos, salsas –como la besamel–, crepes, pasteles, repostería –como flanes, natillas, cremas o dulces de cocina–, purés y otras preparaciones. Hay que tener en cuenta que la leche hierve con facilidad. Es preferible calentarla a fuego lento –y si es posible al baño María–, pues se derrama en cuanto alcanza el punto de ebullición, se queda pegada en el fondo del recipiente y crea un poso que tiende a oscurecerse.

Sus proteínas son extraordinarias. Difícilmente se puede encontrar un alimento que aporte tanto calcio.

Leche homogeneizada
Leche que contiene grasa introducida a presión a través de pequeñas aberturas. Los glóbulos grasos, divididos en partículas, quedan suspendidos en el líquido y no pueden concentrarse en la superficie de la leche.

Leche entera
Leche con un 3,5% de materia grasa y enriquecida con vitamina D. Si no está homogeneizada, se forma una capa de nata en la superficie.

Leche pasteurizada
Leche calentada hasta el punto de ebullición para destruir la mayoría de las bacterias patógenas. Este método facilita la conservación del sabor, el color y los nutrientes, como la tiamina, la vitamina B_{12} y la lisina.

Leche evaporada
Tipo de leche de la que se extrae casi un 60% del agua por evaporación al vacío. Contiene un 7,5% menos de materia grasa y un 25,5% de sólidos lácteos. Su color resulta más oscuro que el de la leche ordinaria y presenta un sabor más dulce. Está enriquecida con vitaminas D y C. Si se trata de leche desnatada o semidesnatada, también se le añade vitamina A.

Leche desnatada
Contiene un máximo de 0,3% de materia grasa y se añade vitamina A y D para compensar las pérdidas que supone la eliminación de esos componentes de la leche.

Leche semidesnatada
Leche que contiene entre un 1% y un 2% de materia grasa. Presenta casi el mismo valor nutritivo que la leche entera excepto la grasa. Se suele añadir vitaminas A y D.

Leche cruda
Leche sin tratar cuya venta es ilegal en Canadá, varios estados de Estados Unidos y en numerosos países europeos. El consumo de esta de leche resulta arriesgado porque es muy propicia para la multiplicación de las bacterias.

Leche de cabra

Leche más blanca que la de vaca y de sabor más fuerte. Su materia grasa contiene menos colesterol que la leche de vaca entera y resulta más digerible.

Leche condensada

Leche entera concentrada que contiene entre un 40% y un 45% de azúcar e incluye un 8% de materia grasa y un 28% de sólidos lácteos. Posee muchas calorías y es rica en materia grasa. La adición de vitamina D es opcional; la A, en cambio, constituye un componente obligado. La leche condensada sirve para preparar múltiples postres y golosinas.

Batido de leche

Leche a la que se ha añadido un ingrediente que le proporciona sabor. El más conocido es, sin duda, el batido de chocolate, aunque existen otros como la leche malteada, las leches con aroma de frutas o de vainilla, y las bebidas con leche que contienen zumo de frutas.

Leche glaseada

Contiene menos materia grasa que el helado (entre un 2% y un 7%) y su contenido de azúcar es casi igual o incluso más alta. A veces resulta menos untuosa y sabrosa. La leche glaseada con vainilla suave contiene mucha vitamina B_{12}.

Leche microfiltrada

Leche tratada con un procedimiento de filtrado que permite eliminar el 99,9% de las bacterias de la leche y aumentar la conservación de la leche sin disminuir su valor nutritivo.

Leche UHT

Leche envasada en recipientes asépticos y herméticos. Dentro del envase se conserva a temperatura ambiente durante tres meses. Una vez abierta debe consumirse en los días siguientes, con mayor rapidez que el resto de las leches.

Leche en polvo

Leche deshidratada, enriquecida con vitaminas A y D (a excepción de la leche entera, que no necesita más vitamina A), cuyo envase sin abrir se conserva a temperatura ambiente un año y un mes una vez que se ha empezado. La leche en polvo entera contiene un mínimo de 26% de materia grasa, la semidesnatada 9,5% y la desnatada 0,8%.

Leche mazada

Líquido con sabor agridulce que se separa de la nata durante la fabricación de la mantequilla. También se denomina "leche de mantequilla". En la actualidad se obtiene añadiendo un cultivo bacteriano a la leche. Es un emulsificante natural empleado en la elaboración de pan, pasteles y helados. Resulta excelente para preparar salsas frías con hierbas aromáticas y zumo de limón. La leche mazada se puede sustituir por leche fresca (250 ml) a la que se añade 10 ml de vinagre.

Nata

Materia grasa de la leche que asciende a la superficie durante la primera fase de la elaboración de la mantequilla. Se vende pasteurizada tras someterse a un proceso de homogeneización y, en ciertos casos, de esterilización normal o de uperización (UHT). La nata ha de someterse a tratamientos térmicos más estrictos, pues contiene más bacterias que la leche de la que procede.

Se utiliza mucho en cocina (sobre todo en la francesa), pues confiere a los alimentos un sabor y una textura que son difíciles de conseguir por cualquier otro medio. También se añade al café, a vinagretas, a las sopas, las salsas, las tortillas, las terrinas, los postres, los dulces y los licores. La nata montada decora y enriquece los productos de repostería, *soufflés,* tartas, helados, carlotas, *bavarois,* salsas y frutas. Resulta indispensable para elaborar el *vacherin* y las coles con nata.

La nata proporciona mucha energía, pues es rica en materia grasa. Para disminuir el consumo de grasas se puede sustituir la nata por el yogur o la leche en las recetas culinarias.

Nata para montar

En Canadá, este tipo de nata contiene entre un 32% y un 40% de materia grasa. En Estados Unidos se diferencia entre la nata para montar ligera (entre un 30% y un 36% de materia grasa) y la nata para montar espesa (más del 36% de materia grasa). En Europa se llama "nata doble" y debe contener al menos un 30% de materia grasa. Para obtener crema Chantilly hay que añadir azúcar y vainilla a la nata montada.

Nata o crema de leche para café

Nata con un 10% de materia grasa. Como su nombre indica, se toma con el café, especialmente en Norteamérica.

Nata artesana

Nata espesa, ligera, que sólo contiene entre un 12% y un 30% de materia grasa, pero con la consistencia de una nata con un 35% de grasas. Se puede montar.

Nata líquida

De aspecto más líquido, en Norteamérica posee entre un 15% y un 18% de materia grasa. Esta nata se denomina "ligera" o "líquida" y en Europa contiene entre un 30% y un 35% de materia grasa.

Nata fresca

Ingrediente importante de la cocina francesa que se pasteuriza y al que se añade un fermento lácteo que le confiere un sabor ácido. Puede prepararse en casa con una parte de leche mazada por dos de nata para montar (espesa) y se calienta la mezcla a 25°C. Se deja reposar entre seis y ocho horas antes de dejarla en el frigorífico. La nata fresca resulta indispensable para salsas y ligazones en la cocina francesa.

Nata agria

La nata agria se elabora a partir de nata pasteurizada fermentada por un cultivo de bacterias. Confiere un sabor acidulado a los alimentos y condimenta sopas, *dips,* salsas, *goulash,* panes y pasteles. En Estados Unidos, la patata asada al horno se acompaña con este ingrediente. La salsa rusa *smetana* y el *bortsch* son otros empleos típicos de la nata agria.

Mantequilla

Sustancia grasa y untuosa que se obtiene batiendo la nata.

La mantequilla no se elabora sólo con leche de vaca, también puede utilizarse la de otros mamíferos como cabras, búfalas, camellas, etc. Constituye el ingrediente básico de la cocina de muchos países, pues proporciona un sabor inigualable a los alimentos. Forma parte de salsas (mantequilla manié, salsa rubia, salsa bearnesa o salsa holandesa), repostería (crema de mantequilla u hojaldres), cremas y sopas.

La mantequilla se quema a una temperatura inferior que el aceite y la margarina, por lo que hay que evitar calentarla a fuego rápido. Se puede combinar con el aceite para que no se deshaga con tanta rapidez.

Este producto debe consumirse con moderación, pues es una fuente importante de materia grasa, ácidos grasos saturados y colesterol.

mantequilla

Mantequilla ligera

Mantequilla con más agua que la normal. Se emplea sólo para untar. Contiene dos veces menos materia grasa y calorías que la mantequilla común, un 46% menos de colesterol y un 25% menos de sal.

Mantequilla montada

Posee menos calorías (69 cal por 10 g) y materia grasa (7,8 g por 10 g) que la mantequilla común. No debería sustituir a esta última en las recetas. Se utiliza para untar.

Yogur

Leche que ha fermentado debido a la acción de fermentos lácteos. El yogur se consume tal cual o combinado con otros alimentos. Se añade tanto a platos salados como dulces y constituye un ingrediente importante de la cocina de Oriente Próximo y la India. El yogur natural sustituye a la nata y puede añadirse a la mayonesa o a vinagretas. El contenido de materias grasas, glúcidos y calorías de los yogures comerciales varía bastante.

yogur natural   *yogur de frutas*

Kéfir

Leche fermentada por la acción de bacterias y levaduras que contiene algo de gas y alcohol, y cuyo sabor resulta picante y un tanto amargo. Se trata de una bebida muy conocida en Europa del Este, Rusia y Oriente Próximo. El kéfir está delicioso si se toma helado y adornado con hojas de menta o servido sobre frutas.

Kumis

Leche parecida al kéfir pero con mayor cantidad de alcohol (hasta 2,5%), que se elabora con leche de yegua, burra o vaca y cuyo sabor recuerda al vino blanco. Se suele consumir en Asia central.

Toffuti

Producto a base de leche de soja al que se añade aceite vegetal y azúcar. El *toffuti* helado no posee lactosa. Si se compara con el helado, el *toffuti* no tiene tantos ácidos grasos saturados, carece de colesterol, y posee dos veces menos proteínas y las mismas calorías.

Granizado

Especie de sorbete italiano elaborado con un jarabe ligeramente azucarado de sabor a frutas, licor o café. El granizado se congela sólo a medias para que no adquiera una dureza excesiva, pues se caracteriza por su textura granulada. Se sirve entre plato y plato, o como refresco.

Sorbete

Se elabora tradicionalmente con zumo o frutas trituradas. No contiene yema de huevo ni materia grasa pero sí puede llevar clara de huevo, leche o sólidos lácteos. El sorbete comercial suele ser tan sólo una mezcla de agua y sólidos lácteos, aromatizada de manera artificial, que contiene hasta dos veces más azúcar que el helado.

Helado

Se trata de una preparación azucarada y perfumada de productos lácteos solidificados. Se suele consumir como postre o tentempié. Además presenta unos usos culinarios inusitados, como por ejemplo, en la tortilla noruega o en el pastel alaska, en el que se hornea sin que se derrita.

helado

queso

Producto que se obtiene de la coagulación y extracción del suero de la leche, la nata o la mezcla de ambas. En todo el mundo se han identificado más de mil variedades de queso y sólo Francia cuenta con un mínimo de 350. La calidad, el valor nutritivo y las características del queso varían en función de múltiples factores, en especial del tipo de leche utilizada (de vaca, cabra, oveja, yegua, reno, yac o búfala), del procedimiento de elaboración y de las preferencias locales. Para los expertos, la uniformización de los métodos productivos –que incluye la pasteurización casi sistemática de la leche– trivializa el sabor de los quesos en beneficio de normas sanitarias estrictas para evitar la proliferación de microorganismos.

La clasificación de los quesos es compleja y tiene en cuenta distintos factores. Se suelen dividir en función de su consistencia, que varía según el grado de humedad. Los quesos de pasta dura contienen sólo 30% de humedad mientras que los de pasta blanda o los frescos pueden poseer hasta un 80%. Se distinguen los quesos frescos (sin curar), los semicurados, los quesos curados blandos y duros, los quesos azules, los quesos fundidos y los quesos de cabra.

El queso se consume durante las comidas o como tentempié y se usa mucho en la cocina, no sólo como ingrediente básico sino también para condimentar, rellenar, cubrir las carnes o verduras, o como ingrediente de un postre. Combina bien con los platos salados (ensaladas, salsas, sopas, croquetas, pizzas, pastas, crepes, *soufflés, fondues, raclette,* tortillas) y dulces (pasteles, tartas y buñuelos); en repostería suele usarse el queso fresco.

El queso suele ser salado, aspecto que debe tenerse en cuenta a la hora de condimentar los platos, sobre todo en el caso de los quesos azules, pues su sabor salado se acentúa durante la cocción.

El queso es un alimento muy saludable; su valor nutritivo varía en función del contenido de grasas del líquido utilizado (leche, nata) y del procedimiento de elaboración. Cuanto más consistente es el queso, mayor será su proporción de calcio y proteínas; los quesos frescos, en cambio, contienen poco calcio pero constituyen toda una fuente proteínica. El requesón, por su parte, es pobre en proteínas y calcio. El queso posee menos minerales que la leche pero, aun así, su cantidad no es nada desdeñable. Además, el sodio suele estar presente en cantidades considerables.

En contra de lo que se cree, el queso no puede, en ningún caso, causar estreñimiento.

Quesos de pasta hilada

Quesos que se obtienen por amasadura y estiramiento del cuajo, procedimiento que les proporciona una textura flexible. A esta categoría pertenecen la *mozzarella,* el *provolone,* los *bocconcini* y el *caciotta.*

mozzarella

provolone

bocconcini

queso

Quesos frescos

Quesos escurridos que no están curados ni fermentados (cottage, ricotta, mascarpone, requesón, petit suisse, quark). No se han dejado madurar y deben consumirse con rapidez. Los quesos frescos contienen hasta un 80% de agua, suelen ser magros y poco energéticos, lisos, de sabor suave o un tanto acidulado. Se utilizan en repostería o como entrante. Su contenido de calcio es escaso pero constituyen una verdadera fuente de proteínas.

cottage

ricotta

requesón

Quesos de cabra

crottin de Chavignol

Quesos blandos y de corteza natural elaborados en su totalidad con leche de cabra o mezclada con leche de vaca. Estos quesos *(chabichou, crottin de Chavignol, chevrotin)* son más blancos que el de vaca y presentan un sabor más intenso. La mayoría se fabrican a partir de una mezcla de leche de cabra y de vaca, lo que los hace suaves y cremosos. A esta categoría pertenece el *feta,* elaborado con leche de oveja, de vaca o una mezcla con leche de cabra.

queso de cabra fresco

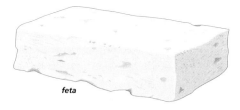

feta

Quesos fundidos

Elaborados con quesos prensados vueltos a fundir, a los que se les añade leche, nata o mantequilla, unos agentes estabilizadores, emulsificantes, sal, colorantes, edulcorantes y otros aditivos. En Norteamérica, este tipo de quesos se elaboran sobre todo con *cheddar,* mientras que en Europa predominan el *emmenthal* y el gruyer. Reciben nombres distintos en función de la cantidad de queso que contengan (queso fundido, preparación de queso fundido o crema de queso).

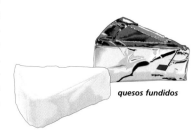

quesos fundidos

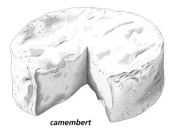
camembert

Quesos blandos

Quesos curados, escurridos y moldeados pero sin prensar ni someter a cocción. El porcentaje de humedad varía entre un 50% y un 60% y la materia grasa constituye del 20% al 26% del peso. Los quesos de corteza enmohecida se recubren con una capa de moho blanco *(camembert y brie)*; en algunos casos, esta corteza comestible contiene más vitaminas que el propio queso. Los quesos de corteza lavada se limpian con salmuera *(münster, pont-l'évêque o bel paese)*. Estos quesos blandos están en su punto cuando la pasta resulta cremosa y de color uniforme; la corteza, por su parte, no debe crujir sino, más bien, ser blanda.

bel pæse

coulommiers

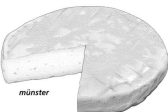
münster

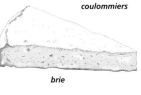
brie

pont-l'évêque

Quesos semicurados

Quesos prensados sin cocer que pasan por un período de curación bastante largo en un ambiente fresco y muy húmedo. Los quesos semicurados *(cheddar, cantal, reblochon, gouda, édam, fontina, tomme, monterey jack)* se caracterizan por su consistencia y su color amarillo pálido. Estos quesos no deben estar secos ni quebradizos, y la parte en contacto con la corteza no debe presentar una tonalidad más oscura. El queso semicurado contiene entre un 40% y un 60% de humedad.

gouda

tomme

édam

monterey jack

raclette

Quesos curados

Quesos prensados y cocidos cuya textura suele ser dura aunque también, en ocasiones, granulada como el parmesano. Estos quesos deben presentar un color y una consistencia uniformes y contar con una corteza resistente. No compre quesos secos o abombados, pastosos o demasiado granulados, con la corteza agrietada. El queso curado contiene un máximo de 35% de humedad.

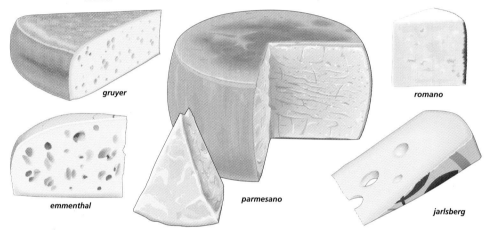

gruyer

romano

emmenthal

parmesano

jarlsberg

Quesos azules

Quesos sin cocer ni prensar, cuyo cuajo se halla veteado de moho. Estos quesos *(roquefort, gorgonzola, bleu de Bresse, danablau, stilton)* tienen un aroma intenso, un sabor fuerte y picante, y se caracterizan por desmenuzarse con facilidad. Los quesos azules son muy ricos en sodio.

danablu

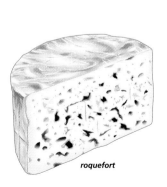
roquefort

stilton

gorgonzola

azúcares, cacao y algarroba

El azúcar, una sustancia soluble en agua y de sabor dulce, se obtiene de la caña de azúcar y de la remolacha azucarera. Durante milenios, el único edulcorante que se conoció en Occidente fue la miel. Los europeos descubrieron el azúcar de caña durante las Cruzadas. En el siglo XV, el descubrimiento de América y la presencia europea en las Indias Orientales y en las islas del océano Índico marcaron el comienzo de una gran expansión de la cultura del azúcar; sobre todo las Antillas fueron –y aún son– un importante centro de producción.

Durante el siglo XX, el consumo de azúcar ha alcanzado unos niveles inimaginables que en varios países industrializados rozan los 50 kg anuales por persona. Desde principios de los años 80, el consumo de azúcar refinado tiende a disminuir; unos estudios recientes evalúan el consumo anual de azúcar en Canadá en torno a los 19,5 kg por persona.

El azúcar suele ser "invisible", pues lo consumimos sin percatarnos de su presencia. Por ejemplo, se calcula que entre el 75% y el 80% de azúcar ingerido proviene de alimentos elaborados; es el caso de los embutidos, las pizzas, la salsa de soja, las pastillas de caldo, las salsas, la mantequilla de cacahuete y la mayonesa.

Se ha identificado un centenar de sustancias azucaradas en la química de la alimentación (sobre todo glucosa, fructosa y maltosa) que reciben el término general de glúcidos o hidratos de carbono; están compuestos de carbono (C), hidrógeno (H) y oxígeno (O) y forman uno de los tres tipos esenciales de alimentos para el buen funcionamiento del cuerpo humano, junto con las proteínas y las grasas.

No sólo los alimentos azucarados contienen glúcidos: los cereales, las pastas, las verduras, las frutas y, en realidad, la mayoría de los productos incluyen glúcidos naturales en proporciones más o menos importantes, y son el componente casi exclusivo de la miel, el jarabe de arce, el jarabe de maíz, el azúcar y la melaza.

UTILIZACIÓN

El azúcar refinado posee múltiples usos. Se emplea sobre todo para modificar la textura de los alimentos, realzar su sabor, endulzar los alimentos de sabor ácido o amargo, alimentar la levadura (en la fabricación del pan, por ejemplo) y como conservante.

El azúcar resulta indispensable para elaborar varios alimentos, en especial merengues, helados, sorbetes, jarabes y golosinas. Se utiliza asimismo como condimento, pues intensifica el sabor de otros alimentos (verduras y jamón glaseados o platos agridulces). Sin duda alguna es uno de los principales ingredientes de la repostería y la confitería.

VALOR NUTRITIVO

El valor nutritivo del azúcar es muy limitado, pues no contiene proteínas, materia grasa, fibra, vitaminas ni minerales.

El azúcar y los alimentos muy dulces suelen calificarse como "calorías vacías" debido a la ausencia de elementos nutritivos.

Al igual que la sal, el azúcar tiene la propiedad de retener líquidos, razón por la cual sentimos sed tras la ingestión de alimentos azucarados.

azúcares

caña de azúcar

Jarabe de caña

Jarabe muy dulce de color amarillo dorado o claro, que se obtiene de la caña de azúcar y se usa, sobre todo, en la cocina antillana y en repostería. Se halla disponible en los establecimientos especializados.

Azúcar sin refinar

Resultado de la primera extracción de la remolacha azucarera o de la caña de azúcar, que contiene entre un 96% y un 99% de sacarosa. La mayor parte se refina para obtener el azúcar blanco granulado. Su venta está prohibida en Estados Unidos si no se han retirado las impurezas. Cuando está parcialmente refinado se denomina "turbinado" o "demerara".

Azúcar líquido

El azúcar líquido (o almíbar) es un jarabe dulce en forma de solución clara que contiene un azúcar muy refinado. Se utiliza en las conservas, la confitería, la repostería y los helados.

Azúcar de palma

Se emplea normalmente en la cocina asiática y se elabora a partir de la savia de ciertas especies de palmeras o del jugo de la caña de azúcar. Disponible en varias formas, se encuentra sobre todo en forma de mantequilla para untar, e incluso en estado sólido para desmenuzar en los cereales, o para fabricar caramelos. El azúcar de palma se adquiere en los mercados asiáticos.

Melaza

Residuo del refinado del azúcar procedente de la caña. Su color y contenido de azúcar varían de forma considerable. La melaza de la tercera y última extracción es de color negro, menos dulce y con un sabor más intenso; además contiene más elementos nutritivos.

Azúcar blanquilla

Azúcar común, también llamado azúcar doméstico o granulado, que está formado por cristales de azúcar puro obtenidos tras un refinado total. Contiene un 99,9% de sacarosa.

azúcares

Azúcar glas

Azúcar blanco pulverizado (también llamado azúcar en polvo) al que se añade alrededor de un 3% de fécula de maíz para impedir la formación de grumos.

Azúcar moreno

En la actualidad se trata de azúcar blanquilla a la que se ha añadido melaza y, a veces, sabor y color artificiales. El azúcar moreno o terciado es claro u oscuro en función de la cantidad de melaza que contenga. Suele estar compuesto por un 91% a 96% de sacarosa.

Azúcares artificiales

Edulcorantes de síntesis con propiedades endulzantes elevadas que se emplean para sustituir al azúcar. No contienen calorías o sólo en cantidades muy pequeñas.

Ciclamatos

Producto derivado del benceno, sin calorías, que posee un poder endulzante que equivale a 30 veces el del azúcar, pero que no provoca caries dentales. Se usa como azúcar doméstico en varios países entre los que destacan Francia y Canadá, pero su uso está prohibido en Estados Unidos.

Sucralosa

Edulcorante de síntesis fabricado con azúcar común y cloro cuyas propiedades endulzantes son 600 veces superiores a las del azúcar. Es inalterable en la exposición al calor, al contrario de otros edulcorantes de síntesis que pierden su capacidad de endulzar con una cocción prolongada.

Sacarina

Azúcar artificial derivado del alquitrán de la hulla que no contiene calorías y que endulza entre 300 y 500 veces más que el azúcar. No provoca caries y se emplea como aditivo, sobre todo en las bebidas con gas.

Aspartamo

Resultado de la combinación del ácido aspártico y el ácido fenilalanino (a veces se añade glucosa o lactosa), que contiene el mismo número de calorías que el azúcar aunque su poder endulzante sea 180 veces superior. No deja regusto, pero pierde sus propiedades endulzantes con la cocción.

cacao y algarroba

Chocolate

Pasta homogénea que se obtiene mezclando, batiendo, calentando y enfriando la pasta de cacao con azúcar y manteca de cacao.

El chocolate de calidad es brillante y se parte en un corte claro y mate, sin burbujas explotadas ni puntos blancos. No emplee el chocolate sin brillo, grisáceo, blanquecino o cristalizado, pues es un indicio de que no es fresco.

El cacao y el chocolate aromatizan una gran variedad de alimentos (tartas, *puddings,* pasteles, bizcochos, salsas, glaseados, helados, *mousses,* flanes, pan, caramelos, jarabes, leche, bebidas y licores). La tarta de la Selva Negra, la *fondue* de chocolate y la tarta Sacher son especialidades que tienen chocolate como ingrediente básico. En España y México se usa en la preparación de platos salados. El chocolate sazona las salsas de ciertos platos, entre los que destaca el famoso mole poblano y un guiso de pavo con chocolate, pimiento y sésamo.

Si se pretende fundir chocolate para añadirlo a una preparación, hay que respetar algunas reglas sencillas pero esenciales: la temperatura del chocolate no debe superar los 50°C para no alterar su sabor, y no debe utilizarse agua (a menos que se trate sólo de una gotita) que entre en contacto con el chocolate, pues se tornaría grumoso.

Por lo general, para calentarlo se recurre al baño María y se añade el chocolate partido en trocitos; cuando comience a fundirse deje de revolver.

Chocolate sin azúcar

Este chocolate, o pasta de cacao, es la masa de chocolate solidificada, sin añadir azúcar o sólidos lácteos. Los chocolateros y confiteros lo emplean para la cocción. Su sabor amargo no lo hace apto para tomarlo tal cual.

Chocolate blanco

Elaborado con manteca de cacao a la que se añade leche condensada o en polvo, azúcar y esencia de vainilla; su sabor es más dulce y su textura más cremosa que el chocolate con leche. Se utiliza poco en la confitería.

Chocolate negro

El chocolate negro incluye el amargo y el semiazucarado. Contiene entre un 35% y un 70% de pasta de cacao, además de manteca de cacao, azúcar y, en ocasiones, emulsificantes. Se puede comer tal cual y se utiliza sobre todo para cocinar.

Chocolate con leche

Este producto incluye leche en polvo, azúcar y aromatizantes (vainilla) mezclados con manteca de cacao. Su sabor es dulce y su textura untuosa. No puede utilizarse en la cocina, pues los sólidos lácteos que contiene se queman durante la cocción.

chocolate blanco

cacao y algarroba

granos de cacao

Cacao
Theobroma cacao

Se obtiene de la vaina del árbol del mismo nombre y constituye el ingrediente principal del chocolate. El cacao en polvo se obtiene prensando la pasta de cacao para separarlo de la manteca, una materia grasa de color amarillo pálido. Este polvo resulta difícil de disolver, por lo que conviene mezclarlo primero con un líquido frío y añadirle azúcar. Es fuente excelente de cobre, potasio, vitamina B_{12} y hierro; además presenta una elevada cantidad de fibra. El cacao y el chocolate contienen estimulantes: teobromina y cafeína.

cacao en polvo

Algarroba
Ceratonia siliqua

Fruto del algarrobo que se emplea como sustituto del cacao y como aditivo. El polvo de la algarroba tiene menos proteínas y materia grasa que el cacao y es menos rico en fósforo, potasio y hierro, aunque contiene doble cantidad de calcio. Su contenido de fibra es también elevado. No presenta sustancias estimulantes ni causa alergias. Cuando se usa en lugar del cacao, es preferible mejorar su sabor con canela sin añadir azúcar.

algarrobas

polvo de algarroba

miel, mermelada y jarabe

Miel

Sustancia azucarada que fabrican las abejas a partir del néctar de las flores.

Estos animales tienden a recolectar un solo tipo de néctar, lo que contribuye a la producción de mieles distintas cada una de ellas con un sabor específico. Algunas mieles son, a veces, producto de mezclas y se denominan "milflores". El origen floral del néctar influye en el color, el sabor y la viscosidad del producto final. El sabor varía tanto como el color: por lo general, cuanto más oscura, más intenso resulta su sabor. Las mieles de trébol, colza y alfalfa son claras y de sabor moderado; la miel de brezo es oscura y de sabor fuerte; la de acacia, por su parte, es muy suave, transparente y líquida.

Se comercializa líquida o cremosa y, a menudo, pasteurizada para destruir las levaduras que contiene y, de esta manera, evitar que la miel fermente.

La miel forma parte de una variedad casi infinita tanto de platos dulces (repostería, pasteles, flanes, yogures, bizcochos, caramelos, turrones, jarabes, pan de especias y el *baklava* griego) como de salados (pollo, embutidos, cordero, pato o cuscús). Se utiliza para preparar salsas agridulces o para sustituir todo el azúcar, o parte de él, en mermeladas y jaleas.

Su ventaja sobre el azúcar es que endulza muchísimo más, por lo que se consume en cantidades menores.

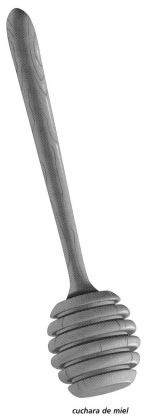

cuchara de miel

miel líquida

miel cremosa

miel, mermelada y jarabe

Mermelada o confitura de frutas

La mermelada o la confitura se obtiene por la cocción de frutas en almíbar enteras o troceadas. Las mejores se preparan con frutas ácidas, cuyo contenido de pectina es mayor (ciruelas, grosellas o manzanas). Algunas mermeladas y confituras se sazonan, a veces, con especias, alcohol u otras frutas.

Jalea

La jalea se elabora a partir de una mezcla de azúcar y zumo de frutas que se calienta hasta hervir. A veces se añade pectina si las frutas utilizadas no contienen esta sustancia en cantidad suficiente. Las grosellas, las moras, los arándanos, las manzanas y los membrillos se suelen emplear para fabricar este producto. Se puede untar en pan, pero también sirve para elaborar bizcochos y pasteles.

Mermelada de cítricos

Inventada en Escocia en 1791, se caracteriza porque las frutas, enteras o en trozos, se maceran y luego se cuecen en azúcar para quitarle el sabor amargo propio de los cítricos (pomelos, naranjas y limones). Se utiliza sobre todo para untar en el pan.

Jarabe de arce

Edulcorante que se obtiene por la reducción de la savia de los arces, que crecen exclusivamente en Quebec (Canadá) y en los estados de Nueva York y Vermont (Estados Unidos). Sustituye al azúcar y proporciona a los platos un sabor característico. Presenta menos calorías que la miel e incluye más minerales (calcio, hierro, fósforo y potasio) en estado más concentrado.

jarabe de maíz

Jarabe de maíz

Jarabe azucarado, de consistencia espesa, preparado con harina de maíz, ácidos o enzimas. Muy usado en repostería para la fabricación de caramelos; también se encuentra en diversas bebidas, frutas en conserva, helados, comida para bebés, mermeladas y jaleas. Se pueden adquirir en cualquier establecimiento especializado.

jarabe de arce

grasas y aceites

Aceite

Materia grasa untuosa, insoluble en agua y, por lo general, líquida a temperatura ambiente.

En alimentación se utilizan sobre todo aceites vegetales (soja, cacahuete, girasol, colza, maíz, oliva, palma, nuez, avellana, pepitas de uva o almendra), aunque también existen aceites animales (de ballena, fletán, bacalao o foca), considerados sobre todo como complementos alimenticios.

Independientemente de la materia prima empleada, la elaboración del aceite comienza siempre con la limpieza y el descascarillado, seguidos del prensado, que varía según el tipo de aceite, y el refinado en el caso de los aceites llamados comerciales. El prensado en frío se efectúa a una temperatura máxima de 60°C; a continuación, se decanta y se filtra antes de ser embotellado en botellas opacas. Los aceites prensados en frío no pasan por un refinado adicional. Cabe destacar que la denominación "prensado en frío" no se ajusta a ningún precepto legal, por lo que los aceites así comercializados pueden no haber sido sometidos a este proceso. Este tipo de prensado es menos común porque deja un tercio del aceite en los residuos, mientras que el uso del calor rebaja las pérdidas alrededor de un 5% y, si se añade un disolvente, las reduce a un 1%.

Los aceites no refinados son más oscuros que los refinados y su sabor es más intenso, aunque no hay que confundir este sabor con el gusto a rancio. En los aceites prensados en frío compruebe que haya una fecha de prensado o de caducidad en la etiqueta. Si este tipo de aceite se guarda en el frigorífico, tenderá a solidificarse y formar corpúsculos blanquecinos, como copos; es lo que llamamos la floculación. Este fenómeno no altera la calidad o el sabor del aceite, que vuelve a su estado líquido a temperatura ambiente.

El aceite presenta varias utilidades. En ocasiones sustituye a la mantequilla; es, además, el elemento básico de las vinagretas; forma parte de la composición de las marinadas que maceran la carne, las aves, el pescado y la caza; y sirve como conservante sobre todo con ajo triturado, tomates desecados y hierbas aromáticas.

Algunos aceites no toleran el calor; entre éstos destaca el aceite de nuez, el de lino y los aceites de cártamo, maíz y soja prensados en frío. En general es preferible no calentar en exceso este tipo de aceites con calor directo y reservarlos para las vinagretas. Un aceite adecuado para freír debe tener un punto de ebullición superior a 218°C. El aceite de girasol, el de cacahuete y el de colza cumplen este requisito.

El aceite no contiene proteínas ni glúcidos, pero sí materia grasa y vitaminas (A, D y E) y es proveedor de energía. Los aceites vegetales carecen de colesterol. Todos los aceites en general, al estar compuestos de grasas, suministran gran cantidad de energía: nueve calorías por gramo (las proteínas y los glúcidos proporcionan cuatro calorías por gramo), y todos poseen el mismo valor energético: 15 ml de aceite suponen 122 calorías y 14 g de lípidos.

Cada aceite encierra una combinación de varios ácidos en proporciones que le son propias. Los ácidos grasos monoinsaturados y poliinsaturados se consideran mejores para la salud que los ácidos grasos saturados; por eso se recomienda consumir aceites con una concentración importante en ácidos grasos del primer tipo. El aceite de oliva, colza, cacahuete y avellana están compuestos, en su mayor parte, de ácidos grasos monoinsaturados.

Aceite de nuez

Aceite con sabor muy afrutado que se emplea como condimento y para preparar vinagretas. Se utiliza, además, en repostería para perfumar algunos pasteles, aparte de aromatizar platos de pescado, aves y verduras. La producción de aceite de nuez es muy limitada; se trata, por tanto de un aceite muy caro. Contiene pocas grasas saturadas y no se conserva durante mucho tiempo, ni siquiera en una botella sin abrir.

Aceite de copra

Este aceite, también llamado aceite de coco, procede de la pulpa de esta fruta y se presenta en estado sólido a temperatura ambiente. Muy utilizado en la industria alimentaria para la elaboración de chocolate, helados, margarinas, y como aceite de cocción, se emplea además en la industria de los cosméticos, sobre todo para fabricar jabones. Su contenido de grasas saturadas es elevado.

Aceite de sésamo

Este aceite, muy popular en la cocina oriental, se obtiene de semillas de sésamo y se distingue por su rico y delicado sabor a avellanas tostadas. Disponible en diversas variedades, se usa en especial para ensaladas, parrilladas y como condimento. Su elevado punto de ebullición se sitúa a más de 230°C, pero hay que prestar atención porque a temperaturas altas desprende un olor desagradable. El aceite de sésamo se compone básicamente de grasas insaturadas.

Aceite de cacahuete

De color claro, su componente esencial son los cacahuetes prensados y se emplea desde hace siglos en Sudamérica. Muy resistente al calor, soporta temperaturas superiores a 230°C; esta característica lo convierte en un aceite ideal para las frituras. Su sabor poco intenso resulta adecuado para las ensaladas y sirve para la preparación de margarina, mayonesa y vinagretas.

aceite de cacahuete

Aceite de colza

Este aceite, el más utilizado en Canadá, es el que presenta el menor contenido de grasas saturadas (6%). Se cree que produce un descenso del nivel de colesterol sanguíneo y que posee efectos beneficiosos para el funcionamiento cerebral. Por su carácter insípido sirve tanto para la cocción y las vinagretas como en repostería; sin embargo, desprende un olor desagradable si se calienta en exceso.

Aceite de cártamo

Extraído de las semillas del cártamo, planta originaria de Oriente, se caracteriza por su aroma intenso y se emplea sobre todo en frío. Sin refinar, con un suave sabor a avellana, es de color ámbar oscuro, mientras que el refinado, de sabor neutro, es amarillo pálido. El aceite de cártamo es pobre en grasas saturadas y se oxida con rapidez.

Aceite de pepitas de uva

Aceite pálido y delicado que procede, en su mayoría, de las pepitas de la uva francesa e italiana. Muy apreciado por su sabor ligero y afrutado, suele utilizarse en frío, sobre todo para macerar carnes y preparar vinagretas. Este aceite no se espesa al guardarlo en el frigorífico, por lo que resulta muy adecuado para la mayonesa. Su contenido de grasas saturadas es poco elevado y se oxida enseguida.

Aceite de oliva

Símbolo de las cocinas italiana y griega, es uno de los primeros aceites que aprendió a prensar el hombre. Por estar compuesto sobre todo de ácidos grasos monoinsaturados se suele recomendar su consumo. Se utiliza en la cocina mediterránea, de la que constituye un ingrediente insustituible. En Europa se emplea tanto para guisar como para condimentar numerosas preparaciones. Los aceites de Toscana, afrutados y ligeros, tienen una excelente fama. A la hora de comprar un aceite de primer prensado, verifique en la etiqueta la fecha de caducidad, pues se trata de un aceite más delicado que los refinados.

Aceite de girasol

Este aceite amarillo pálido, de sabor delicado y extraído de las pipas de girasol, resulta muy adecuado para los salteados, la elaboración de vinagretas y mayonesas, y la preparación de frituras dulces. Se suele emplear para producir margarinas. Los dietistas lo recomiendan por la gran proporción de ácidos grasos esenciales que presenta. Además, su alto contenido de grasas poliinsaturadas y su bajo nivel de grasas saturadas lo convierten en un producto muy saludable.

aceite de girasol

Aceite de palma

El aceite de palma, sólido a temperatura ambiente, se obtiene del fruto de una especie de palmera africana. Su sabor y aroma ligeros se adaptan a la perfección a cualquier empleo, desde frituras hasta preparación de vinagretas. Es muy popular en las cocinas africana y brasileña. Posee un 79% de grasas saturadas.

Aceite vegetal

Nombre comercial que se da a una mezcla de aceites de origen vegetal cuyo principal componente suele ser el aceite de colza o de soja. A pesar de que esta mezcla de aceites presenta un buen equilibrio de ácidos grasos, contiene a veces aceites saturados como el de copra y el de palma; por tanto, se recomienda leer atentamente la etiqueta que informa de su composición. El aceite vegetal se destina sobre todo a las frituras.

Aceite de soja

Aceite ligero, amarillento y untuoso que se obtiene de los granos de soja. Se emplea por lo general en frío, como condimento, aunque en América se utiliza sobre todo para la elaboración de margarina y *shortening,* manteca para cocinar. Su perfume neutro lo convierte en el principal componente de los aceites de mezcla llamados vegetales. Sólo posee un 15% de grasas saturadas y presenta ácidos grasos que permiten el control del colesterol de la sangre.

Aceite de germen de trigo

Aceite que se obtiene por prensado en frío del germen o con la ayuda de disolventes. Se añade a los alimentos, a los que sirve de complemento vitamínico. Constituye una fuente magnífica de vitamina E.

Aceite de maíz

Aceite de color ámbar, uno de los más utilizados en todo el mundo y que se obtiene del maíz. Con escaso aroma y sin sabor es un ingrediente muy práctico para la cocina y se usa, además, en la preparación de vinagretas y margarina, y para freír. Contiene un gran número de grasas poliinsaturadas y ácidos grasos que permiten controlar el colesterol. Se puede adquirir refinado o sin refinar.

Cuerpos grasos

Sustancias líquidas o sólidas que se utilizan para cocinar, condimentar, ligar, emulsionar o conservar los alimentos, de origen animal (mantequilla, manteca de cerdo, de vaca o de oca y sebo) o vegetal (grasa vegetal, la mayoría de las margarinas, aceite de maíz, de girasol y de nuez). Hay que controlar la cantidad de materia grasa ingerida, sobre todo las grasas saturadas.

Ghee

Grasa animal purificada, muy popular en los países árabes y la India, que se obtiene tradicionalmente de mantequilla de leche de búfala. El *ghee,* que suele prepararse con mantequilla clarificada, se utiliza como manteca para cocinar, en repostería y en la elaboración de salsas. Es bastante caro y presenta un contenido de colesterol elevado.

Manteca de cerdo

Sustancia fina y blanca, formada a partir del tocino graso fundido; se emplea para freír, preparar cocidos de col o carne de cerdo, y en repostería. Contiene un 99% de lípidos. Debido a su alto contenido en grasas saturadas, se recomienda usarla con poca frecuencia.

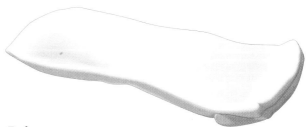

Tocino

Grasa situada bajo la piel del cerdo. El tocino graso, que se halla entre la carne y la corteza, se usa sobre todo en la manteca de cerdo; el tocino magro, por su parte, procede de la zona del pecho. Del tocino, fresco, salado o ahumado, se obtienen los chicharrones, que forman parte de la preparación de cocidos, guisos y *fricassées* y pueden añadirse también a las verduras, las ensaladas y las tortillas. Unos 100 g de tocino contienen un promedio de 880 calorías.

manteca de cerdo

Shortening

Aceites vegetales, mezclados algunas veces con aceites animales, que se transforman químicamente en manteca por un procedimiento de hidrogenación. Por su insipidez sirve para cocciones y frituras, y se emplea en repostería para panes, buñuelos y pasteles. Téngase en cuenta que el proceso de hidrogenación transforma las grasas insaturadas en saturadas y destruye de golpe su acción benéfica. Se puede guardar un año a temperatura ambiente.

Grasa de riñonada

Grasa que rodea los riñones del vacuno y el cordero, empleada en Inglaterra para repostería, *puddings* y cocidos. Se adquiere fresca en las carnicerías o como harina (una especie de copos) en algunos supermercados. La grasa de riñonada es en su mayor parte de tipo saturado, por lo que debe utilizarse con moderación.

Margarina

La margarina, inventada en Francia en el siglo XIX para sustituir a la mantequilla, que entonces era escasa y cara, se compone de grasa de origen vegetal o también animal. Al igual que la mantequilla, se trata de un alimento rico en materia grasa muy energético; en realidad contiene la misma cantidad de grasas y calorías que la mantequilla. Sin embargo, se compone sólo de aceite vegetal y carece de colesterol. Es aconsejable consumir una margarina poco hidrogenada, es decir, blanda, pues resulta más saludable.

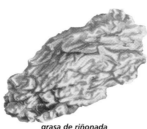

grasa de riñonada

ingredientes para la cocción

pectina

Pectina

Sustancia gelificante muy común en el reino vegetal y que se utiliza para espesar las mermeladas y las jaleas. La pectina que se comercializa proviene de los restos de las manzanas secas. Existe en forma líquida o de cristales. También se puede encontrar un azúcar enriquecido con pectina. La clave de las buenas mermeladas y jaleas reside en la proporción de azúcar, pectina y ácidos que contengan las frutas empleadas.

Agar-agar

Sustancia utilizada en la elaboración de jaleas a base de zumos o purés, muy popular entre los vegetarianos, quienes lo utilizan como sustituto de la gelatina. Se obtiene de unas especies de algas rojas, y se compra en polvo, copos, barra o filamentos. Para emplearlo, el líquido en el que se diluye se lleva a ebullición y se funde a fuego lento. El agar-agar es muy rico en hierro.

Bicarbonato de sodio

Polvo blanco, muy fino, formado por una mezcla de sales alcalinas que hacen que la masa aumente de volumen. El bicarbonato de sodio sólo contiene sodio y suele usarse cuando se añaden frutas a la masa, ya que neutralizan su acidez. Se integra en los ingredientes secos y hay que tamizarlo bien para que se incorpore correctamente.

Arrurruz
Maranta arundinacea

Fécula que se extraía en un principio de la raíz de la maranta y que se reduce a un polvillo blanco muy fino utilizado como espesante, al igual que la fécula de maíz. El arrurruz espesa sopas, salsas, *puddings,* cremas y flanes. Dilúyalo en un poco de líquido frío antes de incorporarlo a una preparación caliente.

Crémor tártaro

Polvillo blanco, subproducto de la fabricación del vino, que se emplea para aumentar volúmenes, estabilizar las claras de los huevos batidos en bizcochos y *mousses,* merengues y *soufflés,* y para impedir la cristalización del azúcar en confitería.

Fécula de patata

Polvo blanco preparado a base de patatas deshidratadas muy apreciado por su fuerte poder de ligazón. Tanto sola como con harina de trigo confiere una textura ligera a los pasteles y los bizcochos y puede servir para preparar masas que deban freírse. Se vende en comercios de comida china o naturalistas. Es un buen componente de las dietas sin gluten.

Fécula de maíz

Se obtiene de la extracción del almidón del endospermo del grano de maíz. Este polvo presenta propiedades gelificantes y se emplea para espesar los alimentos. Diluya la fécula en un líquido frío antes de añadirla a una mezcla en ebullición. Cuézala durante unos pocos minutos para que pierda su sabor amargo.

Levadura
Saccharomyces cerevisiae

Hongo microscópico que se emplea sobre todo en la elaboración de pan. La levadura de cerveza es la que se utiliza más a menudo. Con el oxígeno, las levaduras transforman los azúcares en agua y gas carbónico. Al añadirla a la harina, rica en gluten, ese gas carbónico se queda encerrado en el gluten y hace que aumente el volumen de la masa. A menor temperatura, más tardará la levadura en surtir su efecto. La temperatura ideal para que actúe se halla entre 25°C y 28°C.

Levadura química

Polvillo blanco, compuesto por una mezcla de sales alcalinas y ácidas, que reacciona al entrar en contacto con líquidos y con el calor, y forma un gas carbónico que aumenta el volumen de la masa. La levadura química se usa para aumentar la masa de pasteles, *puddings, muffins,* crepes y bizcochos. Es más eficaz que el bicarbonato de sodio, pues actúa a una temperatura inferior y no deja regusto.

Glutamato monosódico (GMS)

Sustancia natural que se halla en las algas, la soja, el gluten de maíz o de trigo y la remolacha azucarera. Se adquiere en los comercios en forma de un polvillo blanco muy fino. No posee sabor alguno por sí mismo, pero sí la propiedad de realzar el gusto de los alimentos a los que se añade. Se ha empleado mucho tiempo como aditivo en la industria alimentaria y, a veces, sustituye a la sal en la cocina oriental. Puede provocar reacciones de hipersensibilidad.

Hojas de banano
Musa sp.

Las enormes hojas del banano, a veces de tres metros de largo, muy usadas en la cocina asiática, permite cocinar en papillote algunos alimentos como el pescado y el pollo. En el horno o al vapor, su aroma delicado proporciona un perfume agradable a los alimentos que envuelve. Se encuentra en los mercados asiáticos. Los principales países productores de bananos son la India, Brasil, Filipinas, Ecuador e Indonesia.

Kudzu
Pueraria lobata

Planta de la que se consume las hojas y los tallos y se obtiene un polvo con propiedades espesantes. La fécula obtenida por la deshidratación y la pulverización de las raíces es similar a la del maíz. En China y Japón se recurre a ella para espesar salsas, sopas y guisos, y para rebozar alimentos que luego vayan a freírse. El *kudzu* se puede adquirir en las tiendas de comestibles asiáticos y posee doble poder espesante que el arrurruz.

Carragheen

Sustancia viscosa que se obtiene de algunas especies de algas, entre las que destacan las algas rojas y el musgo irlandés. En ese país se utiliza desde hace siglos para espesar el manjar blanco y otros productos lácteos. En la industria de la alimentación se emplea mucho como estabilizante, espesante y gelificante en la elaboración de helados, sorbetes, quesos, leches evaporadas, sopas instantáneas, pasteles, bizcochos y confitería.

Gelatina

Sustancia proteínica incolora, inodora e insípida que se obtiene de los huesos o de ciertas algas (agar-agar o alginato); se vende en polvo o como hojas translúcidas. Antes de incorporarla a una preparación, hay que ponerla en remojo en agua fría y luego disolverla en agua hirviendo. Se emplea en algunos postres fríos, en platos con jaleas y en confitería industrial.

Caldo de ternera

Líquido que se obtiene de cocer la carne de ternera y que se utiliza para rociar los platos durante la cocción o preparar sopas o salsas. El caldo de ternera se puede preparar en casa o comprar en los supermercados en forma líquida, en polvo o en pastilla. Los que se comercializan contienen una gran cantidad de sodio, por lo que se recomienda elaborarlo en casa.

Caldo de verduras

Líquido que se obtiene de la cocción de verduras y que se usa para rociar los platos durante su cocción y elaborar sopas o salsas. Resulta interesante desde el punto de vista nutritivo, pues se trata de un excelente concentrado de vitaminas y minerales. Se vende en forma líquida, en polvo o en pastilla, y contiene una gran cantidad de sodio.

caldo de verduras

Caldo de pescado

Líquido que se obtiene de la cocción de pescado entero o de sus espinas, y que se emplea para rociar las preparaciones durante su cocción o elaborar sopas y salsas. Suelen utilizarlo sobre todo los restaurantes, pero también se vende en las tiendas especializadas y las pescaderías. Se puede preparar en casa con pescado para caldo, verduras y condimentos. Se utiliza como base para salsas y gelatinas.

Caldo de ave

Líquido que se obtiene con la cocción del pollo y que se usa para rociar los platos durante su cocción y preparar sopas y salsas. El caldo de ave puede ser casero o comprarse en los supermercados en forma líquida, en polvo o en pastillas. Sin embargo, estos caldos preparados contienen mucho sodio.

caldo de ave

Bija

Fruto de un árbol originario de Latinoamérica y las Antillas que se emplea desde tiempos remotos para aromatizar y dar color. En las cocinas asiática y mexicana, la bija confiere color y sazona las salsas que acompañan el arroz, el pollo, el cerdo y el pescado. La industria alimentaria utiliza este colorante natural para alimentos como la margarina, la mantequilla, el queso y los caramelos.

Esencia de vainilla

Esencia muy concentrada que se obtiene de la vaina de vainilla y se emplea para perfumar diversos postres, el chocolate caliente y el café. La esencia de vainilla resulta cara, por lo que en el mercado existen sustancias artificiales que la sustituyen aunque dejen un regusto desagradable. Por su alto grado de concentración, la esencia de vainilla debe añadirse en cantidades muy pequeñas. No hay que confundirla con el extracto de vainilla, menos concentrado.

Granadina

Jarabe que se fabrica tradicionalmente con la pulpa de la granada. Se utiliza para dar color y añadir sabor a aperitivos y postres. La que se comercializa hoy en día en el mercado se prepara con frutas rojas, sustancias vegetales y ácido cítrico. La granadina puede contener alcohol. El término también designa una bebida refrescante compuesta por agua y jarabe de granadina.

Agua de rosas

Líquido que se obtiene por destilación de los pétalos de rosas. Posee un sabor muy intenso y un olor a rosa concentrado. Se trata de un condimento muy popular en Oriente Próximo que aromatiza cremas, masas, helados, y algunos platos de ave. El agua de rosas también se usa en la industria cosmética como fragancia. Como es tan concentrada, debe usarse con cautela.

Vainilla
Vanilla planifolia

Fruto de una orquídea que se asemeja a la judía. El producto desecado o líquido no siempre es puro, y el extracto de vainilla líquida es a menudo una imitación. La vainilla aromatiza la tapioca, el helado, los yogures y los puddings. Se usa mucho en repostería, confitería y en la elaboración de chocolates. Para perfumar la leche o el jarabe, prepare una infusión con una vaina partida por la mitad; vuelva a usar las vainas enteras varias veces aclarándolas después de su uso.

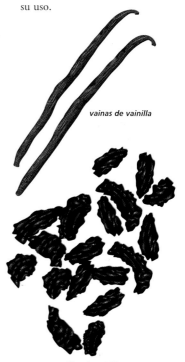

vainas de vainilla

granadina

agua de rosas

semillas de vainilla

aves

La palabra "ave" designa en cocina la carne de todos los animales de pluma del corral, como patos, pavos, pollos, gallinas, pichones, gallos, ocas o pintadas.

La mayoría de estas aves son domésticas desde tiempo inmemorial. El pollo es la más popular por lo barata que resulta su producción, su sabor agradable y porque puede prepararse de muchas formas.

Las aves se clasifican por categorías según normas que difieren de un país a otro. Esas categorías sirven para determinar el aspecto exterior de las aves, pero no la calidad de la carne, que tiene que ver sobre todo con la edad.

COMPRA

Las aves se venden frescas o congeladas, crudas o cocidas. En estado fresco escójala carnosa, con la piel flexible, húmeda e intacta, sin restos de plumas ni zonas oscuras o secas. Si el ave ha sido congelada, no compre un ave reseca, con el embalaje lleno de escarcha o estropeado, o con hielo rosado, pues es señal de que se ha descongelado y vuelto a congelar.

PREPARACIÓN

El ave puede consumirse desde el momento en que se ha sacrificado, porque su carne no tiene que envejecer. Siempre se come cocida. Limpie el interior y el exterior del ave y luego séquela. Si lo desea, frote la piel con limón para que la carne se mantenga blanca durante la cocción. Las aves se cuecen con mayor rapidez si se trocean o se preparan a la *crapaudine*, es decir, abierta longitudinalmente.

El peligro de contaminación por salmonela constituye un aspecto importante que debe considerarse en la preparación de las aves. La salmonela es una bacteria que suele encontrarse en los intestinos de las aves y puede extenderse por todo el animal durante la matanza. También se halla en los huevos. En la mayoría de los casos se evitan los problemas de salmonelosis recurriendo a una serie de medidas de precaución muy sencillas durante los procesos de almacenamiento, descongelación, manipulación y cocción.

Aparte de seguir las reglas básicas de higiene, no cueza las aves a temperatura baja (menos de 150°C), pues deben alcanzar una temperatura interna de 60°C con la mayor rapidez para que la salmonela muera. La temperatura interna, que se puede tomar en la parte más carnosa del muslo o de la pechuga con un termómetro para carnes, debe llegar a los 85°C.

También es importante lavarse bien las manos después de manipular las aves, y limpiar a fondo con agua caliente y jabón todos los utensilios y superficies que han estado en contacto con el animal crudo y su embalaje. Lave, sobre todo, el cuchillo y la tabla donde ha partido la carne antes de volverlos a emplear con cualquier otro alimento.

Aconsejamos descongelar las aves por completo antes de cocerlas, en particular el pavo entero. Se puede descongelar de varias maneras: la más segura es guardando el ave en el frigorífico y la menos adecuada es la descongelación a temperatura ambiente.

La descongelación en el frigorífico permite limitar la pérdida del jugo de la carne y la proliferación de bacterias; con todo, es el método más lento (unas 11 horas por kg).

No se aconseja descongelar a temperatura ambiente porque el exterior del ave se descongela antes que el interior y alcanza con mayor velocidad la temperatura externa.

COCCIÓN

Las aves jóvenes y tiernas se suelen preparar al horno o a la parrilla. Ambas proporcionan un toque crujiente a la piel. Resultan convenientes para las aves enteras o en trozos (muslos, pechugas, patas, mitades o cuartos) y pueden realizarse en el horno o en la barbacoa. No olvide poner el termómetro en el centro de la parte más carnosa de la pechuga o el muslo. Precaliente el horno a 160°C. El ave estará lista cuando el termómetro introducido marque 85°C. Los jugos estarán limpios y claros (no rosados) y el muslo se separa fácilmente.

Con el microondas se obtienen buenos resultados a la hora de cocinar aves, pues su carne se compone de fibras musculares cortas; además, estará listo mucho antes que en el horno tradicional. Sin embargo, la piel no quedará crujiente.

CONSERVACIÓN

El ave fresca se estropea con facilidad porque ofrece a las bacterias un medio ideal para su multiplicación. Retírela de su envoltorio, séquela con un trapo humedecido y extraiga los despojos de su interior. Deposítela después en un plato y cúbrala, sin apretar, con papel de aluminio; póngala en el frigorífico y cuézala en los dos o tres días siguientes.

Un ave descongelada (lo indica la etiqueta) debe cocerse en 24 horas. La duración de la congelación del animal entero, si se compra congelado, es de 12 meses; del ave troceada (si se compra congelada), seis meses; y del ave ya cocinada, uno o dos meses sin salsa ni caldo.

VALOR NUTRITIVO

Las aves presentan un contenido proteínico igual al resto de las carnes. El contenido de materia grasa de su carne es muy variable según las especies (el pato y la oca son más grasos que la codorniz, el pollo, el faisán, la pintada y el pavo), las partes del animal (la carne de la pechuga es más magra que los muslos, y la piel, por ejemplo, muy grasa) y los métodos de cría. La cantidad de grasa resulta menor en las aves salvajes que en las domésticas.

La materia grasa de las aves es menos saturada y mucho más poliinsaturada que la del resto de las carnes. Una parte de la grasa es intramuscular, otra se encuentra en la piel y la parte restante se localiza bajo la piel, donde forma una masa amarillenta que puede representar hasta un 2,5% del peso del pollo.

Gallina
Gallus gallus

La hembra del gallo se cría para poner huevos y sólo se mata si no cumple este cometido. Sabe mejor si pesa menos de 2 kg. Su carne siempre es consistente y con poca grasa, y requiere una cocción lenta y prolongada. Con ella se pueden elaborar sopas y guisos exquisitos.

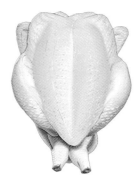

Pollo
Gallus gallus

La cría de la gallina a partir del cuarto mes. Algunos se denominan "de grano" o "de granja", aunque en algunas zonas no hay reglamentación alguna que regule esta denominación. Su sabor resulta delicioso asado al horno, a la parrilla o salteado; debido a su corta edad, se cuece muy bien con calor seco. Suele contener menos materia grasa y tanto colesterol como la parte magra de las carnes de vacuno, ovino, porcino o equino.

Capón
Gallus gallus

Pollo castrado y engordado que adquiere unas proporciones dos veces mayores que el pollo común, aunque su carne se mantiene tierna y suculenta. Es en especial sabroso cuando pesa en torno a los 4 kg. Se debe cocinar en una preparación sencilla para no disfrazar la finura de su carne.

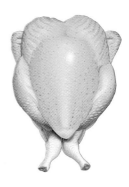

Pavo
Meleagris gallopavo

En Estados Unidos y Canadá, el pavo relleno constituye el plato tradicional del Día de Acción de Gracias y de Navidad: se sirve acompañado de jalea y de mermelada de arándanos. En la actualidad podemos encontrar en el mercado el pavo deshuesado, troceado, picado, cortado en filetes, precocinado o formando parte de toda una gama de productos manufacturados (salchichas y embutidos variados). Esta ave se prepara como el pollo.

Oca
Anser anser

La oca se consume hoy en día mucho menos. Asada es toda una tradición en Alemania, Inglaterra, Europa Central y Escandinavia. Los rellenos y las guarniciones con frutas combinan a la perfección con la carne grasa de esta ave. La oca rellena con castañas y acompañada de manzanas o servida con chucrut es todo un clásico. Su valor nutritivo se acerca al del pato.

Pato
Anas platyrhynchos

Ave muy apreciada. Entre los patos de cría cabe destacar el de Berbería, de carne dura y con un sabor fuerte, y el pato de Nantes, de carne fina pero con más grasa. El pato a la naranja es una receta clásica francesa. En China, el pato Pekín, acompañado con salsa agridulce, constituye un plato tradicional. De los filetes de pato se obtiene el *magret,* que se cocina asado, a la plancha o ahumado. Mediante el asado se reduce su contenido de grasas.

pato

Pichón
Columba sp.

El pichón se prepara como el resto de las aves. Cuando es joven y tierno suele saltearse o prepararse al horno o a la parrilla. Si es un ejemplar adulto, el asado proporciona los mejores resultados. Se presenta acompañado de guisantes. Si se cocina entero, puede servirse sin necesidad de partirlo. Hay que calcular uno por persona.

huevos

El uso corriente de la palabra "huevo" designa al huevo de gallina; si se trata de otras especies, se especifica su nombre. El huevo nunca se ha consumido tanto como en la época actual, pues los modernos métodos avícolas permiten desde hace años responder a las necesidades del consumo y reproducción.

Cuanto más fresco es el huevo, más densa y firme es la clara alrededor de la yema. En el momento de comprarlos es importante comprobar la fecha de caducidad que se indica en el envase, aunque sólo será válida si los huevos se conservan en condiciones adecuadas (por debajo de 4°C con 70-80% de humedad).

Para comprobar en casa si los huevos están frescos, póngalos en agua fría; si flotan será un indicio de que les falta frescura, ya que su cámara de aire es mayor que la de los huevos frescos, que se hundirán hasta el fondo del recipiente.

Se recomienda emplear huevos que estén a temperatura ambiente en caso de hervirlos (si no, podrían agrietarse), montar las claras a punto de nieve (si están muy fríos, las claras no suben tanto) y preparar mayonesa (los ingredientes que componen esta salsa tienen que estar a temperatura ambiente).

El huevo se consume tal cual o se combina con otros alimentos (crepes, *quiche,* pasteles, repostería, helados o bebidas). Se utiliza tanto para espesar y ligar los platos como para volverlos más untuosos (salsas, sopas, rellenos, flanes, crema pastelera, natillas, *puddings,* purés, croquetas y pasta). También se usa para dorar los alimentos (pan de carne, pan rallado, panes, bollos y tartas), y se puede emulsionar (mayonesa o salsas) y montarse a punto de nieve *(mousses,* merengues y *soufflés).* Se recomienda no añadir huevos directamente en un líquido caliente (sopa, natillas, crema pastelera, etc.), en especial las yemas, pues se cuajan y se forman grumos.

Debido a su alto contenido de agua (75%) y proteínas (13%), es preferible cocer el huevo poco y a fuego lento. Una cocción prolongada a fuego fuerte hará que el huevo se pase.

Para montar las claras a punto de nieve se deben tomar varias precauciones. Hay que utilizar siempre claras que se encuentren a temperatura ambiente y no usar utensilios de plástico, pues retienen las grasas y éstas reducen la capacidad que tienen las claras de huevo de formar espuma; para esta operación es mejor recurrir a un recipiente de cobre.

El huevo se considera una fuente excelente de proteínas de alta calidad. La materia grasa se compone de un 32% de ácidos grasos saturados, un 38% de ácidos grasos monoinsaturados y un 14% de ácidos grasos poliinsaturados. Además contiene alrededor de un 5% de colesterol, es decir, 213 mg en el caso de un huevo de tamaño grande. El color de la cáscara depende de la raza de las gallinas: es un factor genético que no afecta al valor nutritivo o al sabor de los huevos. Los elementos nutritivos se reparten de manera desigual entre la clara y la yema. La primera supone algo más de la mitad de las proteínas y la mayor parte del potasio y la riboflavina; la segunda contiene vitaminas A y D, la mayoría de las otras vitaminas y minerales, las tres cuartas partes de las calorías y la totalidad de las materias grasas.

Huevo de codorniz
Huevo tres veces más pequeño que el de gallina, de cáscara beige verdosa con manchas pardas. Los huevos de codorniz son muy populares en las cocinas china y japonesa. Suelen consumirse duros, preparados con vinagre, servidos como aperitivo o, incluso, en ensalada o en platos fríos con gelatina. Se pueden comprar en algunos establecimientos especializados.

Huevo de pato
Muy apreciado en Asia, es de mayor tamaño y posee un sabor más intenso que el de gallina. Los huevos de pato no se pueden consumir crudos, pues suelen contener bacterias que hay que destruir con la cocción; por tanto se preparan duros o cocidos. Deben haber hervido al menos 15 minutos antes de su ingestión.

pescados

La mayoría de los peces vive en el mar; el resto habita en aguas dulces de ríos, lagos y arroyos. Desde siempre, el pescado ha ocupado un lugar destacado en la alimentación de los seres humanos, en especial de las poblaciones costeras. Durante mucho tiempo constituyó un recurso abundante, pero esta situación ha cambiado radicalmente durante el siglo XX, pues el número de bastantes especies ha disminuido de forma alarmante. Diversos factores han contribuido a este cambio, entre los que destacan la pesca intensiva, la contaminación del agua y el avance de las técnicas pesqueras. La cría de peces o piscicultura contribuye, sin embargo, a contrarrestar su desaparición. Esta industria se halla en continua expansión.

El pescado se diferencia de la carne en varios aspectos:

• La proporción de masa muscular es mayor, pues sólo posee un 3% del tejido conjuntivo (el tejido que une los músculos); en la carne, en cambio, esta proporción asciende al 13%. Por esta razón, el pescado no requiere una cocción larga y siempre está tierno.

• Las fibras musculares son más cortas, por lo que la carne resulta más tierna.

• Exige una cocción corta y suele contener poca materia grasa; en consecuencia, se digiere con facilidad.

• Presenta muchos menos vasos sanguíneos y pocos pigmentos o incluso ninguno. El pescado es, pues, casi siempre blanco.

• La grasa del pescado se compone, en su mayor parte, de ácidos grasos poliinsaturados omega-3 (la carne contiene sobre todo ácidos grasos saturados) beneficiosos para la salud.

COMPRA

En el momento de la compra de un pescado fresco y entero hay que prestar una atención especial a las características siguientes:

• Las agallas están húmedas y son de un rojo vivo.

• Los ojos están intactos, brillantes y abultados.

• La piel reluciente, nacarada y tensa se adhiere a la carne.

• La carne es consistente y elástica: no presenta manchas ni se quedan marcada en ella las huellas de los dedos, y no se separa con facilidad de las espinas.

• Las escamas son adherentes y brillantes, y aparecen intactas.

• El vientre no está hinchado ni presenta un color apagado, y el olor resulta suave y agradable (un olor penetrante a pescado significa que le falta frescura).

PREPARACIÓN

El pescado necesita cierta preparación previa a la cocción que varía en función de si es fresco o congelado. El pescadero puede facilitar la preparación del pescado fresco escamándolo, desbarbándolo, eviscerándolo y, si se desea, cortándolo en filetes o rodajas.

La preparación del pescado congelado se reduce al mínimo pues ya está escamado, eviscerado, desbarbado, lavado, casi siempre desollado y con frecuencia cortado en filetes. En definitiva, sólo hay que decidir la manera de cocinarlo y, en ocasiones, de descongelarlo. El pescado es más sabroso cuando todavía no se ha descongelado del todo. Si es fino, cuézalo congelado o apenas descongelado; si es más grueso, descongélelo parcialmente o por completo. Efectúe la descongelación completa si pretende asarlo a la parrilla o freírlo.

La mejor forma de descongelar el pescado consiste en meterlo en el frigorífico con su envase original, de 18 a 24 horas (500 g). Nunca lo descongele a temperatura ambiente; si tiene prisa, póngalo en agua fría (una o dos horas para 500 g).

UTILIZACIÓN

El pescado se prepara de muchas formas distintas: marinado, ahumado, relleno, en salsa, en *mousses,* en albondiguillas, en patés, en terrinas, en picadillos y en enrollados.

COCCIÓN

El pescado se suele consumir cocido pero también es posible ingerirlo crudo, como el *sushi* y el *sashimi* japoneses y el ceviche sudamericano. La cocción debe ser breve pues, de lo contrario, el pescado se torna seco e insípido. Resulta difícil establecer el tiempo con precisión, pues deben considerarse múltiples factores, entre los que destacan la forma del pescado, su tamaño y su contenido de materia grasa. Para hacerse una idea, mida el pescado por su parte más gruesa y calcule un tiempo de cocción de cinco a siete minutos por centímetro de grosor para los pescados frescos cocidos al horno a 220°C.

Estará listo cuando su carne se vuelva opaca, esté todavía húmeda, presente un color uniforme (blanco lechoso si es blanca) y se deshaga con facilidad.

CONSERVACIÓN

El pescado de agua salada se conserva mejor que el de agua dulce.

Seque el pescado fresco con un trapo húmedo, envuélvalo en papel parafinado, colóquelo en un recipiente hermético y guárdelo enseguida en el frigorífico, en la parte más fría. Permanecerá en buen estado hasta dos o tres días.

El pescado se congela con facilidad. Envuélvalo bien y manténgalo a temperatura constante, igual o inferior a -18°C. El pescado magro soporta una congelación más larga (de dos a tres meses) que el graso (uno o dos meses), pues no se pone rancio con tanta rapidez.

El pescado se debe congelar siempre limpio y lo más fresco posible.

VALOR NUTRITIVO

El pescado se divide en magro (platija, eglefino y bacalao), semigraso como el fletán y graso como el salmón, el arenque y la caballa. Contiene entre un 15% y un 20% de proteínas y es rico en minerales y vitaminas, sobre todo fósforo, yodo, flúor, cobre, vitamina A, magnesio, hierro, zinc, selenio y vitaminas del grupo B. El pescado graso constituye una buena fuente de vitamina D (de la que carecen los animales terrestres).

El pescado no se libra de la contaminación. Las vías fluviales cada vez están más contaminadas y la carne de varias especies contiene diversos productos tóxicos. La contaminación varía en función de la edad del ejemplar y su hábitat. Cuanto más tiempo tenga y, por tanto, mayores dimensiones, más le afectará la polución de su entorno. Por lo general, los peces predadores o los de agua dulce se hallan más contaminados que los de agua salada. Los peces que se alimentan de otros peces o los que se caracterizan por su carne grasa son los más afectados por la contaminación; por ejemplo, la perca americana, el lucio, la lucioperca, el pez espada, el fletán, el tiburón, el lucio masquinongy y el atún suelen estar muy afectados por la contaminación. Es preferible limitar el consumo de pescado que habite en aguas contaminadas.

pescado de agua dulce

Anguila
Anguilla sp.

Pez de cuerpo alargado y cilíndrico, apreciado en Europa y Japón. La anguila fresca se estropea con facilidad: sólo se conserva un día o dos en el frigorífico. Suele prepararse a la parrilla, asada al horno, escalfada, salteada, guisada o en sopas (*matelote* o bullabesa). Ahumada tiene un sabor exquisito. Su carne es fina, consistente y grasa. Para quitarle el exceso de grasa hay que desollarla.

anguila europea

Carpa
Cyprinus carpio

Pez que vive en aguas cálidas poco profundas. Su sabor es variable: las especies salvajes suelen tener un gusto a lodo. Soporta bien cualquier tipo de preparación; los modos más habituales son estofado, asado, escalfado, a la parrilla o frito. Es una fuente excelente de niacina, fósforo y vitamina B_{12}. Su carne blanca es consistente y semigrasa.

Perca americana
Micropterus sp.

Pez que vive en ríos y lagos de Norteamérica, cuya especie más conocida es la de boca grande. Este pez de pesca deportiva pocas veces se comercializa. Se adecua a todos los tipos de cocción. Su carne, que se deshace con facilidad, es magra, blanca y sabrosa.

perca americana de boca grande

carpa

Lucioperca
Stizostedion sp.

La lucioperca vive en las aguas frías de lagos y ríos. Se caracteriza por su cuerpo alargado, algo aplastado, y su mandíbula robusta. Se diferencia del lucio por sus dos aletas dorsales. Su hábitat se centra en Europa, en especial en Escandinavia e Inglaterra; la lucioperca del Canadá y la lucioperca americana son las especies más corrientes en Norteamérica. Es un pescado sabroso que se adapta a todos los tipos de cocción; se prepara como la perca o el lucio, entero o en filetes. Su carne magra es firme y delicada.

lucioperca

pescado de agua dulce

lucio común

Corégono
Coregonus sp.

Pez de agua dulce, muy común en Norteamérica, Asia y Europa, cuyo cuerpo alargado, cubierto con grandes escamas, es plateado por los lados y pardo verdoso en el dorso. Fresco o congelado, entero o en filetes, el corégono se cocina como el salmón y la trucha, y ahumado es exquisito. Las huevas se comercializan con el nombre de "caviar dorado".

Lucio
Esox sp.

Pez que vive en ríos, lagos y estanques de Norteamérica, Europa y Asia. Su carne presenta, a veces, un sabor a lodo que desaparece si se pone en remojo en agua fría con vinagre. Cualquier tipo de preparación combina con el lucio. Como tiene muchas espinas muy finas, suele cocinarse en patés, albondiguillas o en pasteles de pescado.

Trucha
Salmo sp.

Vive en los lagos y los ríos de aguas frías o en el mar. Pertenece a la gran familia de los salmónidos y entre las especies más corrientes se halla la trucha marisca, la trucha arco iris (la variedad más extendida del mundo), y el salvelino. Sabe deliciosa ahumada; además, todas las recetas del salmón le van bien. Su carne es semigrasa, muy fina y perfumada, de sabor delicado, que varía ligeramente en función de las especies; su color es blanco, marfil, rosado o rojizo.

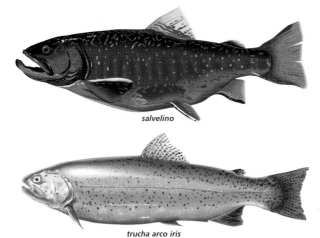

salvelino

trucha arco iris

Perca
Perca sp.

Pescado poco frecuente que habita en agua dulce o salada y pertenece a la misma familia que la lucioperca y la perca sol. Se suele cocinar escalfada, estofada o a la *meunière*. Su carne blanca, magra y consistente posee un sabor delicado. Las recetas de carpa o trucha se adecuan a la perfección a este pescado rico en niacina, vitamina B_{12}, fósforo y potasio.

perca

pescado de agua salada

Caviar

El verdadero caviar está formado sólo por huevas de esturión saladas. Procede de manera casi exclusiva del mar Negro y el mar Caspio. El grosor, el sabor y el color de las huevas dependen de las variedades. El caviar de primera calidad (llamado *malassol*) contiene menos sal que el caviar prensado *(payusnaya)*. Se consume tal cual, acompañado de pan tostado, mantequilla y zumo de limón en pequeña cantidad. Los rusos lo extienden sobre los *blinis* y lo acompañan con nata agria y vodka.

Anjora
Pomatomus saltatrix

Pescado muy apreciado en Estados Unidos, se desplaza en bancos siguiendo la estela de los bancos de otros peces (caballas y arenques), de los cuales se alimenta. Vive mayoritariamente en el Atlántico y el Pacífico. Su carne magra es muy apreciada por los australianos y los norteamericanos. Se prepara como la caballa, a la parrilla, asada o escalfada.

esturión blanco

Esturión
Acipenser sp.

Pez imponente, de forma alargada, que vive en el hemisferio norte. Algunas especies prefieren el agua dulce; otras, la salada. El esturión es muy cotizado por su carne y, en particular, por sus huevas. No suele comercializarse fresco sino congelado o en conserva; se puede ahumar, salar o marinar. Las recetas de pez espada y atún le van de maravilla. Es un pescado magro, rico en niacina, fósforo, vitamina B_{12} y potasio.

caviar beluga

Boquerón
Engraulis encrasicolus

Este pez pequeño se llama "anchoa" si se conserva en salmuera, aceite o sal y se vende en tarros o en lata. Es muy apreciado por los pueblos del Mediterráneo, que lo incluyen en diversos platos *(pissaladière, tapenade, anchoïde,* ensalada, etc.). Su esencia aromatiza sopas y salsas. La mantequilla y la pasta de anchoa se utilizan para recubrir la carne y el pescado antes de la cocción y para untar el pan moreno. Se trata de un pescado graso, con muchas calorías.

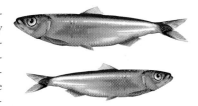

Arenque
Clupea harengus

Pez marino, uno de los más capturados del mundo, que se comercializa fresco, congelado, en conserva, marinado, salado y ahumado. El arenque fresco resulta delicioso a la parrilla, al horno o a la plancha. Puede sustituir a la caballa. Se trata de un pescado rico en vitaminas del grupo B, fósforo, potasio y materia grasa. Su carne blanca es grasa y sabrosa.

Arenque kipper
Gran arenque descabezado, abierto en dos, sin espinas, plano, y un poco ahumado (en frío). Se come tal cual o poco cocido, y se vende fresco, en conserva, congelado o en bolsitas listas para cocer. Se conserva durante cuatro días.

Arenque craquelot
Arenque por lo general entero, sin limpiar, apenas salado y semiahumado. Se hace a la parrilla o se fríe. No se conserva más de cinco días.

Arenque buckling
Arenque ligeramente curado en salmuera (unas horas), ahumado en caliente y que puede consumirse sin más cocción. Se conserva unos cuatro días.

Arenque saur
Arenque ahumado en frío durante un largo período de tiempo y luego salado (de dos a seis días). Se vende entero o en filetes (en conserva o en bolsitas); también puede marinarse. Se conserva entre 12 y 15 días.

Arenque ahumado
Arenque ahumado en caliente (expuesto directamente al calor y no muy cocido) o en frío (ahumado a distancia del fuego y durante más tiempo).

arenque ahumado

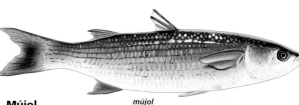

mújol

Mújol
Mugil sp.

Pescado muy frecuente en las costas cálidas del Atlántico, el Mediterráneo y el Pacífico. El mújol se amolda a todos los tipos de preparación y se come caliente o frío. Sus huevas son exquisitas y se emplean en la elaboración de la botarga provenzal y del *tarama* griego (una pasta untuosa de color rosado).

pescado de agua salada

Tiburón
Sélaciens

Pez cartilaginoso sin espinas. Entre las especies más corrientes, se encuentra la mielga común, la musola, el alitán y el tiburón Ha. El tiburón se vende una vez limpio y cortado en filetes, rodajas o trozos. Su carne no pierde volumen al cocerse; es consistente, un tanto gelatinosa y más o menos sabrosa (la carne de la mielga suele considerarse la mejor). La mayoría de los tipos de cocción le van bien. Resulta delicioso acompañado con una salsa condimentada. En China, la sopa de aleta de tiburón es muy apreciada.

Rape
Lophius sp.

Pez que habita en los fondos cenagosos de los mares, sobre todo del Atlántico y el Mediterráneo. El rape (también llamado "pejesapo") presenta una enorme cabeza achatada, más ancha que el tronco. La única parte comestible es la cola, cuya carne se asemeja a la del bogavante. Se suele preparar frita, escalfada o a la parrilla. Su sabor es excelente frío y bañado con una vinagreta. Las salsas le favorecen, pues su carne tiende a secarse.

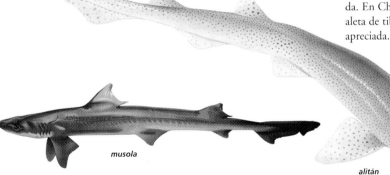

musola

alitán

Raya
Raja sp.

Las aletas, las mandíbulas y el hígado de la raya son comestibles. La carne rosada o blanquecina no tiene espinas. Se cuece sin la espesa piel que la cubre: escalfada, al horno o untada con mantequilla tostada. Se puede cocinar como las zamburiñas. Hay que vigilar que se cueza suficientemente y servirla muy caliente para evitar que no se torne viscosa y gelatinosa.

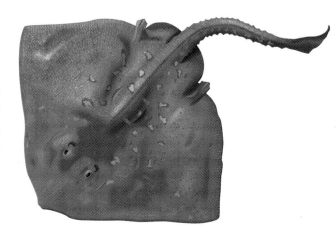

pescado de agua salada

Morena
Muraena helena

Este pez con el cuerpo en forma de anguila y la piel desnuda puede presentar colores diversos (con frecuencia pardo oscuro con destellos amarillos y negros). Su carne, grasa, fina y sin espinas (menos la cola) se prepara como el congrio o la anguila. Se suele escalfar y se come una vez fría, acompañada con alioli.

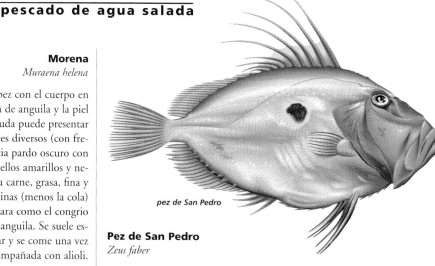

pez de San Pedro

Pez de San Pedro
Zeus faber

Pescado muy comprimido, de forma ovalada y aspecto llamativo, con una mancha redonda a ambos lados del cuerpo. Su carne blanca y compacta resulta muy sabrosa. Prepárelo sin aditivos para no disfrazar la exquisitez de su carne. Las recetas de lenguado y rodaballo resultan muy apropiadas para el pez de San Pedro. Con sus espinas gelatinosas se preparan *fumets* exquisitos.

Alosa
Alosa sp.

Importante pez de Norteamérica que también vive en Europa occidental y en el Mediterráneo. Entre las especies más corrientes se encuentra el sábalo americano, la saboga, el sábalo y el pinchagua. Su carne, que se deshace con facilidad, es grasa y tierna. La hembra es más apreciada, pues sus espinas se extraen con mayor facilidad. Se prepara con ingredientes de alto contenido en ácido como la acedera y el ruibarbo, que facilitan la digestión y ablandan las espinas.

Caballa
Scomber sp.

Su carne es sabrosa, con bastante grasa. Se vende fresca o en conserva (al natural, en salsa, con vino blanco o en aceite). Se recomienda la cocción en el horno, con caldos cortos, a la parrilla o en papillote. Una receta clásica la acompaña con una salsa de grosellas. La caballa sustituye al atún en conserva, el arenque o la alosa. Es una fuente de vitamina B_{12} excelente y contiene ácidos grasos omega-3.

alosa

caballa

pescado de agua salada

Lubina común
Disentrarchus labrax

Este pez tan voraz vive en el norte del Atlántico y en el Mediterráneo. Se puede escalfar, flambear, asar a la parrilla, freír o rellenar. Se debe cocinar en una preparación sencilla para no disfrazar su fino sabor y no escamarla si se va a escalfar o asar entera a la parrilla. Su carne magra es delicada y sabrosa, consistente, resiste bien la cocción y contiene pocas espinas.

Sardina
Sardina pilchardus

Pez de pequeñas dimensiones, parecido al arenque, que se descabeza, se limpia, se cuece –normalmente estofada– y se pone en conserva con aceite, tomate o vino blanco. La sardina en aceite mejora con el paso del tiempo. Se consume tal cual, bañada con zumo de limón y acompañada con pan y mantequilla. Se trata de un pescado rico en fósforo, vitamina B_6, niacina y, si se comen las espinas, en calcio Su carne semigrasa resulta deliciosa.

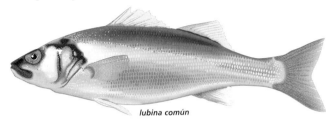

lubina común

Congrio
Conger sp.

El congrio tiene forma de una gran serpiente. Abunda cerca de las costas de Chile y Europa. Se comercializa entero (vacío y descabezado), en trozos o en rodajas, y se puede preparar de cualquier modo. Su carne consistente carece de espinas, a excepción de la parte de la cola. Se utiliza en la bullabesa y la *matelote*.

congrio

Dorada
Chrysophrys aurata

Pez frecuente en las costas de las aguas tropicales del Mediterráneo y el Atlántico. Su piel rosada o rojiza está repleta de manchas azules y cubierta con numerosas escamas difíciles de quitar. Se prepara de muchas maneras, aunque las más sencillas son las mejores. Resulta deliciosa en *sashimi*, ceviche, ahumada o a la sal. Sus huevas son exquisitas, y su carne blanca y magra posee un sabor fino y sabroso.

dorada

pescado de agua salada

bacalao del Atlántico

Merluza
Merluccius sp.

Varias especies llevan el nombre de merluza. La merluza común vive en las costas europeas del Atlántico y abunda en Portugal y España. La merluza plateada vive en las costas norteamericanas del Atlántico. Su carne tierna, que se deshace con facilidad, resulta muy sabrosa.

Bacalao
Gadus sp.

Uno de los peces más capturados del mundo que en Europa suele salarse y dejar secar, o consumirse fresco o congelado. Todos los tipos de cocción le van bien. Es delicioso en salsa; también se pone en conserva, se seca al aire o se sala. Sus huevas se consumen frescas, ahumadas o saladas. Lengua, cocochas e hígado son comestibles. De su hígado se obtiene un aceite de alto contenido en vitamina D. Su carne es magra, delicada y consistente, sobre todo cuando el bacalao es pequeño y fresco.

Palero
Pollachius virens

Vive en ambas costas del Atlántico y es muy importante en Europa, sobre todo en Inglaterra. Su carne blanca, de baja calidad, es consistente. Este pescado se utiliza en Canadá para preparar el *surimi*.

Bacalao tomcod
Microgadus tomcod

He aquí un pez muy frecuente en la costa occidental del Atlántico, desde Labrador hasta Virginia, que remonta varios ríos y cursos de agua para desovar. Su carne blanca y magra es muy cotizada. Se suele preparar frito.

palero

Eglefino
Melanogrammus aeglefinus

El eglefino se parece al bacalao pero es de menores dimensiones. Vive a ambos lados del Atlántico norte. Su carne blanca y magra es sabrosa, más suave y delicada que el bacalao. Le van muy bien las preparaciones que se elaboran con el bacalao.

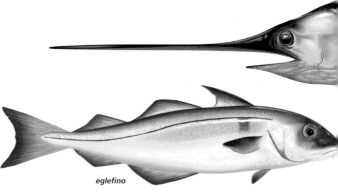

eglefino

pescado de agua salada

Plegonero
Merlangius merlangus

Este pez vive en el Atlántico, el Mediterráneo, el mar Negro y el mar Báltico. Se trata de uno de los peces más pequeños de la familia del bacalao. Su carne delicada, sabrosa y muy digerible, se desmenuza con facilidad. Se suele preparar en papillote o en caldo corto.

eperlano europeo

Eperlano
Osmerus sp.

Pez plateado de pequeño tamaño que vive en los mares y lagos de aguas templadas o frías. El eperlano se comercializa fresco, ahumado, salado o seco. Una vez limpio se cocina de forma sencilla, a la plancha. Se puede marinar en zumo de limón o remojar en leche y harina. Otra posibilidad es freírlo o asarlo a la parrilla. Los grandes son más fáciles de cocinar para platos elaborados. De este pescado se come todo. Su carne es sabrosa y más bien grasa.

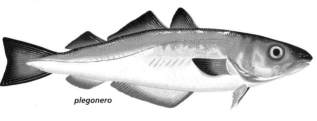

plegonero

Rubio
Trigla sp.

Pescado con un aspecto no muy atractivo. El rubio rojo, de poca carne, se suele emplear en la elaboración de sopas, en la bullabesa y la *matelote*. El rubio gris y el rubio de América poseen una carne muy consistente y sabrosa. Sabe delicioso preparado al horno, estofado, frito o ahumado. Es rico en potasio y calcio.

rubio rojo

Pez espada
Xiphias gladius

Pescado cuya mandíbula superior se asemeja a una espada. Se vende fresco en rodajas, ahumado o en conserva. La cola y las aletas también son comestibles. Marinado o no, sabe delicioso a la parrilla, asado o frito. Este pez fresco se escalfa antes de prepararlo. Se cocina como los pescados de carne consistente. Es rico en vitamina B_{12}, niacina, potasio y fósforo. Su carne es muy cotizada.

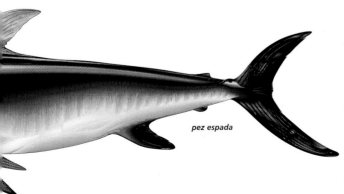

pez espada

pescado de agua salada

Salmón
Oncorhynchus sp. y *Salmo salar*

El salmón, pez magnífico muy apreciado tanto por su carne como por el placer de pescarlo, nace en agua dulce y vive en el mar, aunque regresa a su lugar de origen para desovar. El color de la piel, a menudo salpicada de manchas, varía en función de las especies y el período del año. Cinco especies viven en el Pacífico y una en el Atlántico. Cualquier modo de cocción le va bien; se suele preparar en rodajas y resulta sabroso tanto caliente como frío. Sólo se conserva de dos a tres días en el frigorífico.

Salmón ahumado

Salmón que se ahúma en caliente o en frío. El salmón ahumado fresco presenta una carne húmeda y consistente pero tierna, de un color rosado o anaranjado. Si su aspecto es brillante o el contorno seco y pardo quiere decir que le falta frescura. El salmón ahumado es un plato muy cotizado y está delicioso regado con un chorrito de zumo de limón. Se suele añadir alcaparras, pimienta recién molida y finos aros de cebolla roja.

salmón del Atlántico

salmón del Pacífico

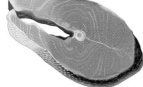

rodaja de salmón

Ouananiche
Salmo salar ouananiche

El ouananiche (o salmón del interior) es un pequeño y delicioso salmón de agua dulce. Vive en la costa este de Norteamérica y en Escandinavia. Se prepara como el salmón o la trucha.

Lamprea
Petromyzon sp.

La lamprea se parece a una serpiente con boca en forma de ventosa y una lengua recubierta de dientes. Este pescado es muy apreciado por los europeos y los amerindios de la costa del Pacífico. Se prepara a la parrilla, en *matelote* o en pasteles de pescado. Su carne grasa, sin espinas, es más delicada que la carne de la anguila. La lamprea a la bordelesa, cocinada con vino tinto, es una famosa receta gastronómica.

lamprea

pescado de agua salada

rodaja de atún

Atún
Thunnus sp.

Pescado de grandes dimensiones y cuerpo robusto de cuyas especies más comunes destacan el atún rojo, el atún blanco, el bonito y la albacora. Su color varía al igual que su sabor, que puede ser muy intenso. El atún fresco se prepara asado, a la parrilla, o al horno; estofado, con caldos cortos y al vapor también resulta excelente. El *vitello tonnato* italiano se compone de atún y ternera fresca. Los japoneses lo toman crudo en *sashimi* y *sushi*. El atún con aceite en conserva es menos seco y más graso.

atún blanco

Escorpina
Sebastes sp.

Vive en las aguas profundas de los mares del norte y en las poco profundas de los mares del sur. Su piel suele presentar tonos rojos, rosas o naranjas. Su carne es magra, consistente y se desmenuza con facilidad. La escorpina, entera o en filetes, se adapta a cualquier tipo de cocción. Retire la piel durante la cocción con caldos cortos o a la parrilla. Este pescado es bueno tanto crudo, como cocido, ahumado o frío.

Rascacio
Scorpaena sp.

Pez de la familia de los escopénidos que vive en las aguas profundas del Mediterráneo y el Atlántico oriental. A veces recibe el nombre de "diablo de mar" y "escorpión de mar", pues de su aleta dorsal surgen espinas venenosas. Este pescado es uno de los ingredientes de la bullabesa y la *matelote;* se cocina de forma más elaborada si es bastante carnoso.

escorpina

Escorpión
Trachinus sp.

Sus aletas presentan espinas venenosas que pueden provocar graves heridas. La carne blanca, consistente y sabrosa se añade a la bullabesa o la *matelote,* y ahumada resulta deliciosa. Asegúrese al comprarlo de que se hayan retirado las espinas de las aletas.

escorpión

pescado de agua salada

Orange roughy
Hoplostethus atlanticus

Este pescado, llamado también pez reloj, debe su nombre al color anaranjado de su piel. Su carne blanca y consistente suele comercializarse en forma de filetes congelados. Se puede cocer al horno o a la cazuela, en rodajas fritas, asado a la parrilla o preparado de la misma forma que el bacalao.

Pargo
Lutjanus sp.

Pescado de escamas rojas, muy popular en el mar Caribe y sobre todo en las Antillas francesas, donde su carne consistente de sabor exquisito es muy apreciada. Se suele servir entero sobre un lecho de arroz o una juliana de verduras; los más pequeños se preparan a la parrilla o a la plancha, con un chorrito de zumo de limón. La cocción al vapor o en el horno conserva el hermoso color de este pescado.

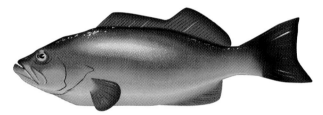

Mero
Serranidae

Pescado de carne blanca, consistente y magra, muy apreciado en China. Resulta delicioso escalfado o a la parrilla. Se vende entero, en rodajas o en filetes. Hay que desollarlo antes de prepararlo. Todos los modos de cocción del atún le van bien.

Salmonete de fango
Mullus sp.

Vive en el Mediterráneo y en los océanos Atlántico, Pacífico e Índico. Su piel, cubierta de escamas, se caracteriza por su coloración roja o rosada. Pese a sus muchas espinas, el salmonete de fango es muy cotizado sobre todo en el sur de Francia. Su carne magra y consistente tiene un sabor fino. Se prepara entero (si es pequeño) o eviscerado (no deseche el hígado).

salmonete de fango

Dorado
Coryphaena hippurus

Pez muy frecuente en los mares tropicales, que en Hawai recibe el nombre de *mahi-mahi*. Posee una carne consistente y sabrosa que puede comprarse entera, en rodajas o en filetes. Su carne, de color entre blanco y rosado, se prepara a la parrilla o asada al horno y tiende a secarse, por lo que se recomienda servirla acompañada con una salsa.

dorado

pescado plano

Rodaballo
Psetta maxima

En Norteamérica, incorrectamente, se llama al fletán rodaballo de Groenlandia. La carne magra del rodaballo es blanca, consistente y muy sabrosa. Se vende entera o en filetes desollados, y es uno de los pescados de agua salada más exquisitos. Se puede escalfar o preparar a la parrilla.

Fleso
Platichthys flesus

El fleso, muy abundante en el Báltico, se captura también en el Mediterráneo. Su carne es menos sabrosa que la platija y posee muchas espinas, por lo que suele venderse en filetes.

Platija
Pleuronectidae

Muy abundante en el Atlántico y en el Pacífico, suele confundirse con el lenguado, aunque éste vive sólo cerca de las costas europeas. En Norteamérica, los filetes de lenguado que se venden normalmente son de platija, fleso o gallo. La platija contiene muchas espinas. Se prepara en filetes a la parrilla o fritos, con o sin piel, previamente escamados. No disfrace la exquisitez de su carne.

platija común

pescado plano

Lenguado
Solea sp.

El lenguado vive en los fondos cenagosos del mar aunque, a diferencia de la platija, su hábitat no incluye las costas de Canadá y Estados Unidos, países en los que la llaman incorrectamente "lenguado". Es un pescado muy sabroso cuya especie más buscada es el lenguado común. Se le pueden añadir múltiples condimentos y cualquier modo de cocción resulta adecuado. Se caracteriza por su carne magra.

Gallo
Limanda limanda

Especie que vive en las costas europeas del Atlántico, sobre todo en las francesas. Su carne es menos sabrosa que la de la platija y posee muchas espinas. Por lo general se vende en filetes.

Surimi

Sucedáneo de marisco realizado con una pasta de pescado a la que se añade agua, almidón, clara de huevo, glutamato monosódico y aroma natural o artificial. Es rico en proteínas y pobre en materias grasas y calorías. Contiene, sin embargo, varios aditivos y más sodio que el marisco.

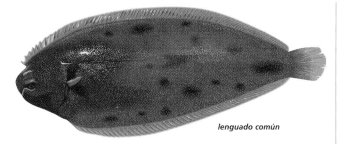

lenguado común

Fletán
Hippoglossus sp.

El mayor de los pescados planos y, de hecho, uno de los mayores que viven en el mar. Se adereza con vino y se prepara a la parrilla o escalfado. El fletán con mantequilla de anchoa es delicioso. Se trata de un pescado magro cuya carne, consistente y que se desmenuza con facilidad, contiene pocas espinas.

fletán

Animales acuáticos invertebrados con el cuerpo protegido por un caparazón duro que viven, en su mayoría, en el mar (cangrejo de mar, gamba, bogavante, langosta o cigala) y algunos en agua dulce, como el cangrejo de río y algunas especies de gambas. El caparazón de los crustáceos se cae durante la muda, para que el animal pueda desarrollarse, y vuelve a. formarse enseguida. Los crustáceos cambian de caparazón varias veces a lo largo de su vida.

Las hembras se distinguen de los machos por una especie de aleta que sirve para retener las huevas. En los machos, esta parte no tiene forma de aleta sino que es más fina y rígida. Las huevas (coral), de color rojizo, son comestibles.

COMPRA

En el momento de su compra, los crustáceos vivos deben ser pesados y vigorosos (los bogavantes y los cangrejos incluso mueven las patas), exhalar un olor agradable y presentar un caparazón intacto. Crudos o cocidos puede que hayan sido descongelados. Asegúrese de ello, pues no deben congelarse dos veces y, una vez descongelados, se conservan durante menos tiempo. La frescura de los crustáceos congelados (crudos, cocidos o precocinados) se comprueba por la ausencia de hielo en el interior de la envoltura o por la desecación de la carne.

Los crustáceos se conservan en el frigorífico o el congelador. Algunos, como el bogavante y el cangrejo vivos, se conservan, en ciertas pescaderías o restaurantes, en el interior de viveros. Deben consumirse calientes o fríos, pero en cualquier caso siempre cocidos.

COCCIÓN

La cocción en agua hirviendo es muy sencilla y exige poca preparación, únicamente rellenar con miga de pan comprimida los agujeros que pueda haber en el caparazón de los bogavantes y los cangrejos. Por lo general, se cuecen introduciendo primero la cabeza en el agua hirviendo para matarlos de inmediato (tenga cuidado con las salpicaduras debidas normalmente a la cola que se repliega); se dice que, de esta manera, los crustáceos resultan más sabrosos. El tiempo de cocción varía según las especies y los tamaños pero si se cuecen demasiado, la carne del animal se endurece y pierde sabor.

Tras la cocción, los crustáceos deben tener un caparazón rosado o rojo vivo, sin manchas verdosas o negruzcas, una carne consistente de olor agradable, y una cola replegada, señal de que todavía estaban vivos en el momento de la cocción.

VALOR NUTRITIVO

Los crustáceos constituyen una excelente fuente de proteínas, vitaminas (entre las que destaca la niacina y la vitamina B_{12}) y minerales (en especial el cinc y el cobre), pero son pobres en materia grasa y muchos contienen colesterol, de 50 a 150 mg por 100 g. Pueden causar reacciones alérgicas en personas sensibles, sobre todo en las que padecen jaquecas.

Gamba
Pandalus y *Penaeus* sp.

Pequeño crustáceo entre cuyas especies más corrientes se hallan la gamba nórdica y la gamba tigre gigante (la más consumida en Extremo Oriente). Suelen cocerse con agua o caldos cortos, y son deliciosas calientes o frías. Se añaden a sopas, *mousses,* rellenos y ensaladas, y se sirven como aperitivo, entrante o plato principal, solas o acompañadas de carne, ave, verduras o pasta. Es un alimento rico en vitamina B_{12} y niacina.

gamba tigre gigante

gamba nórdica

Bogavante
Homarus americanus y *vulgaris*

Crustáceo que vive sobre todo en el Atlántico. Sus partes comestibles son la carne del abdomen (o cola) y de las patas, el coral y el hígado verdoso. La carne es magra, consistente y muy sabrosa. El bogavante se cuece en agua, al vapor o a la parrilla, y es muy apreciado con mantequilla de ajo o mayonesa. Se cuece en *bisques, soufflés* o en salsas. El bogavante Thermidor a la americana (o a la armoricana) y a la Newburg son preparaciones clásicas. Frío se añade a ensaladas y *aspics.* Su caparazón aromatiza *bisques,* guisos y salsas; también sirve para elaborar mantequilla. Este crustáceo es rico en potasio, cinc y niacina.

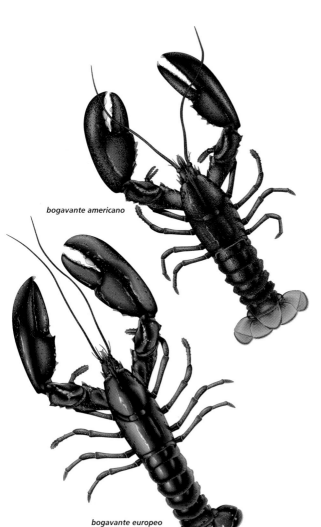

bogavante americano

bogavante europeo

cangrejos

Crustáceo que vive en el mar y en agua dulce o salobre. Su carne magra y filamentosa es muy sabrosa; el hígado y la sustancia cremosa que se encuentran bajo el caparazón son comestibles. Los cangrejos vivos se cuecen como el bogavante, sumergiéndolos vivos en agua hirviendo con sal. Resultan deliciosos calientes o fríos, como aperitivo, en ensalada, bocadillos, sopas, salsas o con pasta. El cangrejo es rico en vitamina B_{12}, niacina, cobre y cinc.

Buey de mar
Cancer pagurus

Cangrejo de gran tamaño con el caparazón de color marrón rojizo, liso y ovalado. Su carne es excelente y suele cocerse al vapor o en caldo corto. Después se sirve la carne fría en preparaciones rellenas o con mayonesa.

buey de mar

Cangrejo común del Pacífico
Cancer magister

Crustáceo perteneciente a la familia de los cangrejos de roca. Su caparazón es de color pardusco. Se vende entero, vivo, cocido, en conserva o congelado. Su deliciosa carne también puede adquirirse congelada o fresca.

cangrejo común del Pacífico

Cangrejo de nieve
Chionoecetes opilio

Crustáceo de la familia de los cangrejos-arañas que se caracteriza por su cuerpo casi circular, algo más ancho por la parte trasera, y su caparazón de color pardo anaranjado. El cangrejo de nieve vive en aguas frías y profundas, lo que beneficia a su incomparable y solicitada carne.

Cangrejo de caparazón blando
Callinectes sapidus

No muy frecuente en la pescadería, esta variedad corresponde a un cangrejo azul que acaba de deshacerse de su caparazón y en el que aún no se ha formado la nueva protección. Normalmente se vende vivo y se prepara salteado en mantequilla, o frito y servido con salsa tártara.

Cangrejo azul
Callinectes sapidus

Cangrejo de mar muy apreciado en Estados Unidos. Suele medir de 15 a 20 cm y vive en la costa atlántica desde Delaware hasta Florida. Representa alrededor de la mitad de las capturas de cangrejos de la industria americana. Su exquisita carne tiene un sabor dulce.

Centollo
Maïa squinado

Cangrejo cuyas patas largas y finas le asemejan a las arañas. Su caparazón repleto de protuberancias presenta forma de triángulo redondeado. Su carne es muy fina y, en el caso de la hembra, resulta especialmente sabrosa.

Cangrejo de río
Astacus y *Cambarus* sp.

Pequeño crustáceo de agua dulce, muy apreciado en Europa y en el sur de Estados Unidos –sobre todo en Luisiana–, cuya carne, de un blanco rosado, es magra y delicada. Se condimenta como el bogavante, el cangrejo de mar y las gambas. Sólo es comestible la cola. Se suele preparar en *bisques, soufflés* o *mousses,* en ensaladas o gratinados.

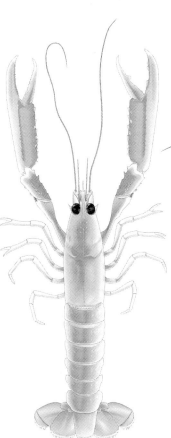

Cigala
Nephrops norvegicus

La cigala se asemeja a un bogavante pequeño o a una gamba de gran tamaño. Su carne, más delicada que la del bogavante, es exquisita. Se cuece como las gambas, el bogavante o la langosta, y se sirve acompañada de mantequilla de ajo. La mayoría de las recetas de crustáceos le resultan apropiadas. Es rica en calcio, fósforo y hierro.

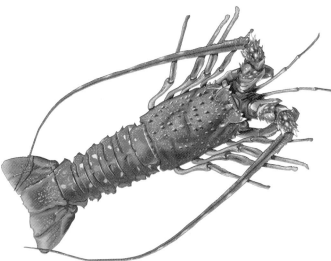

Langosta
Palinurus y *Jasus* sp.

Crustáceo parecido a un bogavante pero con el caparazón lleno de protuberancias. Su carne es algo menos sabrosa que la del bogavante y, en algunos países, sólo se suele comercializar su cola, cruda o cocida. La langosta se sazona simplemente con mantequilla de ajo. Es deliciosa en ensaladas y rica en niacina, vitamina B_{12} y cinc.

moluscos

Animales desprovistos de esqueleto (invertebrados), con el cuerpo blando protegido normalmente por una concha, que pertenecen a una gran familia dividida en tres ramas principales: los gasterópodos, los bivalvos y los cefalópodos. Estos dos últimos grupos reciben el nombre popular de marisco.

COMPRA

Los moluscos deben conservarse muy frescos hasta el momento de consumirse o cocerse. Al comprarlos con concha, decídase por los que estén vivos: la concha estará cerrada o, si está entreabierta, se cerrará al darles un golpecito. Los moluscos con concha deberían emitir un sonido sordo al golpearlos, señal de que están llenos de agua. Los pulpos, los calamares y las sepias frescos han de ser consistentes, estar húmedos y desprender un suave olor a mar.

PREPARACIÓN

La concha de los moluscos debe limpiarse con agua corriente. Si tienen arena, introdúzcalos durante una hora o dos en agua con sal (de 60 a 75 ml de sal por litro de agua).

Para abrir los moluscos vivos, inserte un cuchillo entre las valvas y sepárelas moviendo el utensilio sobre su eje (en ocasiones hay que cortar el músculo aductor que las mantiene juntas). También se pueden calentar los moluscos durante varios segundos en una olla sin agua, al vapor.

COCCIÓN

Algunos moluscos se consumen tanto crudos como cocidos (ostra, zamburiña o almeja) mientras que otros, sólo después de la cocción (caracol gris o bucino). No se deben cocer dos veces, pues se abarquillan y se ponen correosos o, si se han cocido en un líquido, se ablandan y se tornan pastosos.

CONSERVACIÓN

Los moluscos frescos o cocidos se conservan uno o dos días en el frigorífico. Sin concha, pueden congelarse y mantenerse en buen estado durante unos tres meses.

VALOR NUTRITIVO

Los moluscos son ricos en proteínas y minerales. Contienen poca materia grasa, colesterol o calorías.

Berberecho
Cardium sp.

Nombre que designa tradicionalmente a la especie europea, aunque existen varias especies de berberechos. Este molusco bivalvo es más consistente y de sabor más intenso que las ostras o los mejillones. Se consume crudo o cocido, caliente o frío. Puede sustituir a los mejillones y las almejas.

Zamburiña
Pecten sp.

Molusco bivalvo cuyas partes comestibles son la "nuez", carne exquisita que en realidad es el músculo que abre y cierra las valvas, y el coral, una parte de color anaranjado que corresponde a las glándulas sexuales. En su madurez, estas glándulas adquieren una tonalidad rojo coral en las hembras y crema en los machos. En cuanto se captura, la zamburiña se extrae de la concha. Sabe deliciosa bañada con zumo de limón, en *sashimi* o en ceviche. Se prepara a la parrilla, escalfada, empanada, salteada, estofada, frita o marinada.

Vieira
Placopecten magellanicus

Se trata de la zamburiña de mayor tamaño de la familia, pues puede alcanzar entre 15 y 30 cm de diámetro. En Canadá es el molusco más importante desde el punto de vista comercial.

Volandeira
Chlamys opercularis

Suele confundirse con la zamburiña debido a su enorme parecido. Es una de las especies más conocidas de Europa junto con la vieira. El coral es de color rojo anaranjado.

Concha de Santiago
Pecten maximus y *Jacobeus*

La concha de Santiago, también llamada concha de peregrino, vive en el Atlántico y el Mediterráneo. Se trata de una variedad de pectínido abundante a lo largo de las costas francesa y española. Es muy apreciada en Francia y también se conoce en Norteamérica como delicado manjar. Su carne blanca posee un sabor muy fino. No debe cocerse en exceso para apreciar toda su exquisitez y sabor.

Bucino
Buccinum sp.

Este molusco, que se asemeja a un caracol gris gigante, es más conocido en Europa que en Norteamérica; en Gran Bretaña e Italia es muy apreciado. Hay que tener cuidado durante la cocción porque la carne del bucino se vuelve correosa si se cuece demasiado. Se prepara igual que el caracol gris y se come sazonado con zumo de limón o marinado. En ensalada o cocido en una salsa de vino blanco resulta delicioso.

Caracol gris
Littorina sp.

Pequeño molusco muy abundante en el Atlántico y el Pacífico, parecido al caracol de tierra. Se consume frío o caliente, sin aderezos o condimentado con zumo de limón o vinagre. Se suele marinar y se prepara con salsa de vino blanco, en ensalada o como aperitivo. A la parrilla en fuego de leña sabe exquisito.

bucino

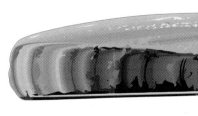

caracol de Borgoña

caracol sin concha

Caracol
Helix sp.

Este molusco es un animal terrestre herbívoro. Los más consumidos en Francia son el de Borgoña (o caracol de viñedo) y el caracol pequeño gris. Su carne es más o menos consistente y delicada según las especies. Se venden vivos o congelados, en conserva o cocidos. Se preparan a la parrilla, salteados, cocidos en salsa, en caldos cortos o en hojaldre. El caracol servido con mantequilla de ajo es un entrante clásico.

Oreja de mar
Haliotis sp.

Molusco con forma parecida a la zamburiña (aunque de mayores dimensiones) cuyo músculo grisáceo es la parte comestible. Se vende en conserva, deshidratada o congelada. Se prepara hervida, a la parrilla, a la plancha, asada o frita. Hay que golpear la carne de este animal antes de cocerla. La oreja de mar es excelente, cruda o cocida, como entrante, en ensaladas, sopas y platos al vapor. Acompañada con mayonesa es un plato típico de Chile.

oreja de mar

verigüetos

Almeja
Venus sp.

Molusco bivalvo de concha muy dura. Según las especies, entre las que se cuentan los verigüetos y las navajas, su carne oscila entre un crema grisáceo y un naranja oscuro. Los ejemplares pequeños se comen crudos o cocidos, y saben exquisitos tal cual rociados con limón; los más grandes, en cambio, se consumen cocidos. La sopa de almejas es muy apreciada en Nueva Inglaterra (Estados Unidos). En Italia se incluyen en los espaguetis *alle vongole*. Las almejas combinan bien con el chalote, los tomates, el vino blanco y el tomillo. Pueden sustituir a las ostras, los mejillones y las zamburiñas. Su carne es magra.

navaja

almejas americanas

ostra del Pacífico

ostra europea

Mejillón
Muscullus y *Mytilus* sp.

Molusco de color negro azulado. La carne de la hembra es de color naranja y la del macho blanquecina. Este molusco se vende fresco o en conserva (ahumado, al natural, en aceite, en escabeche, con tomate o al vino). Se deben escalfar o cocer al vapor hasta que se abran; deseche los que permanezcan cerrados. Los mejillones a la marinera (con vino blanco, mantequilla, chalote, perejil y pimienta) son un plato muy conocido. Forman parte de aperitivos, ensaladas y paellas.

Ostra
Ostrea y *Crassostrea* sp.

Molusco bivalvo cuya concha es rugosa e irregular. Suelen llamarse según su zona de procedencia. En el este de Canadá, la Caraquet y la Malpèque tienen mucha fama. En Estados Unidos, la Blue Point y la Cape Cod son muy apreciadas. En Australia, la Sydney Rock Oyster es muy cotizada. Se suelen consumir crudas, rociadas o no con zumo de limón. Cocidas saben deliciosas tanto calientes como frías. Se cocinan en sopa, en salsa o gratinadas. Son ricas en vitamina B_{12}, hierro, cinc y cobre; se trata de un alimento revitalizador y muy alimenticio.

mejillones azules

Erizo de mar
Strongylocentrotus sp.

Pequeña criatura marina con el caparazón recubierto de espinas cuyas partes comestibles son las glándulas sexuales (coral) y el líquido que las rodea. Tiene sabor a yodo y se consume crudo rociado con limón, chalote y sal, con pan y mantequilla o en canapés. El erizo de mar en *coulis* o en puré aromatiza salsas, mayonesas y *dips*. Se puede cocer en agua hirviendo con sal, como un huevo pasado por agua; o formar parte de la sopa de pescado.

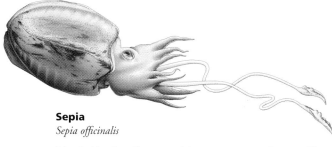

Sepia
Sepia officinalis

Muy habitual en Europa y Asia, presenta un color amarillo o beige con rayas que suelen ser negras. Este molusco posee diez tentáculos, de los cuales dos son muy largos. Su carne es muy dura y hay que golpearla antes de cocerla. Se cocina como el pulpo y el calamar. Rellena sabe deliciosa. La tinta se guarda y se emplea en algunas recetas, sobre todo en la elaboración de pastas.

Pulpo
Octopus sp.

Molusco con tentáculos de ventosas cuya carne es dura y sabrosa. Si el ejemplar es grande, la carne resultará correosa, por lo que habrá que golpearla antes de cocerla. El pulpo se prepara a la parrilla, se escalfa, se saltea, se fríe o se estofa. Si se cuece a fuego lento, se ablandará su carne. Es delicioso marinado o cocido al estilo oriental; combina bien con el ajo, el tomate, el limón, el jengibre, el vino o la salsa de soja.

Calamar
Loligo sp.

Las partes comestibles del calamar son los tentáculos y la bolsa que forma el cuerpo, además de su tinta. Su carne es magra y algo correosa. Se prepara a la parrilla o frita y se come caliente o fría; cuézala brevemente para impedir que se torne dura. Si el calamar es muy pequeño, se puede comer crudo. Este cefalópodo se marina, se ahúma, se rellena, o se añade a sopas, salsas y ensaladas. Con la pasta resulta delicioso.

Rana
Rana sp.

Sólo se comen las ancas de este animal por su carne tierna de sabor exquisito. La rana verde (la más sabrosa) y la rosada constituyen gran parte del mercado europeo. En Norteamérica se consumen especies de mayor tamaño. Las ancas de rana se venden ya limpias, frescas, congeladas o en conserva. Se fríen o se saltean, y se preparan a la provenzal, a la *lyonnaise,* con ajo o con perejil.

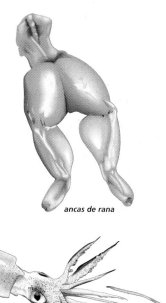

ancas de rana

calamar

embutidos

La palabra embutidos designaba, en un principio, un producto basado en la carne o los despojos del cerdo. En la actualidad, sin embargo, tiene un significado más amplio y se refiere también a los productos preparados con carnes procedentes de otros animales.

El afán de utilizar todas las partes del animal, sobre todo las menos apreciadas como los intestinos, la cabeza, el cuello, el esófago y la sangre, inspiraron la creación de casi todos los tipos de embutidos. Su elaboración siguiendo normas precisas se remonta a la época romana.

El cerdo constituyó durante siglos la principal fuente de carne de los campesinos; en los países en que los inviernos largos y rigurosos hacían que los pastos fueran escasos, mataban el cerdo a finales de otoño y los embutidos *(andouille, andouillette,* beicon, morcilla, chicharrones, galantina, *foie-gras,* manteca, jamón, patés, salchichas, salchichón, picadillo, queso de cerdo, terrinas o empanadas) garantizaban una gran parte de las provisiones para los meses invernales.

Existen numerosos procedimientos para la elaboración de embutidos. La carne se suele tratar para que se conserve; se emplea cruda o cocida y, en ocasiones, salada, ahumada y curada.

UTILIZACIÓN
Algunos productos se consumen tal cual *(foie-gras,* salchichón, jamón cocido, picadillo o terrinas) y otros deben cocerse primero (salchichas crudas y ahumadas, beicon, etc.).

Los embutidos son muy populares ya que siempre están listos para ser degustados. Normalmente se comen con pan o en bocadillo.

CONSERVACIÓN
Los embutidos se conservan en el frigorífico bien envueltos para que no se resequen y no absorban el olor de los otros alimentos. Se mantienen en buen estado durante tres o cuatro días. Para disfrutar del máximo sabor, retire los embutidos del frigorífico unos 15 minutos antes de consumirlos.

VALOR NUTRITIVO
Como su ingrediente básico es la carne, los embutidos contienen sus mismos elementos nutritivos pero en cantidades reducidas. Asimismo, son más ricos en grasa, colesterol, calorías y sodio, y suelen contener aditivos. Es pues un alimento que se debería consumir con moderación.

Picadillo
Preparación de carne cocida en manteca hasta obtener una consistencia untuosa. Tradicionalmente se emplea carne de cerdo o de oca, aunque también se puede recurrir al conejo, las aves, el pato, la ternera o incluso el pescado. Siempre se consume frío, en canapés, bocadillos o con pan tostado.

*morcilla
blanca*

morcilla negra

Morcilla

Embutidos cocidos de sangre y manteca de cerdo introducidas en una tripa. A esta preparación se añaden otros ingredientes como cebolla, espinacas, uva, manzana, castañas, aguardiente, miga de pan, huevo, etc. La morcilla blanca se compone de una papilla de leche, huevos, carne blanca, tocino y condimentos.

Foie-gras

Hígado de oca o de pato, hipertrofiado a causa de la abundante alimentación, considerado todo un manjar. El *foie-gras* crudo cortado en rodajas se saltea rápidamente y se desglasa a continuación con un madeira o coñac. También se vende listo para regalarse con él: se corta en rodajas y se come con tenedor o extendido en pan tostado.

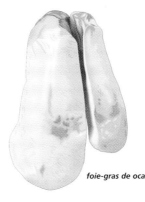

foie-gras de oca

andouillette

Andouille

Embutido cocido compuesto por el tubo digestivo del cerdo o la ternera. Por lo general se ata, se seca, se ahúma en frío y después se cuece en un caldo o al vapor. Se come fría, cortada en finas lonchas, como aperitivo. La *andouillette* se prepara a la parrilla o a la plancha, y es tradicional acompañarla de judías o lentejas, chucrut, lombarda o patatas fritas.

Beicon

Carne de cerdo salada y ahumada que se obtiene del costado o del lomo. Debe cocinarse a fuego lento para limitar la formación de nitrosaminas, sustancias que han resultado ser cancerígenas. Combina bien con los huevos, y entra en la composición de *quiches,* tortillas, ensaladas y vinagretas. Es un alimento rico en grasas y sodio.

Pancetta

Beicon italiano salado, picante, muy condimentado y enrollado para formar un gran salchichón. Se emplea en los espaguetis a la carbonara, aromatiza salsas, pastas, rellenos, verduras y platos de carne, y además puede sustituir al beicon. Bien envuelta, la *pancetta* se conserva más de tres semanas en el frigorífico; congelada se mantiene en buen estado hasta seis meses.

beicon americano

beicon canadiense

193

Jamón

Carne de cerdo salada y a menudo ahumada y curada. El jamón se obtiene de las piernas traseras del animal. De las delanteras se obtienen productos parecidos (jamón de paletilla, por ejemplo), pero que son menos tiernos y sabrosos. Los jamones vienen listos para ser servidos (jamones curados o jamones cocidos) o cocinados. El jamón asado con piña y el melón con jamón se han convertido en clásicos. Suelen contener mucha sal; el jamón curado (o seco) resulta más graso y posee más calorías que el cocido (o dulce).

jamón dulce

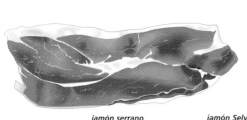

jamón serrano

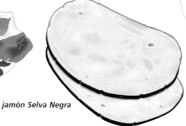

jamón Selva Negra

jamón dulce ahumado

salchichas y salchichones

Embutidos formados por una tripa rellena de carne picada. El salchichón es una gran salchicha cruda o cocida. Las salchichas y los salchichones se preparan con carne de cerdo pero pueden elaborarse con otros productos (carne de vaca, de ternera, de cordero, de aves, despojos o *tofu*). A veces se añade agua, sustancias de relleno, azúcar, especias y conservantes, o se ahúman. Por lo general se trata de productos grasos, salados y con muchas calorías.

Salami genovés

Especialidad italiana de la ciudad de Génova compuesto por una mezcla de carne de cerdo, ternera, manteca y granos de pimienta. Lo más habitual es que se sirva en lonchas finas como aperitivo o en la preparación de pizzas, bocadillos y canapés.

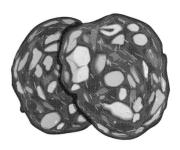

Kielbasa

Embutido ahumado procedente de Polonia, cuyo nombre en polonés significa "salchicha", compuesto por una mezcla de carne de cerdo y vaca picada gruesa y condimentada con ajo y especias. Se vende fresca o ahumada, cocida o cruda, y se sirve entera o cortada en rodajas para acompañar los platos de patatas y lentejas, así como el *bigos,* un guiso tradicional polaco.

salchichas y salchichones

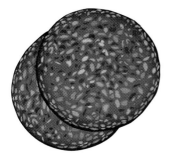

Salami alemán

Salami ahumado, elaborado con carne de vaca y cerdo muy picada, que se suele servir en lonchas finas como entrantes, aunque también puede emplearse en pizzas, canapés y bocadillos.

Mortadela

Gran embutido cocido italiano, especialidad de Boloña, con un diámetro de 15 a 20 cm elaborado con cerdo o una mezcla de carnes y condimentado con ajo y semillas de cilantro. Se ahúma y se rellena con trozos de manteca de cerdo y pistachos, a menudo sustituidos por aceitunas verdes. La mortadela se corta en lonchas finas y se sirve como entrante. Una loncha de 20 g de este producto equivale a 70 calorías.

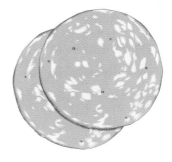

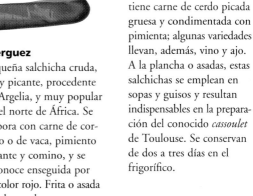

Salchicha de Toulouse

Salchicha cruda alargada, de origen francés, que contiene carne de cerdo picada gruesa y condimentada con pimienta; algunas variedades llevan, además, vino y ajo. A la plancha o asadas, estas salchichas se emplean en sopas y guisos y resultan indispensables en la preparación del conocido *cassoulet* de Toulouse. Se conservan de dos a tres días en el frigorífico.

Merguez

Pequeña salchicha cruda, muy picante, procedente de Argelia, y muy popular en el norte de África. Se elabora con carne de cordero o de vaca, pimiento picante y comino, y se reconoce enseguida por su color rojo. Frita o asada puede emplearse para preparar broquetas o acompañar el cuscús.

Lap cheong

Pequeña salchicha china ahumada y curada, elaborada con carne de cerdo picada, cereales y salsa de soja; se sazona con pimentón, que debe blanquearse o cocerse ligeramente con vapor antes de consumir. Se vende en los establecimientos de comida china y se conserva durante varios meses en el frigorífico. Forma parte de la preparación de salteados y platos de arroz.

salchichas de Toulouse

Weisswurst

Delicada salchicha blanca de origen alemán, a base de carne de ternera, nata y huevos. La tradición manda servirla a partir de medianoche en la *Oktoberfest* con pan de centeno y mostaza.

salchichas y salchichones

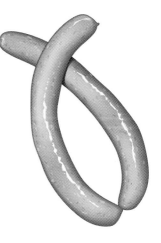

Salchicha de Frankfurt

Salchicha ahumada precocida, procedente de Alemania que, aunque tradicionalmente se elaboraba con una fina masa de carne de cerdo, conoce en la actualidad diversas variedades. La salchicha francesa, dentro de una tripa beige, contiene carne de vaca y ternera, mientras que en la versión norteamericana –el conocido perrito caliente– puede componerse de carne separada de manera mecánica, subproductos del cerdo o la vaca, edulcorantes, aromas y aditivos. Contiene un 30% de materia grasa.

Chipolata

Pequeña salchicha cruda sólo de carne de cerdo o de cerdo y vaca, sazonada por lo general con tomillo, cebollino, cilantro y clavo de especia. Estas salchichas suelen utilizarse para acompañar un plato de almuerzo, pero también pueden servirse a la plancha, preparadas con un *risotto,* o emplearlas para completar un plato de ave asada al horno o braseada. Unos 100 g de chipolata equivalen a 280 calorías.

chipolata

Chorizo

Embutido curado de forma alargada y, a veces, doblado, que se elabora con carne de cerdo o cerdo y vaca, sazonado con ajo, pimienta, pimentón y otras especias. Se halla disponible en variedades más o menos picantes y acompaña los cocidos y los platos de legumbres. Se sirve también como tapa y en bocadillo. Unos 100 g de chorizo equivalen a 300 calorías.

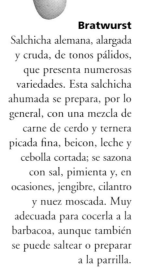

Bratwurst

Salchicha alemana, alargada y cruda, de tonos pálidos, que presenta numerosas variedades. Esta salchicha ahumada se prepara, por lo general, con una mezcla de carne de cerdo y ternera picada fina, beicon, leche y cebolla cortada; se sazona con sal, pimienta y, en ocasiones, jengibre, cilantro y nuez moscada. Muy adecuada para cocerla a la barbacoa, aunque también se puede saltear o preparar a la parrilla.

Pepperoni

Salchichón seco italiano, más o menos picante, a base de carne de cerdo y vaca picada gruesa y condimentada con pimienta y especias. El *pepperoni* se puede añadir en trozos pequeños para dar sabor a algunos platos, pero lo habitual es encontrarlo en las pizzas. Cortado en lonchas finas sirve, además, como entrante. Se vende en algunas tiendas de alimentación.

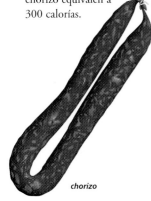

chorizo

despojos

Excluyendo la carne, los despojos son las partes comestibles del ganado bovino, porcino, ovino y equino.

La mayoría de los despojos utilizados en cocina proceden del cerdo. De la vaca se emplea la lengua, el hígado, las tripas, las patas y el rabo; del cordero, los sesos, los riñones, las criadillas y las manos. Los despojos de ternera (en particular sesos, tuétano, riñones, hígado y molleja) son los más cotizados por su exquisitez.

COMPRA

Asegúrese siempre de que los despojos sean frescos, pues se estropean mucho antes que la carne. Deben presentar el color, el olor y el aspecto característicos de los despojos, y no estar bañados en líquido. Hay que calcular unos 125 g crudos para 90 g cocinados (sesos, hígado, riñón y corazón).

UTILIZACIÓN

Se utilizan sobre todo en embutidos. Algunos despojos tienen que cocerse durante mucho tiempo (braseados o escalfados) hasta que estén tiernos, como el corazón y la lengua; otros enseguida están listos para comer, sobre todo el hígado, los riñones y los sesos. El tuétano, en especial el de vaca, se puede escalfar solo, con el hueso, o incluso fundirse como la mantequilla y servir para la cocción de la carne y las verduras.

CONSERVACIÓN

Los despojos se estropean con rapidez y sólo se conservan un día o dos en el frigorífico. Prepárelos lo antes posible, es decir, dentro de las 24 horas siguientes a su compra. Congelados duran entre tres y cuatro meses, pero la congelación altera el sabor, la textura y la apariencia de la mayoría de los despojos.

VALOR NUTRITIVO

En general, los despojos son ricos en hierro –sobre todo el hígado y los riñones–, vitamina A y ácido fólico, razón por la cual algunos profesionales de la salud recomiendan consumirlos con mayor frecuencia. El contenido de colesterol de los sesos, el hígado y los riñones es mucho más elevado que el de las carnes frescas.

Los despojos, como los sesos, el corazón, el hígado, la molleja y los riñones son alimentos que contienen mucha purina, precursora del ácido úrico, por lo que su consumo debe ser limitado en las personas con gota, un problema del metabolismo causado por dicho ácido.

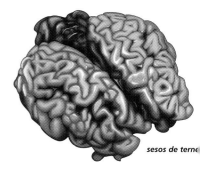

Sesos

En cocina, al cerebro de los animales se le llama sesos. Los más buscados son los de cordero y carnero, aunque el sabor de los sesos de ternera, con más color, se parece a los anteriores. Se preparan enteros en caldo corto, y se pueden cortar si se van a saltear o freír. Los más tiernos se sirven sin condimentos o en ensalada; con el resto se preparan gratinados, croquetas, salsas o rellenos.

sesos de terne...

Corazón

Músculo que pertenece al grupo de los despojos rojos, entre los que destacan el de ternera, cordero y pollo. El corazón del cerdo es relativamente tierno; el de la vaca es mayor y más duro, con un sabor más intenso. El corazón se saltea, se prepara a la parrilla, se asa o se rehoga, y se suele cocinar en guisos o en cocidos. Su contenido de colesterol es más elevado que el de las carnes frescas pero menor que el de otros despojos.

corazón de vaca

Hígado

Despojo rojo comestible en cualquier carne animal e incluso en algunos pescados. El hígado de ternera es el más utilizado, los de cordero, novilla, ave y conejo son muy apreciados por su ternura y su sabor delicado. No debe comerse crudo. Evite una cocción prolongada porque se tornaría duro. Este alimento presenta un alto contenido de hierro.

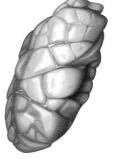
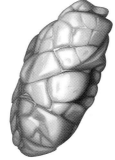

Molleja

Nombre con que se designa, en la ternera y el cordero, al timo, una glándula situada en la entrada del pecho de los animales jóvenes. Es muy tierna y de sabor exquisito. La de ternera es la más apreciada. Se preparan a la parrilla, salteadas, asadas, escalfadas o fritas y se emplean en volovanes, hojaldres y gratinados. Es uno de los pocos alimentos de origen animal que contiene vitamina C.

Riñones

En cocina, este término se refiere a los riñones de ganado bovino, ovino, porcino y equino. Los de ternera, cordero y novilla son tiernos y sabrosos; los de cerdo y vaca, por su parte, poseen un sabor intenso y una textura más consistente. Combina bien con los tomates, las setas, la mostaza, el limón, la nata, el vino tinto y el jerez.

riñones de ternera

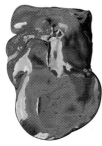

hígado de ternera

Lengua

Músculo carnoso recubierto por una espesa mucosa que se retira con facilidad tras la cocción. La lengua de vaca es la más grande y compacta, y la de ternera la más tierna y sabrosa, aparte de ser la que se cocina con mayor rapidez. Se suele escalfar y luego asar, aunque también se puede preparar rebozada y frita, ahumada o marinada.

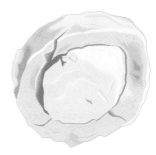

lengua de vaca

Tuétano

Sustancia blanda muy rica en grasas que se encuentra en la parte central del hueso. Normalmente se escalfa y se corta en láminas. Acompaña la carne de vaca a la parrilla, el cardo, las tortillas y el cocido; además, aromatiza los fondos y las sopas, y sirve para preparar salsas de carne y pescado. Se compra por peso o congelado.

Tripas

Las tripas o callos es un plato en el que se come el estómago de los rumiantes (vaca, cordero y ternera), aunque también puede designar las tripas de cerdo. Las tripas se escalfan y luego se saltean o se fríen; además se pueden blanquear y luego asar. Se suelen acompañar con patatas. La preparación más corriente son los callos a la madrileña o a la andaluza.

tripa

Manos de cerdo

Despojos blancos ricos en lípidos muy populares en Europa. Con un elevado contenido de gelatina, son muy adecuados para conferir cuerpo y sabor a los caldos. Las manos de cerdo se cuecen en un fondo aromático, se brasean, o se rebozan y se preparan a la parrilla. Se pueden encargar en cualquier carnicería. Unos 100 g de manos de cerdo equivalen a 350 calorías.

Rabo de vaca

Parte de la vaca con carne dura y un contenido muy alto de grasa que se ha hecho famosa por la sopa *oxtail* anglosajona. Se emplea en la cocción de sopas y guisos, pero también puede prepararse en adobo o en cocido o, incluso, rebozarse y luego cocer a la parrilla. Antes de emplearlo hay que quitarle la grasa (la refrigeración facilita este proceso), lavarlo con agua fría y secarlo.

caza

Caza mayor

Con este término se designa la carne de las piezas con pelo de gran tamaño; las más comunes son el ciervo, el corzo, el alce, el gamo y, a veces, el jabalí. En la actualidad, la caza llamada "salvaje" sólo tiene de salvaje el nombre, pues muchas piezas de las carnicerías vendidas como caza provienen de la cría, lo que permite obtener una carne más tierna pero también menos sabrosa, ya que la alimentación de estos animales no es la misma que la de los que viven en libertad.

El sabor de la carne de la caza mayor varía según la alimentación del animal: frutos silvestres, brotes tiernos, cereales, corteza de árbol, etc. Las piezas más jóvenes son, con diferencia, las más sabrosas. El corzo, por ejemplo, debe tener menos de dos años y sólo el ciervo de menos de tres es comestible. Establecer la edad del animal es cosa de expertos por lo que tendrá que confiar en su carnicero o proveedor. En general, la grasa de un animal joven es más blanca que la de un animal adulto, la carne es oscura y fina.

La carne de caza mayor suele comercializarse fresca, envasada al vacío o congelada.

Tradicionalmente se aconsejaba marinar esta carne antes de la cocción, a menudo durante varios días, para ablandarla y eliminar un sabor demasiado intenso; en la actualidad se reserva la utilización de marinadas para los ejemplares viejos. Desde el punto de vista gastronómico es una herejía marinar la carne de una pieza joven, pues se desnaturaliza su aroma.

El único paso del que no se puede prescindir es albardar la pieza que va a hornear. Como la carne de caza mayor es muy magra, se volverá dura si no se cuece como es debido. Así pues, se elimina la grasa visible (fuerte y rancia) y se sustituye por una albardilla de tocino, beicon o redaño. De la paletilla se obtienen los trozos para brasear o preparar en guisos; del costillar proceden las costillas para saltear o asar a la parrilla, mientras que los trozos de primera calidad (filetes) se extraen de la falda. La carne para asar al horno se obtiene del pernil. Toda una serie de condimentos e ingredientes favorecen el sabor de la caza mayor, entre los que destacan las alcaparras, las setas, la pimienta, el madeira, el vino, el zumo de limón y las bayas, como los arándanos y las cerezas. Con frecuencia se acompaña la caza con puré de patatas o de castañas. Se puede servir en terrinas y patés.

Como la carne de caza mayor es magra, es importante no cocerla demasiado; de lo contrario se volverá dura y seca. Los gastrónomos están de acuerdo en que esta carne debe ser rosada y jugosa.

La caza mayor se conserva en el frigorífico durante un día o dos. Si se congelan las piezas, tendrán que embalarse en paquetes individuales y, de esta forma, se conservarán entre tres y seis meses.

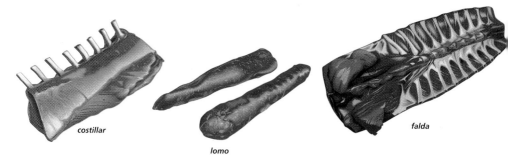

costillar

falda

lomo

Conejo
Oryctolagus

El conejo se vende fresco o congelado, casi siempre desollado y sin despojos. Si está fresco y entero, la flexibilidad de sus patas constituye un signo de frescura. Se puede marinar para humedecer y ablandar la carne o condimentar su sabor. La marinada debe contener un ingrediente ácido (vino tinto o blanco, zumo de limón o vinagre) y aceite; además se añaden verduras y una selección de hierbas aromáticas. El conejo requiere más cuidados que el pollo porque su carne magra se seca con facilidad, por eso se cuece en líquido, se albarda o se unta con una capa de manteca antes de la cocción.

Liebre

Pieza de caza menor, de carne tierna y oscura, con un sabor más intenso que el conejo. La liebre se cocina de forma distinta en función de su edad: los ejemplares jóvenes de un 1,5 kg aproximadamente se cocinan asados o salteados, mientras que los más viejos se marinan y se preparan en *civet,* terrina o paté. Esta carne magra puede comprarse en las carnicerías lista para cocinar.

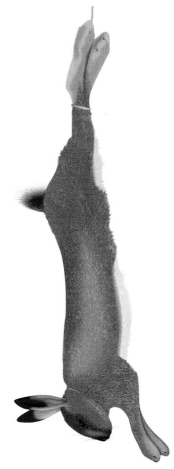

Beefalo

Animal creado del cruce entre el bisonte y la vaca. Su carne de color rojo oscuro es magra y puede sustituir a la carne de vaca, pues contiene menos colesterol y calorías. El *beefalo* se puede preparar de la misma forma que la vaca. Sin embargo, por su escaso contenido de grasa, hay que reducir el tiempo de cocción. Se encuentra en algunas carnicerías especializadas.

Avestruz

Ave africana de gran tamaño que durante mucho tiempo se ha criado por su piel y sus plumas. Su carne roja, comparable con la carne de vaca magra, es cada vez más apreciada por su bajo contenido de materia grasa y colesterol. Por esta razón se ha convertido en un producto escaso y caro. Se encuentra en algunas carnicerías y tiendas de comestibles especializadas.

Jabalí
Sus scrofa

Pieza de caza de pelo, antecesor del cerdo doméstico, cuya carne menos grasa posee un sabor más intenso. El jabalí se prepara de distintas formas en función de la edad del animal: la carne delicada del jabato con menos de seis meses se asa al horno, mientras que la carne correosa de los adultos se emplea en patés o marinada con vino tinto y cocida durante un buen rato. La carne de jabalí puede comprarse en algunas carnicerías.

Codorniz
Coturnix y *Colinus* sp.

Ave de pequeño tamaño, fácil de criar en cautividad. La especie doméstica pesa entre 150 y 300 g y constituye un manjar
delicioso. Se cocina asada al horno, a la brasa, a la cazuela o a
la parrilla. En un ejemplar bien cocido se pueden comer
hasta los huesos. La uva, las cerezas, las aceitunas, las ciruelas
pasas y el limón son buenos acompañantes de la codorniz.

Pintada
Numida meleagris

A veces llamada gallina de
Guinea, tiene el tamaño de
un pollito y una carne un
tanto almizclada. La pintada
es muy sabrosa cuando es
joven si pesa menos de un
kilogramo. Se aconseja
untarla con una capa de
manteca antes de cocerla y
rociarla durante la cocción.

Faisán
Phasianus colchicus

Ave de plumaje magnífico.
El que se cría en cautividad
es más carnoso y pesado que
el salvaje; su carne resulta
más grasa y su sabor, menos
almizclado. El faisán joven
se suele asar al horno con un
relleno húmedo y se albarda
o se unta con una capa de
manteca. El vino y el alcohol combinan muy bien en
la cocción de esta carne.

Perdiz
Perdix perdix y *Alectoris rufa*

Ave de caza menor que presenta dos variedades: la gris y la
roja. Las aves de menos de un año se llaman perdigones y su
carne tierna puede albardarse y asarse al horno, o abrirse
para cocerla a la parrilla. Los ejemplares adultos, de carne
más dura, se brasean o se preparan en patés, hojaldres, sopas
y guisos. En algunos establecimientos especializados se
puede comprar perdiz congelada.

La carne que consume el ser humano procede principalmente de mamíferos y aves. Se distingue la carne roja (carnero, cordero, vaca y caballo), la carne blanca (ternera lechal, cerdo, conejo y ave) y la carne negra (caza). Puede clasificarse en otros tres grupos: la carne de vacuno, ovino, porcino y equino, incluidos los despojos; la carne de ave; y la caza.

Por lo general, del 35% al 65% del peso de un animal está formado por músculos (la carne) a no ser que esté muy gordo. Cuanto más trabaje un músculo de manera intensa y continua, más se desarrollará, se alargará y endurecerá el tejido conjuntivo, y la carne será más correosa. Todas las partes del animal no trabajan de la misma manera: la carne será más o menos tierna según el lugar de procedencia de la pieza. Del tercio medio del animal, que corresponde a la zona de las costillas y el lomo (espalda), se obtienen los cortes más tiernos; del tercio trasero (muslos) se obtienen normalmente los cortes semitiernos mientras que los más correosos proceden del tercio anterior (costado, jarrete, pecho, paletilla, pescuezo y punta de costillar).

COMPRA

Cuanto más viejo es el animal, más tejido conjuntivo ha desarrollado y por tanto menos tierno será. Compre la carne en función de la preparación a la que va a destinarse, pues no tiene sentido pagar más por un trozo tierno si piensa rehogarlo durante un buen rato.

La carne está en su punto si ha madurado al menos durante 48 horas. La carne de vaca, con todo, requiere un período más largo. En Norteamérica, este proceso suele durar de ocho a catorce días, tiempo mínimo para llegar a un punto de ternura y sabor agradables.

La carne de vaca debe presentar un color rojo vivo y brillante; el carnero, un rosa oscuro; y el cordero, un color rosado más pálido. El color de la carne de ternera depende de si su alimentación contiene hierro (es el caso de la ternera alimentada con cereales, de carne más rosada) o no (la ternera lechal). No compre una carne flácida y de color anormal, pues es señal de que le falta frescura.

Las canales de los animales se despiezan en numerosos cortes que varían según las especies. En Norteamérica, para la carne de vaca existen más de 25. Los cortes difieren según los países.

PREPARACIÓN

Según el corte y el modo de cocción elegidos, la carne puede cocinarse más o menos deprisa o prepararse de forma sencilla o más elaborada. Se suele consumir cocida aunque, en ocasiones, también se toma cruda *(steak tartare* o *carpaccio).*

Algunos trozos de carne requieren una preparación más sofisticada para ablandarla y sazonar su sabor o para que no se sequen durante la cocción.

Marinar una carne consiste en dejarla reposar unas horas en una preparación líquida, normalmente acidulada (vino, limón, etc.) y aromatizada (aceite, hierbas, ajo, especias, etc.) para que gane en ternura y sabor.

COCCIÓN

La cocción puede ablandar o endurecer la carne según el grado de calor utilizado y la duración del proceso. Un exceso de calor puede llevar a una pérdida de valor nutritivo y sabor, al endurecimiento y desecación de la carne, y a una disminución importante de su volumen.

Para los cortes menos tiernos que contienen más tejido conjuntivo se recomienda una cocción prolongada en el horno a baja temperatura, pues de este modo se ablandan sin llegar a coagular demasiado las proteínas ni endurecerse. La carne está lista cuando alcanza una temperatura interna específica para cada animal. En el caso de la vaca y el cordero, el grado de temperatura varía en función del gusto de cada cual, cosa que no suele suceder en las otras carnes.

Resulta complicado prever con exactitud el tiempo de cocción de un trozo de carne, pues depende de un gran número de factores, entre los que destaca el corte, el tamaño de la tajada, su temperatura inicial y la eficacia de la fuente de calor. Las piezas tiernas exigen una cocción más corta que las más duras. Un termómetro para carnes es muy útil si se desea conocer con precisión el grado de cocción y, de esta manera, no habrá que tener en cuenta las variables que afectan a la duración del proceso: tan sólo se introduce en la carne asegurándose de que no toque hueso ni grasa, pues en ese caso se falsearía la temperatura.

Se recomienda cocer la carne en cazuelas gruesas que distribuyan mejor el calor y añadir la sal en la última fase de la cocción o incluso después, ya que, de salarla antes, la carne soltaría su jugo y perdería sabor y suavidad. Añada sal a la preparación antes de la cocción sólo si desea obtener una salsa o un caldo sabroso, como en los cocidos. Si brasea o escalfa la carne, proporcionará un color oscuro a los asados, tacos y bistecs menos tiernos antes de cocerlos para que conserven el jugo en el interior. Si durante la cocción, da vuelta a los trozos de carne con ayuda de una pinza mejor que con un tenedor, reducirá la pérdida de jugo.

Para disminuir la ingestión de materia grasa retire, antes de la cocción, toda la que resulte visible y cueza la carne empleando una cantidad reducida de grasa.

CONSERVACIÓN

La carne se estropea enseguida. A temperatura ambiente, las bacterias patógenas se desarrollan en ella con mayor rapidez y pueden impedir su consumo. Cruda o cocida, la carne no debe dejarse más de 2 horas fuera del frigorífico, en el cual sólo se conserva uno o dos días. Bistecs, costillas, preparaciones a la cazuela y aves crudas se mantienen en buen estado, sin embargo, de dos a tres días; y las piezas para asar y la carne cocida, de tres a cuatro. La carne picada sólo se conserva uno o dos días.

La congelación conserva la carne frenando la actividad de las enzimas y deteniendo la multiplicación de las bacterias responsables de su deterioro. Envuelva bien la carne para evitar que se seque y su grasa se torne rancia en contacto con el aire.

La descongelación debe realizarse sin prisas, preferiblemente en el frigorífico para evitar la pérdida de jugo, lo que supone una disminución del sabor y el valor nutritivo. No vuelva a congelar una carne que se ha descongelado del todo, a no ser que se hubiera cocido antes.

VALOR NUTRITIVO

La carne es una fuente excelente de algunas vitaminas del grupo B, como la vitamina B_{12} (vaca, ternera y cordero en particular) y la niacina (sobre todo el cerdo), de cinc y de potasio. La cocción deja intacta la mayoría de las vitaminas y los minerales de la carne.

Las proteínas de la carne se denominan completas, en oposición a las vegetales o incompletas.

vaca

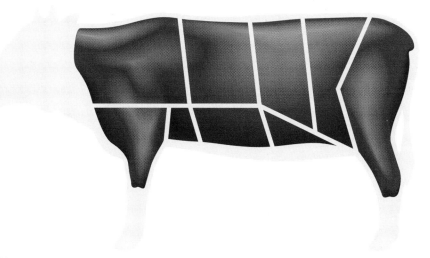

Vaca
Bos, Bovidae

La domesticación de este mamífero se realizó por primera vez hace 4.000 años en Macedonia, Creta y Anatolia. Tanto salvaje como en cautividad, la vaca se ha venerado a lo largo de la historia de la humanidad y aún es un animal sagrado en algunos países.

En cocina, el término "carne de vaca" designa indistintamente la carne de novilla, de vaca, de toro, de becerro, de buey o de novillo, aunque su ternura y sabor resulten muy diferentes. La edad del animal y los métodos de cría desempeñan un papel determinante en la calidad de la carne.

Los cortes de la carne de vaca varían según los países e incluso las regiones de un mismo país; un rasgo permanece, sin embargo, constante: la canal siempre presenta algunas partes más tiernas que otras, las llamadas "nobles", que no constituyen más que en torno al 30% del animal y son, pues, más escasas, son más cotizadas y más caras que las partes menos tiernas. Éstas, con un precio más económico, también pueden dar buenos resultados si se preparan de manera adecuada, es decir, si se ablandan con una marinada o se cuecen sin prisa en un medio húmedo.

El modo de cocción que se vaya a utilizar condiciona la compra de la carne, pues no vale la pena pagar más por un trozo de carne tierna que queremos rehogar. Por el contrario, una tajada poco tierna para asarla a la parrilla o al horno no es la mejor elección.

La carne de vaca se consume caliente o fría y se prepara de muchas maneras. Forma parte de los platos más humildes y los más refinados. En ocasiones se consume cruda *(steak tartare)*. Salada y ahumada resulta exquisita.

Las carnes de vaca y de cordero tienen en común que pueden consumirse en diversos grados de cocción: cruda por dentro y poco hecha por fuera, sangrante, semisangrante, en su punto (rosada) o bien cocida. El intervalo de tiempo que separa un grado de cocción del otro suele ser muy corto, por eso hay que estar atento y el uso de un termómetro para carnes puede constituir una buena ayuda.

Se recomienda una temperatura de cocción baja para los cortes semitiernos o poco tiernos, ya que contienen mucho tejido conjuntivo. De esta manera se puede cocer más tiempo, lo que permite que el colágeno de ese tejido duro se transforme en gelatina. Una temperatura elevada permite cocer con rapidez los cortes tiernos, pues no hace falta ablandarlos.

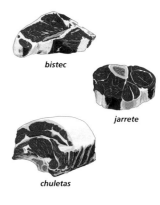

bistec

jarrete

La carne de vaca se puede conservar en el frigorífico o en el congelador. Si está picada, se mantiene en buen estado en el frigorífico un día o dos; los bistecs, de dos a tres días; y la carne asada o cocida, de tres a cuatro.

La carne picada y la cocida se conservan congeladas de dos a tres meses, y los bistecs y la carne asada, de diez a doce.

chuletas

El valor nutritivo de la esta carne varía de forma considerable según la raza del animal, los métodos de cría, el corte, el modo de cocción y la grasa que se haya extraído.

Por regla general, la carne de vaca es una fuente excelente de proteínas, potasio, cinc, algunas vitaminas del grupo B (como la niacina y la B$_{12}$), hierro y fósforo. Por otra parte, puede contener altos niveles de ácidos grasos saturados y colesterol.

tacos de costilla

Las vetas de grasa diseminadas por el músculo de la carne contribuyen a que sea más tierna, sabrosa y jugosa sin aumentar de forma significativa el contenido de grasas de la carne cocida, pues, en su mayor parte, se diluye durante la cocción.

solomillo

Si se desea consumir carne de vaca y reducir la ingestión de materia grasa, se puede:
• elegir cortes magros (redondo, solomillo, aguja, etc.) y modos de cocción que requieran pocas grasas (asado al horno, a la parrilla, a la brasa, etc.)
• reducir las porciones de carne, retirar la grasa visible antes de cocerlas y sólo comer la parte magra.

tacos

Según ciertas recomendaciones, dos trozos de carne cocida (o similares) de 50 a 100 g al día resultan suficientes.

La preparación de la carne a la manera oriental, combinando una cantidad moderada de carne de vaca con verduras y cereales o derivados (arroz, pasta, mijo, etc.) es una excelente manera de consumirla equilibradamente.

costillar

ternera

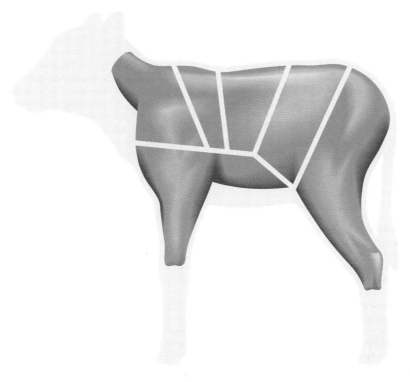

Ternera
Bos, Bovidae

Se denomina ternero o ternera a la cría de la vaca que tiene menos de un año. Cuando supera esa edad, el macho castrado se llama novillo y la hembra que todavía no ha parido recibe el nombre de novilla. El ternero se suele matar para carne entre los cuatro y seis meses, especialmente los machos, ya que algunas terneras hembras se destinan a la producción de leche.

Hasta hace unos 20 años, la ternera que se comercializaba en el mercado era muy tierna (el animal se había sacrificado con dos o tres semanas de vida) o, al contrario, se trataba de un ejemplar mayor que después de pacer por los campos se mataba al llegar el otoño. La primera era una carne flácida, poco gelatinosa y de escaso sabor, mientras que la segunda presentaba un color mucho más oscuro (muy rojo) y resultaba poco tierna. En la actualidad, los productores se han especializado en la cría de terneras y pocos ejemplares como los anteriores se encuentran ya en el mercado. La carne de ternera que se vende se extrae de la ternera lechal o de la alimentada con cereales.

La ternera lechal se cría en un recinto interior individual y se alimenta casi exclusivamente de leche.

tacos de costilla

bistec

jarrete

chuleta

tacos

redondo

El escaso contenido de hierro de este alimento permite que la carne de ternera lechal conserve un tono rosa pálido, casi blanquecino. Se sacrifica el animal con cuatro o cinco meses de vida y su canal pesa unos 135 kg. La carne de la ternera lechal está más formada que la del ternero muy joven, pero continúa siendo tierna y delicada.

La ternera alimentada con cereales toma leche hasta la sexta u octava semana de vida. Entonces, de su recinto interior individual, se lleva a un corral de engorde y se somete a una alimentación a base de cereales hasta que se sacrifica a una edad entre cinco y seis meses. Su canal tiene un peso entonces de unos 155 kg. El mayor contenido de hierro en su alimentación confiere a la carne de ternera alimentada con cereales un color más rosado que la ternera lechal; además, posee un sabor algo más intenso y es algo menos tierna.

La ternera puede prepararse de múltiples formas, sobretodo en escalope o en fricandó, salteada, asada al horno, enrollada o en blanqueta. Forma parte de la preparación de la ternera de Marengo (con vino blanco, tomate y ajo). Combina muy bien con la nata, el queso, las hierbas aromáticas (tomillo, estragón, romero, salvia, albahaca, etc.), las setas, la berenjena, las espinacas, la cebolla, el ajo, el tomate, la manzana, los cítricos y el alcohol (vino, calvados, madeira, coñac, etc.). Sus despojos son muy cotizados por su exquisitez.

Los cortes tiernos de ternera, procedentes de las costillas, el lomo y el solomillo, resultan excelentes asados al horno, a la parrilla o a la plancha. Los que se obtienen de la pierna de ternera, semitiernos, también se asan, sobre todo si se han marinado. Los trozos del pescuezo, la paletilla, el costado, el jarrete y el pecho son menos tiernos y ganan, pues, si se rehogan o se brasean.

La cocción de la ternera requiere algunas precauciones pues, como su carne es magra, se seca y se endurece con facilidad. Así pues, es conveniente albardarla o untarla con una capa de manteca, cocerla a una temperatura más bien suave (entre 140°C y 150°C), rociarla de vez en cuando y evitar que se cueza en exceso. La ternera sabe mejor si todavía muestra una coloración rosada.

El valor nutritivo de la ternera depende de la edad, la alimentación y las condiciones de vida del animal. En general, esta carne tiene menos grasas y calorías pero un poco más de colesterol que la de vaca, cerdo o cordero.

La ternera alimentada con cereales contiene más hierro que la ternera lechal, lo que explica su color más rosado.

cerdo

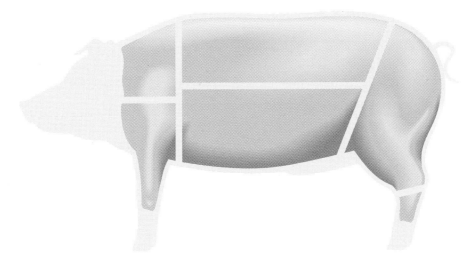

Cerdo
Sus, Suidae

El cerdo es un mamífero omnívoro, con hocico terminado en morro, que se cría por su carne y su piel. El macho se llama verraco, la hembra marrana y la cría cochinillo. Un ejemplar de tres a cuatro semanas de vida que todavía se amamanta recibe el nombre de lechón.

El cerdo es prolífico y más fácil de criar que otros animales para carne, pues se trata de una especie pacífica que se alimenta de cualquier cosa. Su valor no solo estriba en que proporciona una cantidad considerable de carne, sino que casi todas sus partes, como la grasa fundida (manteca), las orejas, las cerdas (los pelos), las patas, las manos, las entrañas y la cola, se aprovechan como carne fresca o embutido. Antaño el cerdo se consideraba inmundo por su manera de comer. Se cree, por otra parte, que la prohibición entre judíos y musulmanes de no ingerir esta carne se debió a que, en aquellos tiempos, su consumo provocaba enfermedades. Los antiguos egipcios, por ejemplo, creían que transmitía la lepra y prohibían la entrada de los porquerizos al templo. Por entonces se ignoraba que la causa de la enfermedad (la triquinosis) se debía a la presencia en la carne del cerdo de un gusano parásito *(Trichinella spiralis),* invisible al ojo humano, que muere con una cocción a temperatura elevada (temperatura interna de 60ºC).

Existen diversas razas de cerdo, entre las que destacan la Duroc, la Landrace y la Yorkshire, que han originado numerosos cruces.

La demanda de una carne menos grasa ha llevado al desarrollo de razas con un 30% a un 50% menos de grasa (tal y como se puede medir por el espesor de la grasa dorsal) que hace unos treinta años, gracias a la genética y los nuevos modos de alimentación.

Es en os cortes de la canal de cerdo donde, sin duda, se aprecian más diferencias entre Norteamérica y Europa. En el continente europeo existe una tradición más antigua que se estableció antes de que dominara el anhelo de rentabilidad.

La carne de cerdo más tierna procede del lomo (espalda), de donde se obtienen filetes, carne para asados y chuletas. La del muslo o la paletilla es menos tierna pero también se obtienen trozos para asados así como otras tajadas: manos, jarretes, cola, etc.

El cerdo se consume fresco, salado o ahumado. La denominación de "jamón" se reserva a los cortes del muslo. El beicon procede del lomo o del costado. El tocino salado, al igual que la carne grasa (albardillas y chicharrones), constituidas por la grasa dorsal situada entre la carne y la corteza de tocino, se extraen de la paletilla. El tocino veteado, grasa entreverada con tejido magro, se obtiene del pecho. La manteca es la grasa del cerdo fundida.

jarrete ahumado

El cerdo se consume caliente o frío, pero siempre cocido (que quede algo rosado) para destruir la triquina que puede contener su carne. Para mayor seguridad cueza la carne a 70°C (la carne todavía se mantiene algo rosada a esa temperatura).

jamón ahumado

Si el cerdo resulta insípido, aderécelo antes de la cocción o póngalo a marinar. El pimiento verde, la mostaza, la cebolla, el ajo, los zumos de cítricos, la salsa de soja y las hierbas aromáticas condimentan su sabor a las mil maravillas.

El cerdo se seca y se endurece con facilidad durante la cocción. Por eso resulta conveniente evitar cocerlo demasiado y, si se retira la grasa visible, proteger su carne con un poco de grasa. La cocción debe efectuarse a baja temperatura (a 120°C) para que la carne pueda cocerse adecuadamente sin perder su sabor, jugo y ternura.

chuleta

Los cortes tiernos, que suelen obtenerse del lomo, saben mejor cocidos sin añadir líquidos (asados al horno, a la parrilla o a la plancha). Los cortes menos tiernos (de la paletilla, el muslo o el costado) es preferible que se cuezan con líquido (braseados o rehogados). El cerdo sabe delicioso preparado con frutas frescas o secas (castañas, piña, manzanas, naranjas, ciruelas pasas, uvas y albaricoques).

bistec

El cerdo se puede conservar en el frigorífico o en el congelador. Si la carne está picada, se mantendrá en buen estado en el frigorífico uno o dos días; las chuletas y las salchichas frescas, de dos a tres días; y la carne asada o cocida, de tres a cuatro. Las chuletas y las piezas para asar se conservan congeladas de ocho a diez meses; las salchichas, de dos a tres meses; y el beicon y el jamón, de uno a dos.

solomillo

La carne de cerdo se caracteriza por su contenido de tiamina (muy alto), riboflavina y niacina (vitaminas del grupo B), más elevado que en otras. Suele ser rica en cinc y potasio y constituye una buena fuente de fósforo.

tacos

El valor nutritivo del cerdo varía en función de los cortes y si se incluye o no la grasa visible. Al contrario de lo que todo el mundo cree, la parte magra del cerdo cocido no es más grasa ni contiene más calorías que otras carnes. Su grasa es visible y se retira con facilidad.

cordero

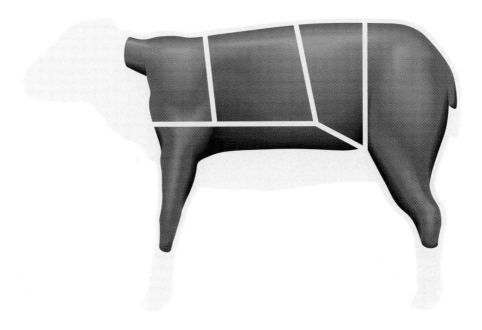

Cordero
Ovis, Ovidae

El cordero es la cría de la oveja, un mamífero rumiante relativamente dócil. En cocina se llama "carnero" a la carne del macho adulto castrado y a la del adulto no castrado.

La carne de cordero suele proceder de un animal de menos de 12 meses aunque el criterio varía según el país.

El lechal o cordero de leche se caracteriza por tener unos dos meses y haberse alimentado casi exclusivamente de leche materna. Su canal, que se vende con la piel, la cabeza y los despojos, pesa unos 14 kg. Su carne es tierna y muy delicada.

El cordero pesado se cría en apriscos, resguardado de la intemperie. Su alimentación consta de cereales y forraje. Se sacrifica entre los tres y ocho meses (en cualquier caso siempre antes de los doce). Su carne es tierna y su sabor es más intenso que el del lechal.

El cordero ligero presenta unas características intermedias de los dos tipos anteriores.

Las carnes de cordero y carnero se diferencian del resto de animales por la naturaleza de su grasa, llamada "grasa dura". Recibe este nombre porque se fija con suma rapidez en el plato, por eso se aconseja servir estas carnes en platos muy calientes.

filete

costilla

trozos de filete

jarrete

Diversos condimentos sazonan el cordero, entre los que destaca el ajo, la mostaza, la albahaca, la menta, el romero, la salvia y la ralladura de limón, lima o naranja. Esta carne sabe mucho mejor marinada, en especial las partes menos tiernas (paletilla, pecho, jarrete) que se destinan a la cocción con calor seco. La pierna de cordero es un plato tradicional del Domingo de Pascua en muchos países. El *méchoui,* un cordero o un carnero entero, limpio y asado con un espetón en las brasas de una hoguera de leña, forma parte de las costumbres del norte de África y otros países árabes. En la gastronomía árabe se añade carne de cordero o de carnero al cuscús.

El cordero se suele cocinar asado al horno o a la parrilla, y ofrece su máximo sabor cuando presenta una coloración un tanto rosada. Como la carne de vaca, puede comerse poco hecho (63°C) o cocido (en torno a los 73°C). Debido a que la carne se seca y se endurece con facilidad, cuézala con intensidad moderada (de 140 a 160°C) y evite una cocción excesiva.

La carne de cordero bien fresca se conserva unos tres días en el frigorífico (sólo uno o dos si está picada); en el congelador se conserva troceada de ocho a diez meses o de dos a tres en el caso de la carne picada.

El cordero es rico en proteínas, cinc y vitaminas del grupo B, sobre todo niacina, riboflavina y B$_{12}$. Además constituye una buena fuente de hierro, potasio y fósforo.

La pierna de cordero asada (muslo), el costillar (costillas) y el lomo (espalda) resultan más magros que la paletilla.

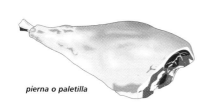

pierna o paletilla

tacos

Carne picada

Este tipo de carne procede de diversas partes del animal (paletilla, lomo, pierna, pecho). En el mercado, el contenido de grasa de la carne picada varía mucho: cuanto más puntos blancos presente, más grasa contendrá.

La carne picada puede cocinarse de múltiples formas, tanto de manera sencilla como más refinada. Constituye un alimento básico de la gastronomía de numerosos países y se sirve de mil y una formas: la hamburguesa de Estados Unidos, la *musaka* griega, el pastel de carne y el *steak tartare* se encuentran entre los empleos más comunes de la carne picada. Siempre debe cocerse bien, es decir, hasta que ya no tenga la pigmentación rosada y que el jugo que suelte la carne sea de color claro.

La carne picada se estropea enseguida, pues las bacterias se multiplican rápidamente. No la guarde más de un día o dos en el frigorífico, ni más de tres meses en el congelador.

carne picada de vaca

carne picada de ternera

carne picada de cerdo

carne picada de cordero

Caballo
Equus caballus

El consumo de carne de caballo continúa siendo escaso en Norteamérica; en Europa, donde se aprecia su carne tierna y sabrosa, es más corriente. Se caracteriza por contener poco colesterol y ser muy magra. De color más rojizo que la vaca, se estropea con mayor facilidad. Los aderezos de la carne de vaca resultan muy adecuados para el caballo. Como esta carne es más magra, el tiempo de cocción suele ser más largo, ya que la temperatura de cocción es menos elevada.

Cabra
Capra sp.

Mamífero rumiante domesticado desde hace siglos por la piel, la leche, el vellón y su carne consistente de fuerte sabor. Con características nutritivas semejantes a las de la carne de vaca, la cabra se emplea normalmente en guisos y cocidos. Se vende en algunas carnicerías especializadas.

Carnero
Ovis sp.

La carne de carnero suele ser de un macho con más de un año y castrado; sin embargo, es posible encontrar en el mercado carne de carnero sin castrar. Al igual que el cordero, se cocina de muchas maneras: asado al horno, a la plancha, escalfado, salteado, braseado o en guisos. Su carne es de color rojo oscuro y está rodeada por una abundante capa de grasa. El sabor puede cambiar según la edad del animal, el origen y la época del año.

valores nutritivos de los alimentos habituales

Si no se indica lo contrario, los valores que aparecen en las tablas se refieren a 100 g de productos frescos. La Cantidad Diaria Recomendada (CDR) indica el volumen de nutrientes necesarios para satisfacer las necesidades del organismo con una alimentación equilibrada. Nos referimos, por supuesto, a las necesidades de nutrición de personas sanas y no de aquéllas que sufran enfermedades crónicas o de otro tipo.

Las unidades de medida utilizadas son las siguientes : **G** gramo **CAL** caloría
MG miligramo **ER** equivalente de retino

VERDURAS	ENERGÍA CAL	PROTEÍNAS G	LÍPIDOS G	GLÚCIDOS G	FIBRA G	CALCIO MG	HIERRO MG	SODIO MG	VITAMINA A ER	VITAMINA C MG	COLESTEROL M
Acedera	22	2	0,7	3,2	2,9	44	2,4	4	400	48	-
Aceitunas [verdes]	116	1,4	12,7	1,3	1,3	61	1,6	2400	30	-	-
Acelga	19	1,8	0,2	3,7	1,6	51	1,8	213	330	30	-
Achicoria	9	0,5	0,1	2,1	1,6	10,1	0,1	1,1	1,5	1,5	-
Aguacate de California	306,2	3,7	30	12	8,5	19	2	20,8	105,9	13,7	-
Aguacate de Florida	340,5	4,8	27	27,1	16,1	33,4	1,6	15,2	186	24	-
Ajo [una cucharilla]	4,2	0,2	0	0,9	0,1	5,1	0	0,5	-	0,9	-
Alcachofa [cocida]	50	3,5	0,2	11,2	5,4	45	1,3	95	17,7	10	-
Apio	16	0,8	0,1	3,7	1,7	40	0,4	87	13,4	7	-
Apio-nabo	39	1,5	0,3	9,2	1,8	43	0,7	100	-	8	-
Batata [1]	136,5	2,1	0,4	31,6	3,9	28,6	0,8	16,9	2608,2	29,5	-
Berenjena	26	1,0	0,2	6,1	2,5	7	0,3	3	8,4	1,7	-
Berro	32	2,6	0,7	5,5	1,1	81	1,3	14	930	69	-
Brécol	28	3	0,4	5,2	3	48	0,9	27	154,2	93,2	-
Brotes de bambú	12	1,5	0,2	1,9	1	12	0,2	4	-	-	-
Brotes de helecho	40	0,3	0,1	11	3,7	8	0,2	5	20	30	-
Calabacín	14	1,16	0,14	2,9	1,2	15	0,42	3	34	9	-
Castaña de agua	50	0,88	0,06	12,43	2,5	4	0,87	8	0,4	1,3	-
Cardo	20	0,7	0,1	4,9	1,6	70	0,7	170	12	2	-
Cebolla	38	1,2	0,2	8,6	1,8	20	0,2	3	-	6,4	-
Cebollino [1 cucharada]	0,9	0,1	0	0,1	0,1	2,8	0	0,1	13,1	1,7	-
Chalote	7,2	0,3	0	1,7	-	3,7	0,1	1,2	124,8	0,8	-
Chirivía	75	1,2	0,3	18	4,9	36	0,6	10	-	17	-
Col china	13	1,5	0,2	2,2	1	105	0,8	65	300	45	-
Col de Bruselas [cocida]	39	2,6	0,5	8,7	2,6	36	1,2	21	71,9	62	-
Col negra	31	1,6	0,2	7,1	3,6	29	0,2	20	333	23,3	-
Col rizada	50	3,3	0,7	10,0	2	135	1,7	43	890	120	-
Col verde	25	1,4	0,3	5,4	2,3	47	0,6	18	13,3	32,2	-
Coliflor	25	1,9	0,2	5,2	2,5	22	0,4	30	1,9	46,4	-
Colinabo	27	1,7	0,1	6,2	3,6	24	0,4	20	3,6	62	-
Diente de león	45	2,7	0,7	9,2	3,5	187	3,1	76	1400	35	-
Endibia	17	1,3	0,2	3,4	3,1	52	0,8	22	205	6,5	-
Espárrago	23	2,3	0,2	4,5	2,1	21	0,9	2	58,3	13,2	-
Espinaca	22	2,9	0,4	3,5	2,7	99	2,71	79	671,5	28,1	-
Gombo [cocido]	32	1,9	0,2	7,2	2,5	63	0,5	5	57,5	16,3	-
Guisantes [cocidos]	84	5,4	0,2	15,6	5,5	27	1,5	3	59,7	14,2	-
Hierba de los canónigos	21	2	0,4	3,6	-	38	2,2	4	709,2	38,2	-
Hinojo	31	1,2	0,2	7,3	3,1	49	0,7	52	13,4	12	-
CDR hombre	2900	63	80	375	30	800	10	2400	1000	60	300
CDR mujer	2200	50	65	300	25	800	15	2400	800	60	300

VERDURAS

	ENERGÍA CAL	PROTEÍNAS G	LÍPIDOS G	GLÚCIDOS G	FIBRA G	CALCIO MG	HIERRO MG	SODIO MG	VITAMINA A ER	VITAMINA C MG	COLESTEROL MG
Jícama	38	0,7	0,1	8,8	4,9	12	0,6	4	2,1	20,2	-
Judías tiernas	129	7,05	0,8	24,0	9,4	63	1,1	6	0,3	1,2	-
Lechuga de Boston	13	1,3	0,2	2,3	1	32	0,3	5	97	8	-
Lechuga romana	16	1,6	0,2	2,4	1,7	36	1,1	8	260	24	-
Nabo	27	0,9	0,1	6,23	1,8	30	0,3	67	-	21	-
Patata [hervida]	86	1,7	0,1	20,0	1,8	8	0,3	5	-	7,4	-
Pepino	13	0,7	0,1	2,8	0,8	14	0,3	2	21,5	5,3	-
Pimiento verde	27	0,9	0,2	6,4	1,8	9	0,5	2	63,2	89,3	-
Puerro	61	1,5	0,3	14,2	1,8	59	2,1	20	9,5	12	-
Rábano	17	0,6	0,5	3,6	1,6	21	0,3	24	0,8	22,8	-
Radicchio	23	1,4	0,3	4,5	0,9	19	0,6	22	2,7	8	-
Raíz de bardana	72	1,5	0,2	17,4	3,3	41	0,8	5	-	3	-
Remolacha [cocida]	44	1,7	0,2	10	2	16	0,8	77	3,5	3,6	-
Roqueta	25	2,6	0,7	3,7	1,6	160	1,5	27	237,3	15	-
Rutabaga	36	1,2	0,2	8,1	2,5	47	0,5	20	58	25	-
Salsifí	82	3,3	0,2	18,6	3,3	60	0,7	20	-	8	-
Tomate	21	0,85	0,33	4,64	1,1	5	0,45	9	62,3	19,1	-
Tomatillo	32	0,96	1,02	5,83	1,9	7	0,62	1	11,4	11,7	-
Tupinambo	76	2	0,0	17,4	1,6	14	3,4	4	2	4	-
Verdolaga	16	1,3	0,1	3,4	-	65	2	45	132	21	-
Zanahoria	43	1,0	0,2	10,1	3	27	0,5	35	2812,9	9,3	-

FRUTAS

	ENERGÍA CAL	PROTEÍNAS G	LÍPIDOS G	GLÚCIDOS G	FIBRA G	CALCIO MG	HIERRO MG	SODIO MG	VITAMINA A ER	VITAMINA C MG	COLESTEROL MG
Albaricoque	48	1,4	0,4	11,1	2,4	14	0,5	1	261,2	10	-
Alquequenje	53	1,9	0,7	11,2	-	9	1	-	72	11	-
Arándano negro	56	0,7	0,4	14,1	2,7	6	0,2	6	10	13	-
Arándano rojo	49	0,4	0,2	12,7	4,2	7	0,2	1	4,6	13,5	-
Caqui	70	0,6	0,2	18,6	3,6	8	0,2	1	216,7	7,5	-
Carambola	33	0,5	0,4	7,8	2,7	4	0,3	2	49,3	21,2	-
Cereza	72	1,2	1	16,6	2,3	15	0,4	-	21,4	7	-
Chirimoya	94	1,3	0,4	24	2,4	23	0,5	-	1	9	-
Ciruela	55	0,8	0,6	13,0	1,5	4	0,1	-	32,3	9,5	-
Ciruela pasa	239	2,6	0,5	62,7	7,1	51	2,5	4	198,7	3,3	-
Dátil [seco]	275	2	0,5	73,5	7,5	32	1,2	3	5	-	-
Durián	67	2,2	0,8	14,8	1,6	8	0,7	-	-	24	-
Frambuesa	49	0,9	0,6	11,6	6,8	22	0,6	-	13	25	-
Fresa	30	0,6	0,4	7,0	2,3	14	0,4	1	2,7	56,7	-
Fruta de Jack	94	1,5	0,3	24,0	1,6	34	0,6	3	29,7	6,7	-
Fruta de la pasión	97	2,2	0,7	23,4	10,4	12	1,6	28	70	30	-
Granada	68	1	0,3	17,2	0,6	3	0,3	3	-	6,1	-
Grosella negra	63	1,4	0,4	15,4	-	55	1,5	2	23	181	-
Grosella roja	56	1,4	0,2	13,8	4,3	33	1	1	12	41	-
Guayaba	51	0,8	0,6	11,9	5,4	20	0,3	3	79,2	183,5	-
Guayaba del pail	49	1,2	0,8	10,6	-	17	0,1	3	-	20,3	-
Higo	74	0,8	0,3	19,2	3,3	35	0,4	1	14,2	2	-
Higo chumbo	41	0,7	0,5	9,6	3,6	56	0,3	5	5,1	14	-
Kiwi	61	1	0,4	14,9	3,4	26	0,4	5	17,5	98	-
Lichi	66	0,8	0,4	16,5	1,3	5	0,3	1	-	71,5	-
Lima	30	0,7	0,2	10,5	2,8	33	0,6	2	1	29,1	-
Limón	29	1,1	0,3	9,3	2,8	26	0,6	2	2,9	53	-
Longan	60	1,3	0,1	15,1	1,1	1	0,1	-	-	84	-
CDR hombre	**2900**	**63**	**80**	**375**	**30**	**800**	**10**	**2400**	**1000**	**60**	**300**
CDR mujer	**2200**	**50**	**65**	**300**	**25**	**800**	**15**	**2400**	**800**	**60**	**300**

valores nutritivos de los alimentos habituales

FRUTAS	ENERGÍA CAL	PROTEÍNAS G	LÍPIDOS G	GLÚCIDOS G	FIBRA G	CALCIO MG	HIERRO MG	SODIO MG	VITAMINA A ER	VITAMINA C MG	COLESTEROL MG
Mandarina	44	1,5	0,2	25	2,3	161	0,8	3	42	136	-
Mango	65	0,5	0,3	17	1,8	10	0,1	2	389,4	27,7	-
Mangostán	57	0,5	0,3	14,7	5	10	0,5	1	-	4	-
Manzana	59	0,2	0,4	15,3	2,7	7	0,2	-	5,3	5,7	-
Melocotón	43	0,7	0,1	11,1	2	5	0,1	-	53,5	6,6	-
Melón moscado	35	0,9	0,3	8,4	0,8	11	0,2	9	322,4	42,2	-
Membrillo	57	0,4	0,1	15,3	1,9	11	0,7	4	4	15	-
Mora	52	0,7	0,4	12,8	5,3	32	0,6	-	16,5	21	-
Naranja	49	1,0	0,3	11,9	2,5	40	0,1	-	23	48,5	-
Naranja enana	63	0,9	0,1	16,4	6,6	44	0,4	6	30,2	37,4	-
Nashi	42	0,5	0,2	10,7	3,6	4	-	-	-	3,8	-
Nectarina	49	0,9	0,5	11,8	1,6	5	0,2	-	73,6	5,4	-
Níspero japonés	47	0,4	0,2	12,1	1,7	16	0,3	1	152,8	1	-
Papaya	39	0,6	0,1	9,8	1,8	24	0,1	3	28,4	61,8	-
Pasa	302	3,4	0,5	79,5	4	53	1,8	12	4,4	3,2	-
Pera	59	0,4	0,4	15,1	2,4	11	0,3	-	2	4	-
Piña	49	0,4	0,4	12,4	1,2	7	0,4	1	2,3	15,4	-
Plátano	92	1,0	0,5	23,4	2,4	6	0,3	1	8,1	9,1	-
Plátano macho [cocido]	116	0,8	0,2	31,2	2,3	2	0,6	5	90,9	10,9	-
Pomelo	38	0,8	0,0	9,6	1	4	0,1	1	-	61	-
Rambután	64	1	0,1	16,5	1,1	20	1,9	1	-	53	-
Ruibarbo [cocido, dulce]	116	0,4	0,1	31,2	2	145	0,21	1	6,9	3,3	-
Sandía	32	0,6	0,4	7,2	0,5	8	0,2	2	36,6	9,6	-
Toronja	30	0,6	0,1	7,7	-	11	0,12	-	25,9	38,1	-
Uva	63	0,6	0,4	17,2	1	14	0,3	2	10	4	-

PESCADOS											
Anguila	184	18,4	11,7	-	-	20	0,5	51	1146,8	1,8	126
Anjora [1 filete]	186	30,1	6,4	-	-	10,5	0,7	90	197	-	88,5
Arenque	158	18	9,0	-	-	57	1,1	90	31,0	0,7	60
Atún rojo	144	23,3	4,9	-	-	8	1,0	39	720,7	-	38
Bacalao [1 filete]	189,4	41,1	1,5	-	-	37	0,9	124,7	30,5	2,3	99,3
Boquerón	131	20,4	4,8	-	-	147	3,3	104	16,5	-	60
Caballa [1 filete]	229,6	20,8	15,6	-	-	13,4	1,8	100,8	61	0,4	78,4
Carpa [1 filete]	276,9	38,9	12,2	-	-	89,4	2,7	106,8	20,9	3,5	143,9
Eperlano	97	17,6	2,4	-	-	60	0,9	60	16,5	-	70
Esturión	105	16,1	4,0	-	-	13	0,7	54	231	-	60
Fletán	110	20,8	2,3	-	-	47	0,8	54	51,2	-	32
Lenguado	68	14,9	0,5	-	-	61	0,8	56	-	-	-
Lubina común [1 filete]	125,1	23,8	2,6	-	-	12,9	0,4	87,7	78,3	-	52,9
Lucioperca	84	17,9	0,8	-	-	-	-	-	-	-	-
Perca [1 filete]	54,6	11,6	0,6	-	-	48	0,5	37,2	5,5	1	54
Perca americana [1 filete]	90,1	14,9	2,9	-	-	63,2	1,2	55,3	26,1	1,6	53,7
Pez espada	121	19,8	4,0	-	-	4	0,8	90	39,3	1,1	39
Platija	91	18,9	1,2	-	-	18	0,4	81	10,9	1,7	48
Rape	76	14,5	1,5	-	-	8	0,3	18	13,2	1	25
Rodaballo	95	16,1	23	-	-	18	0,4	150	11,6	1,7	48
Salmón [rosado]	116	19,9	3,5	-	-	13	0,8	67	38,9	-	52
Sardina [en aceite]	208	24,6	11,5	-	-	382	2,92	505	73,9	-	142
Surimi	99	15,2	0,9	6,9	-	9	0,3	143	21,8	-	30
Tiburón	130	21	4,5	-	-	34	0,8	79	76,9	-	51
Trucha [1 filete]	109	16,5	4,3	-	-	52,9	0,2	27,7	72,5	2,3	46,6
CDR hombre	**2900**	**63**	**80**	**375**	**30**	**800**	**10**	**2400**	**1000**	**60**	**300**
CDR mujer	**2200**	**50**	**65**	**300**	**25**	**800**	**15**	**2400**	**800**	**60**	**300**

	ENERGÍA CAL	PROTEÍNAS G	LÍPIDOS G	GLÚCIDOS G	FIBRA G	CALCIO MG	HIERRO MG	SODIO MG	VITAMINA A ER	VITAMINA C MG	COLESTEROL MG
CARNE											
Carne picada											
de cerdo	263	16,9	21,2	-	-	14	0,9	56	2,3	0,7	72
de cordero	282	16,6	23,4	-	-	16	1,6	59	-	-	73
de vaca, común	310	16,6	26,6	-	-	8	1,7	68	-	-	85
de vaca, magra	264	17,7	20,7	-	-	8	1,8	69	-	-	75
Caza mayor											
alce	102	22,2	0,7	-	-	5	3,2	65	-	4	59
caribú	127	22,6	3,4	-	-	17	4,7	57	-	-	83
corzo	120	23	2,4	-	-	5	3,4	51	-	-	85
Cerdo											
chuleta	286	17,1	23,6	-	-	31	1	76	3,6	-	78
filete de lomo	209	20,2	13,6	-	-	24	0,7	42	2	0,3	60
filete de paletilla	253	16,7	20,2	-	-	5	1	68	2	0,7	71
solomillo	136	20,5	5,4	-	-	5	1,2	49	2	0,9	66
Conejo [asado]	197	29,1	8,1	-	-	19	2,3	47	-	-	82
Cordero											
chuleta	169	20	9,2	-	-	12	1,7	72	-	-	66
jarrete	120	21,1	3,3	-	-	9	1,8	79	-	-	69
tacos para broquetas	186	28,1	7,3	-	-	13	2,3	76	-	-	90
trozo de paletilla	192	25,5	9,3	-	-	16	2,2	67	-	-	86
Ternera											
chuleta	120	20	3,9	-	-	14	0,9	95	-	-	83
filete de espaldilla	129	19,2	5,2	-	-	23	0,9	95	-	-	90
filete de lomo alto	110	20,2	2,6	-	-	11	0,8	80	-	-	79
filete de paletilla	105	20,0	2,2	-	-	22	1,0	86	-	-	83
tacos para guisos	109	20,3	2,5	-	-	17	0,9	83	-	-	84
Vaca											
asado de espaldilla	284	16,7	23,6	-	-	10	2	66	-	-	73
chuleta	353	23,1	28,2	-	-	10	2,4	65	-	-	85
filete de vaca	283	17,8	23,0	-	-	7	2,3	48	-	-	71
solomillo (filete pequeño)	148	21	6,5	-	-	5	2,3	58	-	-	50
AVES											
Codorniz	192	19,6	12,1	-	-	13	4	53	80,2	6,1	76
Faisán	181	22,7	9,3	-	-	12	1,2	40	58,4	5,3	71
Huevo [huevo]	86,4	7,2	5,8	0,7	-	28,4	0,8	73,1	121,5	-	246,5
Pato [asado y sin piel]	201	23,5	11,2	-	-	12	2,7	65	25,4	-	89
Pavo [carne blanca y asada]	157	29,9	3,2	-	-	19	1,4	64	-	-	69
Pintada	158	23,4	6,5	-	-	11	0,8	67	30,4	1,3	74
Pollo [asado]	239	27,3	13,6	-	-	15	1,26	82	53,1	-	88
PRODUCTOS LÁCTEOS											
Helado [de vainilla]	201	3,5	11	23,6	-	128	0,1	80	100,2	0,6	44
Leche 3,25% m.g. [250 ml]	149,9	8	8,1	11,4	-	291,3	0,1	119,6	75,3	2,3	33,2
Leche 2% m.g. [250 ml]	121,2	8,1	4,7	11,7	-	296,7	0,1	121,8	122,5	2,3	18,3
Mantequilla con sal	717	0,9	81,1	0,1	-	24	0,2	826	749,2	-	218,9
Nata agria [250 ml]	492,8	7,3	48,2	9,8	-	267,7	0,1	122,6	445,2	2	102,1
Nata líquida 15% m.g. [250 ml]	469	6,5	46,3	8,8	-	230,9	0,1	95	423,4	1,8	158,6
Quesos											
camembert	299,6	19,8	24,3	0,5	-	387,6	0,3	841,7	226,1	-	72
cheddar	402,6	24,9	33,1	1,3	-	721,3	0,7	620,5	259,5	-	104,9
feta	263,6	14,2	21,3	4,1	-	492,5	0,7	1116,1	109,5	-	89
parmesano	392,2	35,8	25,8	3,2	-	1183,5	0,8	1601,5	147,7	-	67,7
roquefort	369,0	21,5	30,6	2	-	661,8	0,56	1809	256,5	-	90
Yogur natural [250 ml]	150,5	8,5	8	11,4	-	295,7	0,1	113,7	73,8	1,3	31,1
CDR hombre	**2900**	**63**	**80**	**375**	**30**	**800**	**10**	**2400**	**1000**	**60**	**300**
CDR mujer	**2200**	**50**	**65**	**300**	**25**	**800**	**15**	**2400**	**800**	**60**	**300**

valores nutritivos de los alimentos habituales

	ENERGÍA CAL	PROTEÍNAS G	LÍPIDOS G	GLÚCIDOS G	FIBRA G	CALCIO MG	HIERRO MG	SODIO MG	VITAMINA A ER	VITAMINA C MG	COLESTEROL MG
CEREALES											
Alforfón	343	13,3	3,4	71,5	10	18	2,2	1	-	-	-
Amaranto	374	14,5	6,5	66,2	15,2	153	7,6	21	-	4,2	-
Arroz											
arroz blanco [cocido]	130	2,7	0,3	28,2	0,4	10	1,2	1	-	-	-
arroz integral [cocido]	111	2,6	0,9	23	1,8	10	0,4	5	-	-	-
Arroz silvestre	357	14,7	1,1	74,9	6,2	21	2	7	1,9	-	-
Avena	389	16,9	6,9	66,3	10,6	54	4,7	2	-	-	-
Cebada perlada [cocida]	123	2,3	0,4	28,2	3,8	11	1,3	3	0,7	-	-
Centeno	335	14,8	2,5	69,8	14,6	33	2,7	6	-	-	-
Fécula de maíz	381	0,3	0,1	91,3	0,9	2	0,5	9	-	-	-
Fideos asiáticos											
soba [cocidos]	99	5,06	0,1	21,4	-	4	0,5	60	-	-	-
Harina											
harina enriquecida	364	10,3	1	76,3	2,7	15	4,6	2	-	-	-
harina integral de trigo	339	13,7	1,9	72,6	12,2	34	3,9	5	-	-	-
harina pastelera	362	8,2	0,9	78,0	1,7	14	7,3	2	-	-	-
Kasha	346	11,7	2,71	75	10,3	17	2,5	11	-	-	-
Maíz dulce [cocido]	108	3,3	1,3	25,1	2,8	2	0,6	17	21,7	6,2	-
Mijo [cocido]	119	3,5	1	23,7	1,3	3	0,6	2	-	-	-
Pan											
barra de pan	274	8,8	3	51,9	3	75	2,5	609	-	-	-
pan blanco	267	8,2	3,6	49,5	2,3	108	3,0	538	-	-	1
pan de centeno	259	8,5	3,3	48,3	5,8	73	2,8	660	0,4	0,2	-
pan de trigo (triturado)	260	8,7	3,9	49,5	5,5	43	2,8	538	-	-	-
pan multicereales	250	10	3,8	46,4	6,4	91	3,5	487	-	0,3	-
Pastas											
espaguetis enriquecidos [cocidos]	141	4,8	0,7	28,3	1,7	7	1,4	1	-	-	-
espaguetis integrales [cocidos]	124	5,3	0,5	26,5	4,5	15	1,01	3	-	-	-
pastas al huevo [cocidas]	130	5,3	1,7	23,5	-	10	1,2	83	5,8	-	41
Quinoa	374	13,1	5,8	68,9	5,9	60	9,3	21	-	-	-
Trigo											
salvado de trigo	216	15,6	4,3	64,5	42,8	73	10,6	2	-	-	-
trigo duro	339	13,7	2,5	71,1	-	34	3,5	2	-	-	-
Triticale	336	13,1	2,1	72,1	-	37	2,6	5	-	-	-
LEGUMBRES											
Alfalfa [semillas]	29	4	0,7	3,8	2,5	32	1	6	15,5	8,2	-
Alubias blancas [cocidas]	139	9,7	0,4	25,1	6,3	90	3,7	6	-	-	-
Cacahuete	567	25,8	49,2	16,1	8,5	92	4,6	18	-	-	-
[tostado]	585	23,7	49,7	21,5	8	54	2,3	813	-	-	-
Garbanzos [cocidos]	164	8,9	2,6	27,4	7,6	49	2,9	7	2,7	1,3	-
[en conserva]	119	4,95	1,14	22,62	4,4	32	1,35	299	2,4	3,8	-
Guisantes [cocidos]	84	5,4	0,2	15,6	5,5	27	1,5	3	59,7	14,2	-
Guisantes partidos [cocidos] [en conserva]	118	8,3	0,4	21,1	8,3	14	1,3	2	0,7	0,4	-
Habas [cocidas]	110	7,6	0,4	19,7	5,4	36	1,5	5	1,5	0,3	-
Judías adzuki [cocidas]	128	7,5	0,1	24,8	-	28	2	8	0,6	-	-
Judías de Lima [cocidas]	115	7,8	0,4	20,9	7	17	2,4	2	-	-	-
Judías mungo [cocidas]	105	7,0	0,4	19,1	7,6	27	1,4	2	2,4	1	-
Judías negras [cocidas]	132	8,9	0,5	23,7	8,7	27	2,1	1	0,6	-	-
Judías rojas [cocidas]	127	8,7	0,5	22,8	7,4	28	2,9	2	-	1,2	-
Judías tiernas [cocidas]	129	7,1	0,8	24,0	9,4	63	1,1	6	0,3	1,2	-
Leche de soja [250 ml]	80,9	6,7	4,7	4,4	3,2	9,8	1,4	29,4	7,8	-	-
Lentejas [cocidas]	116	9,0	0,4	20,1	7,9	19	3,3	2	0,8	1,5	-
Soja [cocida]	173	16,6	9	9,9	6	102	5,1	237	0,9	1,7	-
Tofu	76	8,1	4,8	1,9	1,2	105	5,4	7	8,5	0,1	-
CDR hombre	2900	63	80	375	30	800	10	2400	1000	60	300
CDR mujer	2200	50	65	300	25	800	15	2400	800	60	300

índice

Los términos en MAYÚSCULA remiten a una entrada principal.

índice

Los términos en MAYÚSCULA remiten a una entrada principal.

Los términos en MAYÚSCULA remiten a una entrada principal.

índice

Los términos en MAYÚSCULA remiten a una entrada principal.

Los términos en MAYÚSCULA remiten a una entrada principal.

Los términos en MAYÚSCULA remiten a una entrada principal.